Ursula Nuber (Hg.):
Bin ich denn verrückt?!
Was Psychotherapie für Frauen leistet – und was nicht

Ursula Nuber (Hg.)

BIN ICH DENN VERRÜCKT?!

Was Psychotherapie für Frauen leistet – und was nicht

Kreuz

Die Deutsche Bibliothek – CIP-Einheitsaufnahme

Bin ich denn verrückt?! : Was Psychotherapie für Frauen leistet – und was nicht / Ursula Nuber (Hrsg.). – Zürich : Kreuz-Verl., 1994
ISBN 3-268-00155-6
NE: Nuber, Ursula [Hrsg.]

1 2 3 4 97 96 95 94

P.O.B. 245 CH-8034 Zürich
Umschlagbild: Graphico/Hans-Ulrich Osterwalder
Umschlaggestaltung, Satz und Innenlayout:
Klaus Linke, Mörlenbach
Druck: Stuttgarter Druckerei, Stuttgart
Bindung: Thalhofer, Schönaich
ISBN 3 268 00155 6

Inhalt

Einleitung

„Bin ich denn verrückt?!" – welche Frau hat dies nicht schon einmal gedacht: Empört über Zumutungen, die an sie herangetragen werden (symbolisiert in unserem Titel durch das Ausrufungszeichen), oder verunsichert durch abwertende Bemerkungen (symbolisiert durch das Fragezeichen). Wobei – ich behaupte das einfach einmal – das Fragezeichen sehr viel häufiger hinter diesem Satz steht als das empörte Ausrufungszeichen. Denn würden wir Frauen uns sehr viel häufiger gegen Zumutungen, Ansprüche und Diskriminierungen zur Wehr setzen, dann käme wohl jene Statistik nicht zustande, die Frauen als das psychisch instabilere Geschlecht zeigt: Doppelt so häufig als Männer erkranken Frauen an Depressionen, bei Eßstörungen liegt ihr Anteil bei mehr als 90 Prozent, und auch unter Ängsten leiden Frauen sehr viel stärker als Männer.

Die besten Kunden der Pharmaindustrie sind Frauen, die besten Kunden der Psychotherapeuten und Lebensberater aller Couleur sind Frauen. Ganz abgesehen davon, daß sie auch die besten Kunden der Buchhändler sind und so manchem Autor und so mancher Autorin zu Wohlstand verholfen haben. Denn es sind in erster Linie Frauen, die Psycho-Ratgeber – seriöse wie unseriöse – kaufen und lesen.

Frauen sind das therapierte Geschlecht. Das ist vielfach belegt und an sich keine neue Nachricht. Doch so viel darüber auch geschrieben und diskutiert wurde – an der Tatsache, daß Frauen psychisch anfälliger sind, hat sich kaum etwas geändert. Natürlich lassen sich allein durch die Sammlung von Erkenntnissen und Erfahrungen die Lebensbedingungen von Frauen und ihre Rolle in der Gesellschaft nicht ändern. Dazu braucht es mehr. Doch es gibt meiner Meinung nach noch einen anderen Grund, warum Frauen – oberflächlich betrachtet – nach wie vor als das psychisch schwächere Geschlecht gelten: Sie akzeptieren zu bereitwillig die Negativ-Zuschreibungen ihrer Umwelt, wenn sie die ihnen zugewiesene Rolle nicht hundertprozentig erfüllen oder die Erwartungen anderer enttäuschen. Sie durchschauen oft nicht, daß Wertungen wie „Du bist ja verrückt!", „Mit dir stimmt doch was nicht", „Das ist doch unweiblich" (es gibt derer noch viele mehr) mit der Realität nichts zu tun haben, sondern reine Disziplinierungsmaßnahmen sind. Die Akzeptanz des Bildes, das andere von ihnen haben, führt dann dazu, daß der Satz „Bin ich denn verrückt" zur verunsichernden Frage und nicht zur selbstbewußten Abwehr wird.

Dieser Band hat die Absicht, die Selbstverständlichkeit, mit der Frauen oft ihre angebliche psychische Schwäche akzeptieren und bereitwillig therapeutisch an sich arbeiten, in Frage zu stellen. Er hat – unter anderem – das Ziel, betroffenen Frauen zu verdeutlichen, daß ihre psychische Reaktion nicht neurotisch, krank oder irre ist, sondern oftmals eine völlig normale, verständliche Reaktion auf unzumutbare, überfordernde Situationen oder Ansprüche.

Der Untertitel des Buches „Was Psychotherapie für Frauen leistet – und was nicht" bedeutet also nicht unbedingt, daß hier im Sinne eines weiteres Ratgebers Hinweise auf gute oder schlechte Therapien gegegeben werden. Vielmehr sollten die Leserinnen durch die unterschiedlichen Artikel in die Lage versetzt werden, für sich selbst einschätzen zu können, ob sie wirklich therapeutische Hilfe benötigen und das Ziel, das sie damit erreichen wollen, zu überdenken.

Im ersten Kapitel werden daher zunächst die häufigsten Problembereiche von Frauen beschrieben (Ängste, Depressionen, Eßstörungen, Sexualstörungen, nichttraditionelle Lebensformen) und ihre möglichen Ursachen aufgespürt. In diesen Beiträgen wird sehr deutlich, daß es nicht in der „Natur" von Frauen liegt, psychisch zu erkranken, sondern daß gerade die als „typisch weiblich" geltenden Erkrankungen sehr klar und eindrucksvoll auf die besondere Situation der Frau in dieser Gesellschaft zurückgeführt werden können. Für manche Frauen mag dies bereits selbstverständlich sein, doch sicherlich nicht für die Mehrheit der Betroffenen. Denn wäre das so, dann hätte das weitreichendere Konsequenzen für die Psychotherapie mit Frauen haben müssen. Oder hätte gar zu völlig anderen Hilfsangeboten geführt.

Daß die Erkenntnisse der Wissenschaftlerinnen und Therapeutinnen nicht in breitem Maße Eingang in die Psychotherapie gefunden haben, zeigen auch die Berichte von therapieerfahrenen Frauen (Kapitel 2). Hier wird deutlich, wie bereitwillig und hoffnungsvoll sich Frauen in die Hände von Therapeuten/Therapeutinnen begeben und oftmals gar nicht hinterfragen, ob sie denn überhaupt eine Therapie benötigen. Und es wird deutlich, daß Therapeuten die besonderen Erfahrungen von Frauen und deren Einfluß auf die Entstehung der Probleme oft nicht berücksichtigen.

Wenn sie dies täten, dann könnte Therapie in manchen Fällen durchaus eine Chance zur Entwicklung und Emanzipation von Frauen sein, wie die Beiträge in Kapitel 3 aufzeigen. Die Autorinnen machen allerdings auch keinen Hehl daraus, daß Therapie für Frauen immer eine riskante Chance bleibt. Abgesehen vom „männlichen Blick" der Therapeuten (beiderlei Geschlechts), kann Therapie Abhängigkeiten schaffen, zu Mißbrauch führen oder die Weiterentwicklung der Frau hemmen. Die Kritik, die feministische Therapeutinnen an den gängigen Therapiemethoden üben, zeigt, wie wenig hilfreich Therapien sind, die zwar die Kindheit bis ins kleinste Detail durchleuchten, die aktuelle Situation der Frau in dieser Gesellschaft aber völlig vernachlässigen.

Eine Chance, das Risiko möglichst klein zu halten, besteht im selbstbewußten Umgang mit den Therapieangeboten. Je mehr Frauen über sich (und die Therapie) wissen und je mehr sie ihre Probleme als nicht ausschließlich selbstverschuldet begreifen, desto eher gelingt dies. Die Beiträge in diesem Band wollen das Selbst-Bewußtsein schärfen und sie wollen dazu ermutigen, das Fragezeichen hinter dem Satz „Bin ich denn verrückt" zu streichen und nur noch das empörte Ausrufungszeichen stehen zu lassen!

Ursula Nuber

Kapitel 1

KRANKHEITSURSACHE: WEIBLICHES GESCHLECHT

Monika Sieverding

Frauen und psychische Gesundheit

Die Rolle „männlicher" und „weiblicher" Persönlichkeitseigenschaften

Sind Frauen durchschnittlich psychisch weniger gesund als Männer?

Recht übereinstimmend unterstützen die bisher vorliegenden Studien zur Verbreitung psychischer Störungen diese Annahme: Frauen erkranken in westlichen Industriegesellschaften häufiger an psychischen Krankheiten, sie leiden an anderen psychischen Störungen als Männer, sie nehmen mehr therapeutische Hilfe in Anspruch, sie bekommen häufiger Psychopharmaka verschrieben, sie frequentieren psychiatrische und psychotherapeutische Institutionen häufiger als Männer. Nicht nur in der Häufigkeit, auch in der Art psychischer Erkrankungen sind Geschlechtsunterschiede auffallend: Frauen leiden häufiger an neurotischen Störungen, insbesondere Depressionen und Phobien, sowie an psychosomatischen Symptomen; Männer häufiger an Persönlichkeitsstörungen, Alkoholismus und Drogenmißbrauch.

Geschlechtstypische Antwortmuster in Persönlichkeitsfragebogen scheinen diese Befunde noch zu untermauern. In einigen Persönlichkeitsmerkmalen, die mit psychischer Gesundheit assoziiert werden können, zeigen sich deutliche Unterschiede zwischen den Geschlechtern. Frauen beschreiben sich durchschnittlich als ängstlicher, depressiver und unsicherer als Männer, und sie haben durchschnittlich höhere Werte in den Maßen für Gehemmtheit, Erregbarkeit und psychosomatische Beschwerden.

Die höhere Anfälligkeit von Frauen für psychische Erkrankungen wird häufig vor dem Hintergrund der sich wandelnden Rolle der Frau in westlichen Gesellschaften analysiert. Eine besondere Belastung wird darin gesehen, daß Frauen trotz ihrer größeren Beteiligung in der Berufswelt im häuslichen Bereich keine wirkliche Entlastung durch ihre Partner erhalten (Doppelrolle, Rollenstreß, Doppelbelastung). Das Dilemma der heutigen Frau besteht darin, „daß der Mann aus äußeren und inneren Gründen nicht mehr zu der hergebrachten Beschützerrolle und in der Regel noch nicht zu einer ebenbürtigen Teilhaberrolle in Haushalt und Kindererziehung taugt" (Richter). Untersuchungen zur Aufgabenverteilung in der Familie erbringen immer wieder eine auffallende Diskrepanz zwischen der Ideologie einer partnerschaftlichen Aufteilung und der Realität einer traditionellen Aufteilung: Selbst wenn die gemeinsame Aufgabenbewältigung ausdrücklich betont wird, übernehmen die Frauen spätestens nach der Geburt eines Kindes de fakto fast die gesamten häuslichen Aufgaben. Als wesentliche Barriere für eine umgreifende Veränderung beider Geschlechtsrollen erweist sich in erster Linie die Unantastbarkeit der männlichen Berufsrolle. Die Diskrepanz zwischen Anspruch und Wirklichkeit bleibt nicht ohne Folgen. Je weniger Männer sich an den Aufgaben im Haushalt beteiligen und je mehr innerfamiliäre Aufgaben zu bewältigen sind, desto höher ist die subjektive Belastung der Frauen.

Ursachen für die geringere psychische Gesundheit von Frauen

Hinzukommt, daß Frauen im allgemeinen mehr soziale Unterstützung geben, als sie erhalten: in der Familie, in der Partnerschaft, aber auch am Arbeitsplatz, ein Phänomen, das als „Streß des Umsorgens" (Belle) bezeichnet wurde. Die direkte und indirekte Bedeutung, die sozialer Unterstützung für die psychische Gesundheit zukommt, ist inzwischen hinlänglich bekannt. So wäre es möglich, daß der Mangel an sozialer Unterstützung *eine* Ursache für die geringere psychische Gesundheit von Frauen darstellt.

Die Tatsache, daß die höhere Rate psychischer Störungen bei Frauen erst nach der Pubertät zu beobachten ist (vorher weisen Jungen mehr psychische Störungen auf als Mädchen), verweist ebenfalls auf die Bedeutung von Rollenkonflikten. In der frühen Schulzeit werden an Mädchen noch sehr ähnliche Erwartungen gerichtet wie an Jungen (so sollen sie zum Beispiel in der Schule gute Leistungen erbringen). Erst um die Zeit der Pubertät, noch stärker zum Ende der Ausbildung hin, wächst der Druck zur Übernahme der traditionellen weiblichen Rolle. Zu der schulischen und beruflichen Orientierung kommt nun die familiäre Orientierung hinzu, die „moderne" Rolle gerät in Konflikt mit der „femininen" Rolle. Um als Frau anerkannt zu werden, muß sie in einer festen Partnerbeziehung gebunden sein, möglichst heiraten und eine Familie gründen. Die gerade in Westdeutschland besonders ausgeprägte Mutter-Kind-Ideologie fordert eine bedingungslose Unterordnung der eigenen – nicht nur beruflichen – Bedürfnisse unter das Wohl des Kindes beziehungsweise der Familie.

Obwohl auch an den jungen Mann die Erwartung gerichtet wird, eine Familie zu gründen, bringt ihn dies kaum in Konflikt mit seiner beruflichen Entwicklung. Die berufliche Karriere eines Mannes wird in der Regel durch Heirat oder Geburt von Kindern nicht berührt, brisanterweise auch wegen der Bereitschaft vieler Frauen, sich dem Diktat der traditionellen weiblichen Rolle zu beugen und im Zweifelsfall lieber die Karriere des Mannes zu unterstützen als die eigene zu verfolgen.

Sind Frauen, die sich mehr an der traditionellen weiblichen Rolle orientieren und den Konflikt zwischen Berufsrolle und familiärer Rolle vermeiden, psychisch gesünder? Ein Vergleich zwischen Hausfrauen und berufstätigen Frauen erbrachte, daß die Hausfrauen ihre seelische Gesundheit am schlechtesten einschätzten, das geringste Selbstbewußtsein besaßen und unglücklicher in ihrer Ehe waren. Die beiden anderen Gruppen, verheiratete und alleinstehende Berufstätige, waren demgegenüber mit der eigenen Situation zufriedener und beschrieben sich als psychisch gesünder.

Die Überzeugung, daß berufstätige Frauen psychisch gesünder seien als die sogenannten Familienfrauen, ist recht weit verbreitet. Jedoch ist die Unterteilung in lediglich zwei Gruppen – berufstätige und nicht berufstätige Frauen – zu grob. Ein Überblick über 38 Studien zeigt: einige Untersuchungen kommen zu dem Ergebnis, daß berufstätige Frauen psychisch gesünder als nichtberufstätige Frauen sind, in anderen wurden keine deutlichen Unterschiede gefunden. Einerseits ist dieser Befund durch die unterschiedliche Art der Erfassung von „psychischer" Gesundheit zurückzuführen, andererseits gibt es eine Reihe von Faktoren, die mit berücksichtigt werden müssen: familiärer Status, Kinder, Qualität der privaten und beruflichen Umwelt und berufliches Engagement können den Zusammenhang zwischen psychischer Gesundheit und Berufstätigkeit/Hausfrauenstatus beeinflussen.

Insbesondere persönliche Bedürfnisse und Werte wie die berufliche Motivation spielen eine maßgebliche Rolle. So war die Situation einer Frau in den 50er Jahren weniger konflikthaft, da eindeutiger auf ihre Rolle in der Familie zentriert, als die Situation einer Frau in den 80er und 90er Jahren, für die Berufstätigkeit zu einer wichtigen Quelle der Selbstbestätigung geworden ist.

Bisher steht fest, daß in westlichen Industriegesellschaften Frauen durchschnittlich über eine geringere psychische Gesundheit verfügen als Männer. Der Zusammenhang mit der Lebenssituation von Frauen und die Ungereimtheiten bezüglich der Anforderungen an die weibliche Rolle erscheint offensichtlich. Neben soziokulturellen Faktoren spielen jedoch auch individuelle Merkmale im Sinne von persönlichen Ressourcen und Kompetenzen eine maßgebliche Rolle bei der Entstehung und Aufrechterhaltung von psychischer Gesundheit. Neuere Forschungsarbeiten aus dem Gebiet der Gesundheitspsychologie haben gezeigt, daß bestimmte Einstellungen, Eigenschaften und Verhaltensweisen eher gesundheitsfördernde Funktion besitzen, während andere der Gesundheit eher abträglich sind. Daß Frauen häufiger an psychischen Störungen leiden als Männer, könnte daran liegen, daß ihnen weniger gesundheitsfördernde persönliche Ressourcen und Kompetenzen zur Verfügung stehen.

Die zentrale Frage lautet daher: Gibt es einen Zusammenhang zwischen „männlichen“ und „weiblichen“ Persönlichkeitsmerkmalen und psychischer Gesundheit?

Vorweggenommen sei eine begriffliche Klärung: Es gibt keine Persönlichkeitseigenschaften, die nur bei Männern oder nur bei Frauen zu beobachten sind, weshalb die Bezeichnung als „männlich“ oder „weiblich“ eigentlich irreführend ist. Die Etikettierung von Eigenschaften als „männlich“ oder „weiblich“ ist jedoch weit verbreitet, vielleicht sogar unvermeidlich. In der Regel werden damit jene Eigenschaften bezeichnet, die entweder deutlich häufiger bei einem Geschlecht zu beobachten sind oder die für das eine oder andere Geschlecht in unterschiedlicher Weise sozial erwünscht sind. Diese Zuordnung von Persönlichkeitseigenschaften zum Geschlecht variiert jedoch stark, in Abhängigkeit zum Beispiel vom kulturellem Umfeld oder historischer und aktueller Situation. Um dies zu kennzeichnen, werden die Anführungsstriche benutzt.

Die meisten Menschen definieren Maskulinität und Feminität als einander ausschließende Begriffe; ihnen werden entweder gegensätzliche oder sich ergänzende Eigenschaften zugeschrieben. Was weiblich ist, ist *nicht männlich* und umgekehrt. Entsprechend dieser Auffassung galt auch in der sozialpsychologischen Forschung bis in die 70er Jahre das traditionelle *Kongruenz-Modell psychischer Gesundheit.* Danach sollte die psychische Gesundheit am höchsten bei jenen Personen sein, die die zu ihrem Geschlecht passenden Eigenschaften aufweisen. Ausgeprägte Maskulinität mit wenig femininen Anteilen wurde als erstrebenswert beziehungsweise gesund für Männer angesehen, ausgeprägte Feminität mit wenig maskulinen Anteilen als erstrebenswert beziehungsweise gesund für Frauen.

Zu Beginn der 70er Jahre wurde dieses Modell jedoch einer massiven Kritik unterzogen. Maskulinität und Feminität wurden jetzt als zwei voneinander unabhängige Dimensionen angesehen. Das heißt, eine Person kann unabhängig von ihrem Geschlecht sowohl maskuline und feminine Eigenschaften besitzen. Gleichzeitig wurde ein neues Modell psychischer Gesundheit postuliert, wonach diejenigen Personen beiderlei Geschlechts am psychisch gesündesten sein sollten, die über ein hohes Maß an maskulinen und femininen Eigenschaften verfügen (das sogenannte Androgynie-Modell von Sandra Bem). In der Forschung wurde nun nicht mehr nach absoluten, sondern eher nach relativen Unterschieden in den Persönlichkeitseigenschaften zwischen den Geschlechtern gesucht. Entwickelt wurde ein Fragebogen zur Messung von geschlechtsspezifischen Eigenschaften, der zwei Skalen enthält (Personal Attributes Questionaire). Die Skala „Instrumentalität“ beinhaltet instrumentelle, aufgabenbezogene Eigenschaften, die für beide Geschlechter in einem bestimmten Grad als sozial erwünscht angesehen werden, jedoch als charakteristisch für einen „typischen“ Mann gelten. In der Skala „Expressivität“

sind sozial erwünschte expressive Eigenschaften enthalten, die als charakteristisch für eine „typische“ Frau gelten.

Zur Skala „Instrumentalität“ gehören die Eigenschaften „unabhängig“, „aktiv“, „wettbewerbsorientiert“, „leicht Entscheidungen fällend“, „nicht leicht aufgebend“, „selbstsicher“, „sich überlegen fühlend“ und „Druck gut standhaltend“.

Auf der Skala „Expressivität“ sind folgende Eigenschaften zu finden : „gefühlsbetont“, „fähig auf andere einzugehen“, „hilfreich zu anderen“, „freundlich“, „der Gefühle anderer bewußt“, „verständnisvoll gegenüber anderen“, „sanft“ und „herzlich in Beziehung zu anderen“.

In zahlreichen Untersuchungen wurde bestätigt: Männer beschreiben sich im Selbstbild durchschnittlich zwar als instrumenteller und weniger expressiv als Frauen; es gibt jedoch einen großen Überlappungsbereich zwischen den Geschlechtern sowie eine Reihe von Frauen, die instrumenteller sind als Männer, und Männer, die expressiver sind als Frauen.

„Typisch männliche“ Eigenschaften fördern die psychische Gesundheit

Entgegen den Erwartungen des Androgynie-Modells scheinen maskuline Eigenschaften die zentrale Rolle für die psychische Gesundheit zu spielen. Unabhängig vom Geschlecht sind beispielsweise Selbstwertgefühl, Anpassungsfähigkeit und Optimismus am höchsten bei Personen mit einem hohen Maß an instrumentellen Eigenschaften, während expressiven Eigenschaften nur wenig Bedeutung zukommt. So beschrieben sich ausgesprochen maskuline Frauen, die traditionelle weibliche Rollenerwartungen vollkommen verletzten, als glücklicher, kompetenter und anpassungsfähiger als feminine Frauen. Gefragt, in welche Richtung sie sich möglicherweise ändern wollten, gaben die femininen Frauen die größten Änderungswünsche (in Richtung mehr Instrumentalität) an. Am wenigsten verspürten die maskulinen Frauen ein Bedürfnis nach Veränderung.

Instrumentalität als Persönlichkeitsmerkmal spielt eine puffernde Rolle in der Bewältigung von streßvollen Situationen. In Längsschnittstudien mit jungen Männern und Frauen konnte gezeigt werden, daß Personen mit einem hohen Maß an instrumentellen Eigenschaften sich selbst als weniger ängstlich und depressiv beschrieben als Personen, die diese Eigenschaften weniger hatten. Darüber hinaus wurde eine streßmindernde Wirkung von Instrumentalität festgestellt. Junge Frauen mit einem hohen Maß an instrumentellen Eigenschaften konnten mit (kontrollierbaren) negativen Lebensereignissen besser umgehen als Frauen, die sich als wenig instrumentell beschrieben.

Die Instrumentalität beziehungsweise Expressivität einer Person beeinflußt auch ihr Problemlöseverhalten. Maskuline Personen nähern sich bereitwilliger Problemsituationen und zeigen ein größeres Vertrauen in ihre Fähigkeit, Probleme zu lösen als feminine.

Instrumentelle Eigenschaften, die traditionell als „typisch männliche“ Eigenschaften galten, scheinen gerade bei Frauen eindeutig die Rolle von persönlichen Ressourcen oder Kompetenzen zu besitzen, die für die psychische Gesundheit förderlich sind. Sich instrumentell zu verhalten, bedeutet nichts anderes, als sein Leben aktiv zu gestalten und die eigenen Bedürfnisse und Ziele selbstsicher zu verfolgen. Um einem häufigen Mißverständnis vorzubeugen: dies heißt nicht, rücksichtslos, egoistisch und womöglich auf Kosten von anderen seinen eigenen Weg zu gehen. Sicher kann instrumentelles Verhalten auch diese Extremform annehmen, wie ja auch Extremformen expressiven Verhaltens (zum Beispiel die Aufopferung für andere bis zum Masochismus) bekannt sind. Das Problem ist, daß viele Frauen nicht gelernt haben, sich für ihre eigenen Bedürfnisse einzusetzen, was immer wieder in Therapien, Streßbewältigungs- und Selbstsicherheitstrainings deutlich wird.

Positiv bewertete instrumentelle Fähigkeiten sind in den verschiedensten Lebensbereichen vonnöten: in der Berufswelt in besonderem Ausmaß, aber auch im privaten Bereich, in der Familie und in der Partnerschaft. Eine Frau, die sich für ihre Familie „aufopfert“ und nicht weiß, wie sie ihre eigenen Bedürfnisse durchsetzen kann, wird möglicherweise eher an psychischen Störungen leiden als eine Frau, die ihren eigenen Standpunkt gegenüber ihrer Familie vertreten und sich einen eigenen Lebensraum verschaffen kann. Umgekehrt kann eine Frau, die lernt, sich besser gegen zu einseitige Forderungen nach sozialer Unterstützung von anderen abzugrenzen, ihre eigene Gesundheit schützen.

Neben dieser direkten gesundheitsfördernden Wirkung von instrumentellen Eigenschaften sind noch indirekte Effekte wirksam. So kann eine Person, die instrumentelle (nicht aber expressive) Eigenschaften zeigt, mit einer Vielzahl von sozialen Belohnungen rechnen. Diese ungleiche Bewertung und Honorierung expressiver und instrumenteller Eigenschaften führt dazu, daß maskuline Personen – zumindest in unserem westlichen gesellschaftlichen Umfeld – nicht nur erfolgreicher sind, sondern eben auch zufriedener mit sich selbst, psychisch gesünder. Ohne Zweifel sind expressive Eigenschaften wie Einfühlsamkeit, Besorgtsein um andere oder Fürsorglichkeit wertvolle Qualitäten, ohne die menschliches Zusammensein nicht denkbar ist. Es bedarf jedoch anscheinend eines instrumentellen Gegengewichts, damit diese nicht in Abhängigkeit, Unterordnung und Selbstaufopferung enden.

Kommt es auf feminine Qualitäten gar nicht an?

Ob Frauen psychisch gesund sind beziehungsweise streßvolle oder belastende Situationen in ihrem Leben bewältigen und sich selbst ein zufriedenstellendes Leben schaffen können, hängt vermutlich in einem wesentlichen Ausmaß davon ab, ob sie die Möglichkeit hatten, sich instrumentelle Eigenschaften anzueignen. Die Vermittlung solcher Fähigkeiten an Mädchen und Frauen – möglichst nicht erst in einem Selbstsicherheitstraining für erwachsene Frauen, sondern bereits in der frühen Sozialisation durch Elternhaus und Schule – könnte die individuelle Kapazität, mit verschiedensten Situationen fertig zu werden, stärken und die Wahrscheinlichkeit des Auftretens einer psychischen Störung verringern.

Ist es also für eine Frau psychisch am gesündesten, so maskulin wie möglich zu sein, kommt es auf feminine Qualitäten gar nicht an? Abschließend seien noch zwei Gesichtspunkte genannt, die eine solche Schlußfolgerung relativieren können. Bisher sind in der Forschung zu psychischer Gesundheit mitmenschliche Qualitäten eindeutig vernachlässigt worden. Die gängigen Definitionen psychischer Gesundheit beschränkten sich auf die einzelne Person, die in der Lage ist, selbstbewußt ihren Weg zu gehen und dabei externe und interne Anforderungen optimal zu bewältigen. Kriterien eines psychisch gesunden Zusammenlebens mit anderen Menschen, soziale Aspekte werden meist nur am Rande erfaßt, wie in der Skala „Liebesfähigkeit" des Trierer Persönlichkeitsfragebogenes zur Erfassung psychischer Gesundheit. Diese Skala ist interessanterweise die einzige Skala (von insgesamt acht), auf der Frauen durchschnittlich höhere Werte erzielen als Männer; auf Skalen wie „Expansivität" oder „Autonomie" schneiden im allgemeinen dagegen Männer besser ab. Expressive, das heißt typisch feminine Eigenschaften zielen jedoch in erster Linie gerade nicht auf die Erhöhung des eigenen Wohlbefindens, sondern auf das Wohlbefinden *anderer* („fähig, auf *andere* einzugehen, hilfreich zu *anderen,* verständnisvoll gegenüber *anderen*"). So ist auch von verschiedenen Seiten kritisiert worden, daß die bisherigen Meßverfahren zur Erfassung psychischer Gesundheit eine unzulässige Bevorzugung maskuliner Werte aufweisen würden. Eine weitere Schwachstelle bisheriger Forschung liegt darin, daß psychische Gesundheit meist über Selbstauskünfte, in der Regel durch Fragebögen, seltener durch Interviews, erfaßt wird. Bei den Auskünften über die eigene Befindlichkeit spielen Geschlechtsrollenerwartungen eine maßgebliche Rolle. Immer noch wird Frauen eher zugestanden, Schwächen und Probleme zuzugeben und sich (zum Beispiel auch therapeutische) Hilfe zu suchen. Von Männern wird dagegen erwartet, daß sie ihre Probleme selbst in den Griff bekommen; Schwächen und Schwierigkeiten offen zuzugeben, über psychische Probleme zu reden oder gar therapeutische Hilfe in Anspruch zu nehmen, gilt als „unmännlich". So fand ich in einer eigenen Studie, daß Männer sich (beziehungsweise ihre psychische Gesundheit) einfach besser darstellen (können); kontrollierte man diese Selbstdarstellungstendenzen, waren die Geschlechtsunterschiede in psychischer Gesundheit schon deutlich geringer ausgeprägt!

Anne Maria Leimkühler

„...so eine Art Lebensangst, die ich in mir habe"

Angststörungen und die Unfähigkeit, Probleme zu lösen

Frauen gelten im Vergleich zu Männern nicht nur als das naturgemäß „schönere", sondern auch als das „kränkere" und das „ängstlichere" Geschlecht. So sind Frauen zum Beispiel in nahezu allen Institutionen der medizinischen und psychosozialen Versorgung überrepräsentiert. Jüngste Daten belegen erneut den vielfach berichteten Befund, daß abhängig machende Medikamente zu zwei Dritteln Frauen verordnet werden. Bezogen auf psychische Erkrankungen ist die Wahrscheinlichkeit, einmal im Leben zu erkranken, für Frauen doppelt so hoch wie für Männer, dies gilt insbesondere für depressive und psychosomatische Erkrankungen. Am meisten gefährdet erscheinen Frauen unterer Sozialschichten, die verheiratet und nicht berufstätig sind.

Angststörungen zählen zu den häufigsten psychischen Störungen, wobei die *Agoraphobie* etwa bei der Hälfte aller Angsterkrankungen diagnostiziert wird. Agoraphobie bedeutet im ursprünglichen Sinn des Wortes die Angst, einen öffentlichen Platz zu betreten, doch handelt es sich um ein weit komplexeres Angstsyndrom: Es ist die Angst, in öffentlichen Situationen einer Panikattake hilflos ausgesetzt zu sein, keine Ausweich- oder Fluchtmöglichkeiten zu haben. Eine Panikattacke wird diagnostiziert, wenn mindestens vier der folgenden Symptome berichtet werden: Atemnot oder Beklemmungsgefühle, Benommenheit, Gefühl der Unsicherheit oder Ohnmachtsgefühle, beschleunigter Puls- oder Herzschlag, Zittern, Schwitzen, Erstickungsgefühle, Übelkeit oder Unterleibsbeschwerden; das Gefühl, nicht man selbst oder in einer unwirklichen Welt zu sein, Taubheit oder Kribbelgefühl, Hitzewallungen oder Kälteschauer, Schmerzen und Unwohlsein in der Brust, Furcht zu sterben, Furcht verrückt zu werden oder Angst vor Kontrollverlust.

Dieser Angst folgt schließlich ein für die Agoraphobie typisches Vermeidungsverhalten: Situationen, die solche Symptome auslösen könnten, werden konsequent gemieden. Fachleute sprechen von der „Angst vor der Angst“. Obwohl diese Angst von den Betroffenen als irrational erkannt wird, kann das Vermeidungsverhalten sich bis zur Unfähigkeit, die Wohnung ohne Begleitung einer Vertrauensperson zu verlassen, steigern. Die Betroffenen sind in ihren Möglichkeiten deutlich eingeschränkt, die Familie wird stark belastet. Gleichzeitig besteht die Wahrscheinlichkeit, daß die Betroffene eine Depression entwickelt oder alkohol- und medikamentenabhängig wird.

Auch für Angststörungen gilt, daß Frauen doppelt so häufig erkranken als Männer. Doch bei der Agoraphobie erhöht sich ihr Anteil eklatant. Die Befunde sowohl klinischer Studien als auch von Feldstudien aus den USA und der BRD ergeben einen Frauenanteil von rund 80 Prozent.

Obwohl dieser Geschlechtsunterschied vielfach belegt ist, wird er in der psychiatrischen Literatur nur selten gedeutet. Dementsprechend geschlechtsunabhängig fallen auch die Erklärungen zur Entstehung der Angst aus. Hier hat sich der sogenannte kognitive Ansatz durchgesetzt. Er geht davon aus, daß Angst dann entsteht, wenn ein Mensch befürchtet, bestimmte Situationen nicht bewältigen zu können. Zum Beispiel werden dann bestimmte Körpergefühle wie starkes Herzklopfen oder Schweißausbrüche als herannahende, unkontrollierbare Katastrophe, als Zeichen eines Herzanfalls oder beginnenden Wahnsinns gedeutet. Solche Körpersignale können dann zum Auslöser für Panikattacken werden.

Der kognitive Erklärungsansatz ist jedoch – ebenso wie andere Modelle – nicht in der Lage, den eklatanten Geschlechterunterschied bei der Agoraphobie zu erklären. Dies liegt daran, daß der soziale und kulturelle Kontext, in dem Menschen leben, und zwar Männer und Frauen unterschiedlich leben, ausgeblendet wird.

Meine zentrale These lautet dagegen: Es gibt einen Zusammenhang zwischen der traditionellen weiblichen Geschlechtsrolle und der Häufigkeit von agoraphobischen Störungen bei Frauen. Welche Beziehung zwischen Frauenrolle und Agoraphobie besteht, will ich im folgenden auf der Basis von ausführlichen Interviews, die mit zehn Patientinnen der Angstambulanz unserer Klinik geführt wurden, herausarbeiten. Diese Frauen – im Alter von Mitte zwanzig bis Anfang 60 – leiden seit mehreren Jahren (im Extremfall 30 Jahre) an Agoraphobie.

In unserer Gesellschaft ist genau festgelegt, welche Eigenschaften und Verhaltensweisen für einen Mann und für eine Frau typisch, angemessen und sozial erwünscht sind und welche nicht. Typisch männliche Eigenschaften sind vielfach als „instrumentelle“, typisch weibliche als „expressive“ Eigenschaften zusammengefaßt worden. Danach sollen Männer aggressiv, aktiv, rational, ehrgeizig, zielorientiert, durchsetzungsfähig, unabhängig, selbstsicher, logisch denkend, abenteuer- und entscheidungsfreudig sein. Frauen dagegen seien typischerweise passiv, angepaßt, nachgiebig, vorsichtig, ängstlich, harmonisierend, abhängig, emotional, wenig selbstsicher. Dies sind Eigenschaften, die im Gegensatz zu den männlichen Attributen geringer bewertet und sozial kaum belohnt werden.

Während bei einer expressiven Haltung weder schädliche noch förderliche Effekte für die psychische Gesundheit nachgewiesen werden konnten, wird der instrumentellen Orientierung ausdrücklich eine Bedeutung für die psychische Gesundheit zuerkannt: Instrumentalität beeinflußt positiv das Selbstwertgefühl und schützt vor Ängstlichkeit und Depression. Instrumentalität fungiert als Puffer bei der Bewältigung von Streß und wirkt positiv auf das Problemlöseverhalten ein.

Angst und die Fähigkeit, Probleme zu bewältigen, hängen unmittelbar miteinander zusammen: Angst entsteht dann, wenn ein Konflikt nicht bewältigt werden kann. Die traditionelle Frauenrolle unseres Kulturkreises vermittelt einen geringeren Verhaltens- und Handlungsspielraum für instrumentelle Bewältigungsstrategien, der sich überdies in sozialstrukturellen Benachteiligungen der Frauen weiter fortsetzt, die wiederum als eigenes Versagen interpretiert werden.

Erlernte Hilflosigkeit und Angstbereitschaft sind der rote Faden in typischen weiblichen Biographien. Angstbereitschaft führt dazu, daß Menschen in bestimmten Situationen schnell Bedrohung, Ungewißheit und Hilflosigkeit erleben und ihre Fähigkeiten, Probleme zu bewältigen, als unzureichend empfinden.

Die Entwicklung einer Agoraphobie kann vor diesem Hintergrund als ein spezifischer Bewältigungsversuch von Frauen in Konfliktsituationen interpretiert werden. Dieser Bewältigungsversuch ist wie die Biographie der Frauen rollenkonform und steigert „weibliche" Eigenschaften ins Extreme: Hilflosigkeit, Abhängigkeit, Rückzug, Passivität. Es ensteht ein gordischer Knoten: Die Angst vor der Hilflosigkeit führt durch die Angst vor der Angst direkt in die Hilflosigkeit.

Die folgenden Zitate aus den Interviews mit agoraphobischen Patientinnen sollen die Qualität der Angstsymptome als Extreme typisch weiblicher Eigenschaften verdeutlichen.

„Ich war als Kind immer schon ängstlich, auch ängstlich erzogen worden, so ‚das darf man nicht' und ‚da geht man nicht hin', das habe ich nicht gelernt, Fahrradfahren oder irgendwas, wo so ein bißchen Risiko drin ist, das habe ich alles so als Kind nicht erlebt. Ich bin auch nie von zu Hause weggekommen, habe mich nie durchbeißen müssen. Aber ängstlich bin ich immer gewesen, Angst habe ich immer gehabt".

„Ich war immer verwöhnt von zu Hause, ich war quasi das einzige Mädchen und die Jungs dann noch. Ich hatte immer einen Beschützer. Meine Brüder waren da, mein Vater, meine Mutter".

„So großes Selbstvertrauen habe ich noch nie gehabt, weil ich vermute, das kommt daher, weil mir früher immer wieder gesagt worden ist, du kannst das ja sowieso nicht".

„Aber als Kind von zu Hause weg, das war schlimm. Ich weiß nicht, womit das

zusammenhängt, daß ich immer am liebsten zu Hause bin, keine Ahnung. Immer schon, auch so früher mit Freundinnen, irgendwie was Großartiges unternommen habe ich nie".

„Ich durfte kein Eis essen ... und dadurch hatte ich Halsschmerzen und angeblich kam die ganze Rheumatis nur von meinen entzündetetn Mandeln und das ging auf meine Gelenke und dann hörte ich ‚du darfst nicht laufen', ‚du darfst nicht Eis essen, dann kriegst du Halsschmerzen', und jetzt mit 43 höre ich wieder das gleiche: Ich soll nicht arbeiten gehen, wenn ich arbeiten gehe, werde ich krank. Und das stört mich. Das ganze Leben lang dieses ‚nein, vorsichtig, sonst wirst du wieder krank' ..."

Wie im letzten Zitat deutlich wird, können solche Lerngeschichten der Angst, die gleichzeitig Lerngeschichten der Anpassung und Vermeidung sind, einen Mangel an Autonomie (sowie Angst vor Autonomie) und Selbstwertgefühl nach sich ziehen und in ein zentrales lebensgeschichtliches Muster münden. Eine Patientin, 45 Jahre alt, Legasthenikerin, die sich seit ihrer Kindheit durchs Leben „immer irgendwo durchgewurschtelt" hat, durch ihre Legasthenie auch objektiv auf die Hilfe anderer angewiesen war, dies immer nach außen zu verbergen suchte und daher auch seit zwanzig Jahren in einer Nachtbar (ungern) als Animierdame arbeitet, bringt dies auf die Formel: *„Mein Leben besteht immer aus Bitten und Betteln".* Ihre Agoraphobie ist wohl eine weitere Variation des Themas „Bitten und Betteln".

Das Charakteristische der Angst ist ihre Unbestimmtheit und ihre Ausbreitung über sämtliche Lebensbereiche; einige Patientinnen bezeichnen sie treffend als „Angst vor dem Leben", „so eine Art Lebensangst, die ich in mir habe".

Die Folge ist extreme Passivität, Rückzug, das heißt Vermeiden angstauslösender Situationen und Handlungen, und auf der anderen Seite das Leiden an einer derart eingeschränkten Lebenssituation.

„Vor lauter Angst mache ich dann überhaupt nichts mehr".

„Dann habe ich mir Zettel gemacht für den Tag, was alles zu tun ist, damit ich dann was tue und nicht nur ständig dasitze und nur Angst habe, aber mir hat dann dieser Zettel da morgens, der hat mir dann schon Angst gemacht, was dann alles vor mir liegt".

„Mein Zuhause ist wie das Auto, in das ich mich zurückziehen konnte und die Tür zumachen konnte".

„Die erste Woche, nachdem ich diese Hyperventilation hatte, war ich noch nicht einmal in der Lage, ins Kinderzimmer vorne zu gehen. Das ist das einzige Zimmer, von wo aus ich auf die Straße schauen kann. Wenn ich schon in das Zimmer hineinging und auf die Straße sah, dann kriegte ich schon Panik".

Die Patientinnen können es zeitweise nicht ertragen, allein zu Hause zu sein, manche sind nur mit Hilfe einer Vertrauensperson, meist des Ehemanns in der Lage, die Wohnung zu verlassen. Das heißt, daß der Alltag nur noch sehr eingeschränkt bewältigt werden kann. An dieser Unfähigkeit wird die Regression auf eine frühkindliche Stufe der Hilflosigkeit und Abhängigkeit sichtbar, in der kein autonomer Kontakt mit der Außenwelt stattfindet; die Patientinnen zeigen keine altersangemessenen Bewältigungsformen, weil sie diese nicht gelernt haben. Damit geraten sie in eine ambivalente Lebenssituation: Einerseits bieten die vertrauten eigenen vier Wände Schutz vor der Außenwelt, in der sich die labile Identität aufzulösen droht; in der Wohnung können die Patientinnen eine Art Scheinautonomie und damit Entlastung erleben, andererseits werden sie durch die Abschottung von der Außenwelt mit der Innenwelt konfrontiert, was ihnen ebenso unerträglich ist. Der fehlende Außenkontakt erhöht den Grad an Selbstaufmerksamkeit, wodurch sich die negativen Emotionen verstärken, indem die Diskrepanz zwischen dem tatsächlichen Verhalten und dem idealen Selbst stärker bewußt wird. Deshalb scheitern Versuche, (wieder) erwerbstätig zu werden, zum einen von vornherein (auch mitbedingt durch gesellschaftliche Zugangsbarrieren), zum anderen scheitern sie an Angstsymptomen während der neuen Tätigkeit, die dann wieder eine Arbeitsunfähigkeit erzwingen. Das subjektive Fazit lautet: Schuld ist die Angst, wäre ich doch nur gesund ..., und die entsprechende Bewältigungsstrategie erschöpft sich in Wunschdenken.

„Praktisch, wenn ich zu Hause bin und keiner mich ärgert und alles immer ruhig ist, dann habe ich einen ganz normalen Tag, habe ich keine Beschwerden“.

„Mein Drang war immer nach Hause, fühl mich wohl zu Hause, ich weiß auch nicht warum“.

„Also, ich nehme mal an, es kommt vieles auch daher, weil ich eben unzufrieden bin. Ich bin also nicht so gerne Hausfrau“.

„Die Angst vor Versagen, vor Verlust auch, daß ich Verlust durch mein Versagen erleide, daß ich abgelehnt werde, wenn ich etwas schlecht mache“.

„Aber was soll ich machen? Rausgehen kann ich nicht, ich habe auch nicht den Drang rauszugehen, ich merke, daß ich mich drücke. ... Ich will auf der einen Seite, aber auf der anderen Seite weiß ich, ich muß. Dann kommt wieder die Panik, und dann bin ich wieder enttäuscht“.

„Sehen Sie, und das ist es, wenn ich zu Hause bin und mich vergrabe, dann bin ich einfach zu Hause. Jetzt in der letzten Zeit tu ich sehr viel lesen, fange ich an ein Buch zu lesen und da bin ich einfach ... auch wenn ich dann rausgehe und alle so sehe auf der Straße und ach Mensch, hast keinen Führerschein, ach hast das nicht und kannst das nicht und hast keine gescheite Arbeit, so habe ich immer meine Gedanken, und da kommt meine Unzufriedenheit, die Depression und dann kommt auch die Angst, das ist alles ein Kreislauf“.

Die obigen Interviewzitate sollen genügen, um die qualitative Ähnlichkeit der Agoraphobie mit weiblichen Rollenerwartungen zu belegen, wobei mit der Agoraphobie ein Punkt erreicht ist, an dem die Anpassung an die traditionelle Frauenrolle in einen selbstzerstörerischen Identitätskonflikt umschlägt. In diesem Falle läßt sich schwerlich für die betroffenen Frauen ein sekundärer, durch die Erkrankung erworbener „Identitätsgewinn“ ausmachen, wie er beispielsweise bei einigen chronischen Krankheiten wie der Multiplen Sklerose beschrieben wurde. Der Unterschied mag darin liegen, daß bei der Agoraphobie das (unbewußte) Leiden an den Defiziten der Frauenrolle verursachende Bedeutung hat, während weibliche Eigenschaften der Bewältigung anderer chronischer Krankheiten sogar förderlich sein können.

Insofern scheint die Agoraphobie keine psychiatrische Erkrankung sui generis darzustellen, sondern eine Variante des von mir so genannten „Frauenrollensyndroms“. Anders formuliert: Die psychiatrische Diagnose etikettiert in diesem Fall nur ein Sozialisationsprodukt.

Wurde bisher die Verwandtschaft von pathologischer Angst und weiblicher Sozialisation skizziert, so wird im folgenden nach den *Funktionen* der Agoraphobie für den weiblichen Lebenszusammenhang gefragt: Was bedeutet es, wenn ein objektiv gesunder Körper seine Dienste versagt und sich zum quasi autonomen Störfaktor entwickelt?

Zunächst ist festzustellen, daß das erste Auftreten von Angstsymptomen in krisenhafte Lebenssituationen der Frauen fällt, die nicht selten auch über belastende Lebensereignisse in Kindheit und Jugend berichten. Die aktuellen, die Angst auslösenden Situationen können als Belastungssituationen zusammengefaßt werden, in denen sich die Frauen entweder überfordert oder unterfordert fühlen.

- Bei Frau B. treten die ersten Symptome auf, als sich ihre Ehe droht aufzulösen, weil ihr erster Mann über zwei Jahre eine Freundin hat; ein „Unsicherheitsfaktor“, wie sie sagt. Sie läßt sich scheiden, und es geht ihr besser, bis neue Belastungen auftreten, z. B. der Tod des Vaters und beruflicher Streß.

- Frau W. gibt nach der Hochzeit ihre Tätigkeit als Kindergärtnerin auf, weil sie sich überlastet fühlt und gerät in soziale Isolation. Die Aufgabe des Berufs bezeichnet sie im Nachhinein als Fehler. Die Ehe ist kinderlos, bei ihrem Ehemann wurde Hodenkrebs diagnostiziert.

- Bei Frau S. zeigen sich die ersten Symptome in einer Phase, die durch berufliche Schwierigkeiten gekennzeichnet ist: Sie hat nur ein geringes Ausbildungsniveau (keine Lehre), versucht sich „durchzuboxen“, fühlt sich ausgenutzt und kündigt bzw. wird gekündigt.

- Frau Wi. gibt nach der Geburt ihres ersten Kindes ihre berufliche Tätigkeit auf, zieht mit ihrem Mann in eine von ihr nicht geschätzte Wohnung, ihr Mann ist aus beruflichen Gründen kaum zu Hause, sie fühlt sich „abgestellt“ und allein.

- Frau M. fühlt sich nach dem Erziehungsjahr, als sie ihre Arbeit in einem Altenheim wieder aufnimmt, mit Haushalt, Kind und Beruf überfordert. Hinzu kommt eine „starke Auseinandersetzung“ mit ihrem Mann.

- Frau K., in ihrer Kindheit ein verwöhntes Mädchen, erlebt nach ihrer Heirat einen sozialen Abstieg, ihren Ehemann als Alkoholiker und ihre Schwiegermutter als klassischen Drachen, sie muß Geld als Pelznäherin verdienen. Erste Angstsymptome treten nach 12 Jahren durchlittener Ehe und zwei zurückgenommenen Trennungsversuchen auf.

Die Angststörung entsteht an einer biographischen Stelle, an der sich entweder eine Lebensveränderung ereignet, die einen Verlust an Lebenschancen und damit einen Sinnverlust nach sich zieht, und/oder chronisch gewordene Belastungen nicht mehr bewältigt werden können. Es fällt auf, daß all diese Situationen durch Leistungsansprüche an sich selbst gekennzeichnet sind, denen die Frauen gerecht zu werden versuchen, es aber subjektiv nicht schaffen. In dieses Vakuum tritt die Angststörung und führt zu einer – nun durch die Störung entschuldbaren – Handlungsunfähigkeit.

Anhand des Interviewmaterials lassen sich nun folgende fünf Faktoren der Agoraphobie unterscheiden:

1. Die Bereitstellung eines Schonraums: Die Funktion der Agoraphobie, Schutz und Sicherheit vor der Außenwelt einzufordern, stellt eine Verlängerung des eingeübten infantilen Verhaltens dar, Verantwortung für das eigene Leben abzugeben, wenn sich die Dinge nur noch im reduzierten Schonraum der eigenen vier Wände kontrollieren lassen. Die Angstsymptome lassen eine Situation entstehen, in der elementare Autonomie neu erlernt werden muß: Dies ist nicht zuletzt ein Sinnersatz, der Erfolgserlebnisse bereithält.

2. Das Alibi für den Status quo: Die Angststörung bietet eine Legitimation dafür, daß alles beim Alten bleibt, daß eine tätige Auseinandersetzung mit Veränderungen von vornherein vermieden wird.

„Wie soll ich es (ihr Leben, AML) denn ändern? Wie soll ich es ändern, wann, oder wo soll ich es ändern? Jetzt schon mal ganz und gar nicht, jetzt bin ich ja durch die Angstzustände noch mehr gebunden".

3. Die Aufkündigung des Funktionierens: In der klassischen weiblichen Normalbiographie, in der die eigenen Bedürfnisse zugunsten anderer, vor allem der Familie zurückgestellt werden, ist die Flucht in die Krankheit eine autoaggressive, rollenangepaßte und damit akzeptierter Protest:

„Ich denke mal, daß ich mir immer so benutzt vorkam und jetzt funktioniere ich einfach nicht mehr. Ich habe im Grunde genommen immer funktioniert, und wenn ich mich gefünfteilt habe; aber ich habe es immer geschafft. Das Problem war eigentlich auch mein Mann, der also nicht viel zu Hause war, der immer sehr lange gearbeitet hat, der die Kinder die ersten Jahre kaum gesehen hat, und seitdem ich angefangen habe, krank zu werden, funktionierte das auf einmal, daß er auch wirklich pünktlich Feierabend machen konnte, und das war vorher nie der Fall".

„Manchmal hab ich das Gefühl, der (ihr Ehemann, AML) denkt, ich war die unheimlich starke Persönlichkeit, weil ich auch gerne so erscheine, aber das bin ich nicht. Jetzt, seit ich krank bin, merkt er, daß ich das nicht bin, und das macht mich unruhig".

4. Die Bereitstellung eines Machtmittels: Durch ihr Leben mit der Angst (30 Jahre!) in einer als äußerst belastend geschilderten Ehe, in der sie nur „dahinvegetiert" habe, verschafft sich Frau K. eine späte Genugtuung:

„Ich nutze meinen Mann jetzt aus quasi ... In meinen Augen ist es so: er ist gut genug für mich, daß er mit mir überall hingeht, aber sonst, sicher, man hat sich aneinander gewöhnt ... aber sonst, wenn ich wüßte, daß mein Mann mich so nehmen würde, wie ich ihn nehme, dann wäre ich zu Tode beleidigt, also das ist unrecht von mir, was ich tue jetzt. Aber dann denke ich wieder, das ist so eine kleine Rache von mir, so daß ich denke, jetzt kann ich es mir erlauben ohne schlechtes Gewissen, also ich habe kein schlechtes Gewissen dabei".

5. Die Bestrafung: Mag die Angststörung auch in mancher Hinsicht als unbewußt eingesetztes Problemlösemittel erscheinen, den Ehemann stärker in die Verantwortung für sich selbst oder für die Familie zu ziehen, so erweist sie sich doch als Bumerang: Diese Problemlösung geht wieder auf die Kosten der Frau, auch wenn sie, weil sie ja krank ist, nicht dafür verantwortlich gemacht werden kann:

„Also ich glaube, ich war zu oft zu dumm gewesen, meinen Mund aufzumachen ..., wenn ich vielleicht früher etwas gesagt hätte ..., weil mir das nicht behagt, daß das eben durch eine so blöde Krankheit rauskommt und sich ändert, das stört mich irgendwie, weil ich ja wieder die Leidtragende bin ..."

Die Ehemänner der Patientinnen haben offenbar wenig Probleme mit der Ängstlichkeit ihrer Frauen („Frauen sind nun einmal so"), sie unterstützen sie quasi als Mitspieler der Angst und freuen sich über kleine Fortschritte:

„Dat is einfach was Herrliches für mich, dat is, wenn ich weiß, die fährt mit mir die vierte Etage hoch oder so, und dat war nie drin sowat".

Die Reduktion auf Kleinräumigkeit (Enge), Abhängigkeit, Hilflosigkeit und Perspektivelosigkeit liegt, wie gezeigt, dem Weiblichkeitskonstrukt unserer Gesellschaft nahe und korrespondiert mit daseinsanalytischen Überlegungen zur Angst: Je enger der Daseinsentwurf, desto stärker die Angst. Jores erklärte dazu: „Es gibt ein Mitwissen des Menschen darum, was eigentlich sein soll, was ihm adäquat und gemäß ist. Das ist sicher die tiefste Wurzel jenes Phänomens, das wir als Gewissen bezeichnen. Damit erhebt sich die Frage, ob nicht eine Quelle der Angst, insbesondere des neurotisch gestörten Menschen, auf einem tiefen, nicht bewußten Mitwissen darum beruht, daß er im Begriff steht, sein Leben entscheidend zu verfehlen."

Wenn die Selbstverwirklichung eine Lebensaufgabe ist, und wenn die Angst als Gefühl einer unspezifischen Lebensbedrohung erlebt wird, dann läßt sich stimmig daraus folgern, daß eine Quelle der Angst, wie Jores formuliert, „das tiefe Mitwissen des Menschen um die Verfehlung seines Lebens" bzw. das „Im-Begriff-Stehen, sein Leben zu verfehlen", ist. Oder wie eine Patientin (45 Jahre, 10 Jahre Angststörung) bilanziert, daß sie „vor den Scherben" stünde, daß ihr Leben gescheitert sei:

„Ich weiß auch nicht, was das für eine Angst ist. Aber ich denke vielleicht, weil ich nichts erreicht habe im Leben, weil

ich, also ich persönlich komme mir vor, ich habe einfach nichts erreicht, ich habe nichts geschafft im Leben, ne. Nirgendwas habe ich geschafft, gar nichts. Und darum bin ich unzufrieden, daß das vielleicht die Angst irgendwie auslöst".

Ein wichtiger Aspekt zum Verständnis der angstgestörten Frau läßt sich ebenfalls dem obigen Zitat von Jores entnehmen, und zwar jener, der auf die „Antriebs- und Entfaltungsimpulse" verweist. Diese lassen sich ebenso in den Interviews nachweisen und markieren einen deutlichen Unterschied zur depressiven Frau: Daß Angst überhaupt erlebt wird, setzt voraus, daß Bedürfnisse und Interessen bewußt sind, deren Realisierung jedoch gefährdet erscheinen. Die Angststörung könnte somit der extreme Ausdruck eines (unbewußten) Konflikts zwischen der Anpassung an Weiblichkeitsnormen und dem Streben nach Autonomie sein. Ein Konflikt, der zunächst jeder Identitätsbildung zugrunde liegt, der bei der traditionellen weiblichen Sozialisation aber eine Schieflage von Anpassung und Autonomie produziert. Gerade die veränderten Bedingungen an die Identitätsbildung infolge gesellschaftlicher Individualisierungsprozesse erfordern ein Höchstmaß an Autonomie, das auf Selbstverarbeitung, Selbstplanung und Selbstherstellung von Biographie hinausläuft. Der einzelne muß sich selbst als Handlungszentrum erleben. Für ein verändertes weibliches Selbstverständnis bedeutet dies, daß Frauen sich mehr als Einzelperson verstehen lernen müssen, „mit eigenen Interessen und Rechten, Zukunftsplänen und Wahlmöglichkeiten", wie die Soziologin Beck-Gernsheim schreibt.

Therapeutische Unterstützung kann angstgestörte Frauen diesem Ziel näherbringen. Wenn die Verhaltenstherapie erfolgreich ist, und das ist sie, dann sollte sie auch eingesetzt werden, obwohl biographische und soziale Hintergründe außen vor bleiben. Es ist die Frage, inwieweit die Verhaltenstherapie den Frauen Mittel an die Hand gibt, die ihnen jenseits der konkreten Bewältigung phobischer Situationen bei der Bearbeitung dahinterliegender Probleme („Lebensangst") nützlich sein können. Um diese nicht-medizinisch bearbeiten zu können, wäre gleichzeitig die Teilnahme an Frauengruppen sinnvoll. Dadurch wäre es möglich, Störungen nicht mehr nur den eigenen Persönlichkeits- und Kompetenzdefiziten (wie es zum Beispiel in der Verhaltenstherapie geschieht) zuzuschreiben, sondern den gesellschaftlichen Anteil am eigenen Leiden, der sich über Rollenzuschreibungen und -identifikationen bildet, zu erkennen. Natürlich kann man gesellschaftliche Lebenslagen und Geschlechtszugehörigkeit nicht therapieren, aber man kann Handlungsspielräume für die eigene Gestaltung seiner Umwelt und effektivere Bewältigungsstrategien gemeinsam diskutieren. Frauenprobleme sind nur teilweise individuelle Probleme, auch wenn Frauen sie am eigenen Leib erfahren müssen.

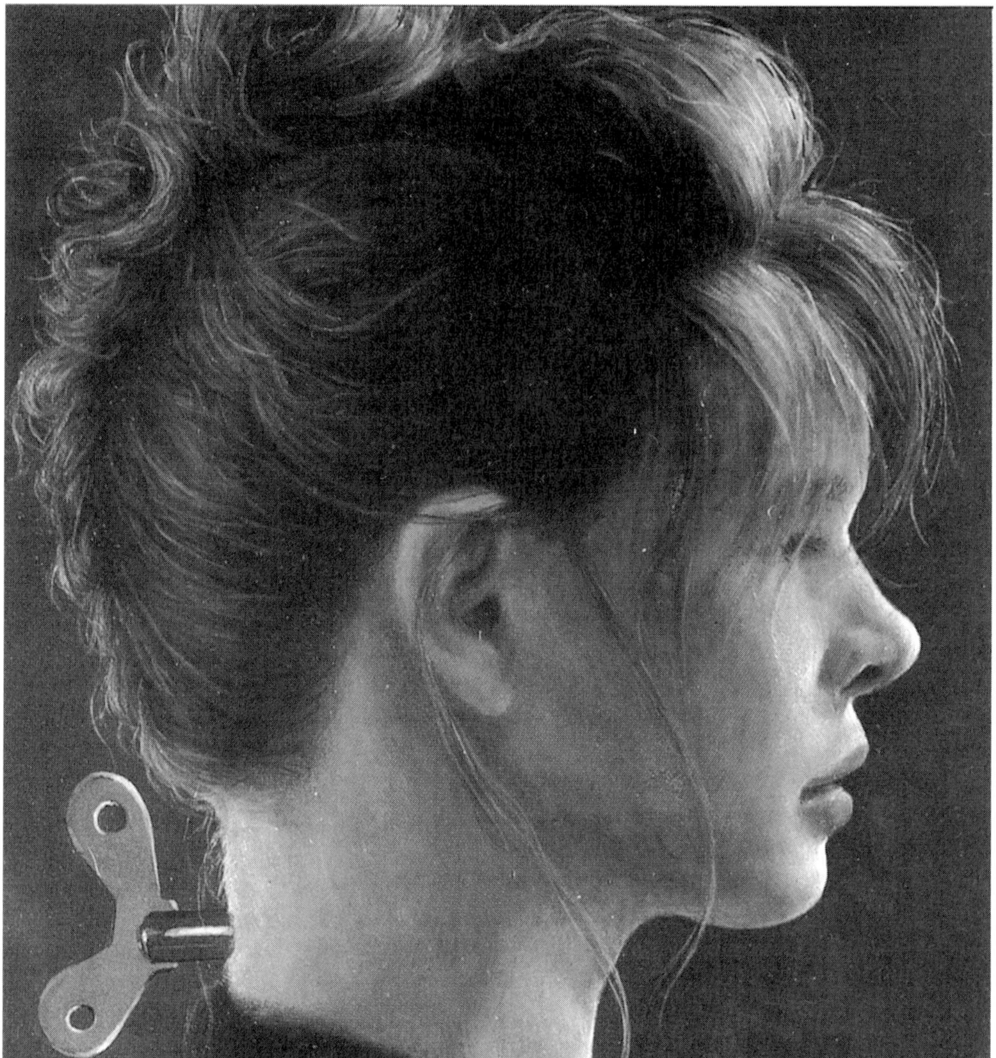

Bärbel Wardetzki

Die perfekte Maske des Narzißmus

Hunger nach Anerkennung – Hunger nach Essen

In meiner psychotherapeutischen Arbeit mit bulimischen Frauen begegnet mir immer wieder der Konflikt zwischen Anpassung und Autonomie. Mir kommt es oft so vor, als käme im Eß-Brech-Symptom das grundlegende Dilemma von Frauen zum Ausdruck, sich zwischen Abhängigkeit und Selbständigkeit zu bewegen. In ihrem Fall liegt die Lösung des Konflikts im Leben der Extreme: entweder vollkommen abhängig und im anderen bis zum Verlust der eigenen Identität aufgehen oder in totaler Distanz vom anderen leben, autonom, aber allein.

Dahinter steht die Frage, inwieweit Frauen sie selber sein können in einer Beziehung oder in der Gesellschaft, Initiative ergreifen, ihre Potenz leben, ihre Möglichkeiten verwirklichen und zugleich ihren emotionalen Bedürfnissen Raum geben, oder inwieweit sie sich gezwungen sehen, sich zurückzunehmen. Und Bulimikerinnen zeigen uns, daß wir noch nicht an dem Punkt sind, wo Frauen mit Selbstverständlichkeit sie selbst sein können und sich verwirklicht haben.

Viele Bulimikerinnen treten selbstbewußt auf und geben sich eigenständig, fühlen sich in ihrem Inneren jedoch unsicher und minderwertig. Aus diesen Selbstzweifeln heraus passen sie sich anderen Menschen und deren vermeintlichen Erwartungen an, in der Hoffnung, auf diese Weise Anerkennung und Zuwendung zu erhalten. In ihrem Selbstbild und Selbstwertgefühl machen sie sich von der Meinung anderer abhängig, was sie zwingt, immer gut bei allen ankommen zu müssen.

Sie vermeiden mit aller Kraft, sich so zu zeigen, wie sie sind, und verbergen sich hinter einer perfekten Maske. Ihre Selbstzweifel und Unsicherheit versuchen sie durch äußere Attraktivität, Schlanksein, besondere Leistungen und Perfektionismus auszugleichen. Im Kontakt bieten sie diese Fassade an und bleiben dahinter unerkannt.

Dieser innere Konflikt zwischen dem Gefühl der Minderwertigkeit und der äußeren Fassade ist das Wesen einer narzißtischen Selbstwertstörung. Entlehnt wird der Begriff der narzißtischen Persönlichkeit aus der griechischen Sage des Narkissos. Er war, wie es heißt „von trotzigem Stolz auf seine Schönheit erfüllt" und unfähig, Liebe zu geben und zu empfangen. Ihm wurde prophezeit, daß er „sehr alt werden wird – aber nur, wenn er sich niemals selber kennt". Die Götter straften ihn für seine Lieblosigkeit mit „unerfüllter Selbstliebe" und sein Bildnis war das einzige, was ihm bis zu seinem Freitod blieb. Daß diese ursprüngliche Beschreibung der narzißtischen Problematik auf einen Mann bezogen ist verwundert nicht, da diese Sichtweise auch heute noch in der psychologischen Literatur vorherrscht. Auch für mich waren narzißtische Persönlichkeiten in der Regel Männer, die ihre Selbstwertproblematik hinter einer „coolen", selbstverliebten Fassade verbergen. Ich fand jedoch bei Bulimikerinnen (aber auch bei Frauen ohne Eßstörung) eine narzißtische Ausprägung, die sich von dem Verhalten der Männer unterscheidet. Wo die Männer sich größer und unangreifbarer machen, reagieren die Frauen vorwiegend mit Selbstabwertung und Minderwertigkeitsgefühlen. Dieselbe narzißtische Grundstörung drückt sich also auf unterschiedliche Weise aus: im weiblichen Typus der Anklammerung und im männlichen Typus der Vermeidung.

Daher paßt das Bild der Narkissos-Sage in vielem ebenso zu weiblich-narzißtischen Frauen, denn auch sie sind sich im Grunde immer fremd, wissen nicht, wer sie wirklich sind, sie kennen sich nicht, und sie sind mehr mit einem Bild von sich identifiziert als mit sich selbst. Ihre Fähigkeit zu lieben und Liebe anzunehmen ist beeinträchtigt, obwohl sie sich sehr nach Liebe sehnen.

Der Konflikt zwischen Minderwertigkeit und perfekter Fassade

Der weibliche Narzißmus ist so gesehen eine Selbstwert- als auch eine Beziehungsstörung: Eine *Selbstwertstörung* insofern, als narzißtische Menschen unter tiefen Selbstzweifeln und Minderwertigkeitsgefühlen leiden. *Beziehungsstörung* deshalb, weil diese Menschen unfähig sind, sich auf jemanden einzulassen ohne sich selbst aufzugeben.

Der interne Konflikt zwischen Minderwertigkeit und perfekter Fassade wird subjektiv von den Frauen als Polarität zwischen Minderwertigkeits- und Grandiositätsgefühlen erlebt. Auf der einen Seite fühlen sie sich wertlos, halten nichts von sich, finden sich dick, häßlich, dumm und nicht liebenswert. Auf der anderen Seite glauben sie, etwas Besonderes zu sein, sie geben sich selbstbewußt, kompetent und schlagfertig und eilen einem Ideal von sich hinterher, zum Beispiel in Form eines makellosen Äußeren, Perfektionismus, Fehlerlosigkeit, Bedürfnislosigkeit, Erfolg, Leistungsfähigkeit und Starksein.

Das Minderwertigkeitsgefühl und das Gefühl von Grandiosität sind *zwei Seiten einer Medaille:* ob die Frau nun Größenphantasien hat oder sich minderwertig vorkommt, beides ist Ausdruck eines *gestörten Selbstwertgefühls.* Wobei die Grandiosität vor der Minderwertigkeit schützen soll und diese vor dem tiefen Schmerz des Selbstverlustes.

Die Minderwertigkeit hängt immer mit Abwertung zusammen. Eine Frau wird sich nicht minderwertig fühlen, wenn sie sich nicht schlecht macht indem sie beispielsweise zu sich sagt: „ich bin doch so häßlich“, „ich bin ja so dumm“ oder „ich hab' hier auf der Welt gar nichts verloren, wenn ich nicht besonders bin“. Und diese Botschaften prägen sich allmählich ein in Form eines Gefühls der Minderwertigkeit.

Aus der feministischen Literatur und aus gesellschaftspolitischen Analysen ist uns hinlänglich bekannt, daß die Selbstabwertung von Frauen auch Ausdruck der Abwertung von Frausein in unserer Gesellschaft und Kultur ist. Auch heute noch werden die Söhne stärker privilegiert als die Töchter und die im Grundgesetz garantierte Gleichberechtigung ist faktisch noch lange nicht verwirklicht. Frauen müssen stärkere Vorurteile überwinden, die ihnen in der Ausbildung und bei Berufs- und Karrierewünschen im Wege stehen.

Eine weitere Quelle der Abwertung ist das herkömmliche, gesellschaftlich geprägte Rollenbild der Frau, wie es durch die Mütter vermittelt wurde. Und dies ist verbunden mit Qualitäten von abhängig sein müssen, dienen, sich für andere aufopfern, nicht sie selbst sein dürfen. Bulimikerinnen hatten meist aufopfernde Mütter, die oftmals selber unzufrieden waren, aber keine Möglichkeit sahen, ihre Situation zu verändern. Viele Frauen lehnen das Modell, das ihnen ihre Mutter vorgelebt hat, ab. Da sie jedoch kein anderes Modell haben, lehnen sie Frausein insgesamt ab.

Alles Weiche, Runde, Weibliche wird verachtet

Die Selbstabwertung betrifft aber nicht nur die weibliche Identität, sondern auch den Körper: Viele Frauen finden sich plump, unattraktiv, dick und häßlich, auch wenn sie so nicht aussehen. Sie streben daher maskuline Formen an und verachten alles Weiche, Runde und Weibliche, auch wenn es auf Kosten ihrer Gesundheit und ihres Wohlbefindens geht. Sie passen sich einem äußeren Schönheitsideal an, das diktiert, wie dünn Frauen zu sein haben, um als schön zu gelten. Aus der Unsicherheit über ihren Körper resultiert der Trend zur Diät und strengen Gewichtskontrollen durch Fasten oder gar Erbrechen.

Folgenschwere Wirkungen auf die Störung der weiblichen Identität, eines inaktiven Körpergefühls und damit einhergehender Selbstabwertung haben auch Gewalterfahrungen wie sexueller Mißbrauch, der bei eßgestörten Frauen nach Schätzungen bei etwa 80 Prozent liegt. An dieser Stelle soll jedoch nicht weiter darauf eingegangen werden.

Die andere Seite des „falschen“ Selbst, die Grandiosität, ist eine Folge von Idealisierungen. So, wie Abwertung zur Minderwertigkeit führt, setzt Grandiosität Aufwertung voraus. Die Frau stellt sich in einem bestimmten Licht dar und fühlt sich besser als alle anderen: so, wie sie sich in der Minderwertigkeit ungerechtfertigt abwertet, so wertet sie sich nun unverhältnismäßig auf.

Das ständige Gefühl, eine Versagerin zu sein

Die Frau stellt einen bestimmten Anspruch an sich selbst und versucht, ein Ideal von sich zu erfüllen. Nimmt beispielsweise eine Bulimikerin zwei Kilo ab, dann kommt sie diesem Ideal nahe und findet sich auf einmal ganz toll. Vorher glaubte sie, entsetzlich dick zu sein, zwei Kilo leichter ist sie herrlich schlank, wobei beide Einschätzungen nicht im Verhältnis zueinander stehen. Sie war vorher nicht so schrecklich dick, wie sie sich empfand, und sie ist jetzt nicht so toll dünn, wie sie glaubt. Sie sah vorher ebenso gut aus wie jetzt, aber ihr Gefühl ist vollkommen verschieden. Manchmal reichen sogar schon einige Pfunde weniger auf der Waage aus, um die Selbsteinschätzung der Frau in Richtung Grandiosität zu lenken.

Das Ideal, das die Grandiosität beinhaltet, ist jedoch in der Regel so hoch, daß es unerreichbar ist. Kein Mensch kann perfekt sein, kein Mensch kann fehlerlos sein. In diesem unerreichbaren Ideal liegt daher immer schon das ständige Gefühl, versagt zu haben und nicht gut genug zu sein, das eine Grundstimmung selbstwertschwacher Frauen ist. Das instabile Selbstwertgefühl dieser Frauen schwankt zwischen den Polen der Minderwertigkeit („Ich bin nichts wert, bin häßlich und dick") und der Grandiosität („Ich bin die Tollste"). Kleinste äußere Anlässe wie Lob oder Kritik können das Erleben der Frauen sekundenschnell in die eine oder andere Richtung verändern.

Diese zwei Seiten, also die Minderwertigkeit und die Grandiosität bilden das sogenannte „falsche" Selbst, mit dem die Frauen sich identifizieren, weil sie den Zugang zu ihrem „wahren" Selbst verloren haben. Sie haben sich so sehr mit ihrer Maske identifiziert, daß sie von ihrem wahren Wesen entfremdet sind.

„Falsch" bedeutet in diesem Zusammenhang vor allem, daß die Frauen nicht im Einklang mit sich selbst sind und sie sich falsch oder unecht erleben. Der Zustand des „wahren" Selbst dagegen ist der, wo sie sich und anderen nichts mehr vormachen müssen.

Das „wahre" Selbst ist der Teil der Person, der bisher nicht leben durfte oder stark unterdrückt wurde. Der Teil, der die Frau auch noch ist, jenseits von Grandiosität und Minderwertigkeit, der ihr aber durch die Identifikation mit dem „falschen" Selbst in hohem Maße unzugänglich ist. Das Ergebnis ist eine innere Entleerung und Verarmung, die bei bulimischen Frauen mit Essen gefüllt werden soll. Die Frauen erleben sich als intern partiell getötet, weil das Spontane und Lebendige abgeschnitten ist.

Das Märchen „Schneewittchen" ist für mich eine Metapher für eine weiblich-narzißtische Selbstwertstörung und deren Überwindung. Schneewittchen im Glassarg ist ein Bild für diese innere Entleerung, das Abgestorbensein. Die Frau ist zwar da, sie macht auch mit, aber sie ist nicht lebendig. Als lebe sie in einem Glassarg, aus dem heraus sie zwar alles sieht, aber nicht in Kontakt mit sich und den anderen ist. Es ist der Zustand der Entfremdung von dem eigenen inneren Selbst.

Innere Entleerung bedeutet, daß der Zugang zu den eigenen Wünschen und Bedürfnissen verlorenging. Die Frauen spüren nicht mehr, was sie wollen und was sie brauchen; sie haben ein Gefühl für ihren Körper verloren und können ihre Emotionen nicht wahrnehmen. Häufig erleben sie nur noch Angst vor dem Essen oder Angst vor dem Versagen, aber keine vitalen Empfindungen mehr wie Wut, Freude und Trauer. Wenn, dann gerade noch Traurigkeit. Tiefen Schmerz lassen sie jedoch nicht zu, sondern nur die traurig-depressive Verstimmtheit in der Minderwertigkeit oder die euphorische Stimmung in der Grandiosität. Nur diese zwei Gefühlszustände erlauben sich selbstwertschwache Frauen.

Ein sogenanntes „falsches" Selbst bildet sich schon früh in der Kindheit heraus, wobei unter anderem der Mechanismus der narzißtischen Ausbeutung eine wesentliche Rolle spielt. Darunter versteht man das Formen des Kindes nach einem besonderen Bild ohne Rücksicht auf dessen Individualität. Das Kind soll bestimmte Eigenschaften und Fähigkeiten besitzen, durch die die Eltern ihrerseits ihr negatives Selbstbild aufwerten können. Das Kind paßt sich diesen Anforderungen an und entwickelt dadurch eine Maske, hinter der die wahre Person verborgen bleibt. Es identifiziert sich mit der Maske und wird seine Maske. Das „wahre" Selbst kann sich nicht entwickeln, weil es nicht gelebt werden kann.

Was dem Kind im Rahmen der narzißtischen Ausbeutung fehlt, ist die Erfahrung der Spiegelung durch die Umwelt: von ihr gesehen, verstanden und ernstgenommen zu werden, als die Person, die es ist und nicht als die, die es sein soll. Als Erwachsene wird diese Frau später in anderen Menschen immer diesen Spiegel suchen, der sie darin bestätigt, daß sie in Ordnung ist und der ihr Sicherheit gibt.

Leben wie Schneewittchen im Glassarg

Im Märchen Schneewittchen finden wir dieses Bild wieder: Immer wenn die Königin unsicher ist über ihre Wirkung, befragt sie den Spiegel, der scheinbar die Wahrheit weiß. Einer solchen Frau fehlt ein stabiler Selbstwert, der ihr ein Gefühl von Identität gibt und der es möglich machen würde, daß sie sich mit ihren Schwächen und Stärken gleichermaßen annimmt. So aber ist sie gezwungen, sich nur über ihre Stärken zu definieren und ihre Schwächen zu leugnen.

Bleibt die Spiegelung in früher Kindheit aus, entsteht eine tiefe Verunsicherung über die eigene Identität. Das Mädchen erlebt diesen Mangel als Gefühl der emotionalen

Verlassenheit. Obwohl die Eltern anwesend sind, fühlt sich das Kind emotional verlassen, da es nicht so angenommen und geliebt wird, wie es ist. Die emotionale Verlassenheit ist ein wesentlicher Teil der narzißtischen Persönlichkeit und besteht später in Beziehungen vor allem in Trennungssituationen als Verlassenheitsangst weiter: „Wenn ich mich zeige, wie ich wirklich bin, dann mag mich der andere nicht oder verläßt mich". Diese Überzeugung resultiert aus der kindlichen Erfahrung, damals auch nicht als die Person geliebt worden zu sein, die sie war.

Hunger nach Anerkennung – Hunger nach Essen

Durch das mangelnde Gespiegeltwerden in der Kindheit haben selbstwertschwache Frauen eine tiefe Sehnsucht nach Anerkennung und Echo. Man kann auch sagen, einen Hunger nach Anerkennung. Dieser emotionale Hunger wird von ihnen oft als physiologischer Hunger wahrgenommen, nämlich als Hunger auf Essen. Sie versuchen, ihn mit Nahrung zu füllen, aber er ist dadurch nicht stillbar. Er kann auch nicht einfach geleugnet, weggehungert oder weggebrochen werden.

Der Hunger nach Anerkennung ist charakteristisch für ein instabiles Selbstwertgefühl. Er drückt sich aus in dem Verlangen nach ständiger Bewunderung und dem Gefühl, ohne diese nicht leben zu können. Die Bewunderung glauben diese Frauen aber weniger für ihre Person zu erhalten, wie sie sind, als mehr für ihre besonderen Eigenschaften und Fähigkeiten, beispielsweise für ihre Attraktivität, ihre Leistungen und Erfolge. Sie streben daher ständig danach, gut auszusehen, körperlich topfit zu sein und viel zu leisten. Das Dilemma liegt jedoch darin, daß diese Frauen vom Erreichen dieser Ziele abhängig sind, um sich gut zu fühlen. Es ist sozusagen ihre Lebensbasis, schön, erfolgreich und bewundernswert zu sein. Denn nur wenn die anderen sie bewundern und loben, glauben sie, daß sie etwas wert sind. Die Anerkennung soll also ihr fehlendes Selbstwertgefühl ausgleichen, da sie ihre Selbstachtung nicht von innen regulieren können. Dabei werden Bewunderung und Liebe fälschlicherweise gleichgesetzt. Die Suche nach Bewunderung muß jedoch unbefriedigend bleiben, weil Bewunderung und Liebe eben nicht identisch sind. Bewunderung ist an bestimmte Merkmale gebunden, Liebe dagegen richtet sich auf den ganzen Menschen mit seinen Stärken und Schwächen. Bewunderung bleibt daher eine Ersatzbefriedigung für den eigentlichen, nie erfüllten Wunsch nach Achtung, Annahme und Liebe.

Für die Erfüllung ihrer tiefen Sehnsucht nach Angenommensein und Geliebtwerden zahlen sie einen hohen Preis, indem sie sich ganz ihrer Umgebung und den anderen Menschen anpassen und ihre eigenen Wünsche und Bedürfnisse verleugnen. Die Hoffnung liegt darin, allen zu gefallen, um bloß nicht abgelehnt zu werden. Sie gehen einen gefährlichen Kompromiß ein: „Ich verleugne mich, meine Bedürfnisse, Wünsche und Gefühle und bekomme dafür von dir die Anerkennung und Liebe, die ich sehnsüchtig suche". Gefährlich ist dieser Kompromiß deshalb, weil die Verleugnung der eigenen Person immer auf Kosten der seelischen und körperlichen Gesundheit geht, sei es in Form psychosomatischer Krankheiten, Depressionen oder Süchte. Die Krankheit ist sozusagen der Versuch, mit einer problematischen Situation umzugehen, zeigt aber auch zugleich an, daß der Versuch scheiterte.

Ein weiterer Faktor in der Entwicklung einer weiblich-narzißtischen Persönlichkeit ist die Unterbindung von Eigenständigkeit und Separierungstendenzen im Sinne einer Erziehung zur Anpassung statt zur Abgrenzung (auch Aggression). Darin werden Anpassung und Altruismus vor Spontaneität und Autonomie gesetzt und Eigenliebe als egoistisch bewertet. Die Botschaft, die den Mädchen meist unterschwellig vermittelt wird, lautet vereinfacht: „Wenn du mich liebst, dann bleibst du bei mir und bist so, wie ich dich möchte. Bist du so, wie du bist und verläßt du mich, dann liebe ich dich nicht mehr". Die Kinder wissen oft genau, was sie tun und wie sie sein müssen, um Zuwendung zu bekommen und laufen Gefahr, bestraft zu werden, wenn sie anders sind.

Die Mädchen lernen also nicht, beide Wünsche, nämlich den nach Fusion (bleib bei mir) und den nach Unabhängigkeit (ich bin anders) zu integrieren, sondern diese Wünsche stehen unverbunden nebeneinander. Es ensteht innerpsychisch eine sogenannte Spaltung: entweder symbiotisch, aber geliebt oder autonom und allein, aber ungeliebt. Was nicht gelernt wird, ist Autonomie in Beziehungen, was später zu dem typischen Beziehungsdilemma führt.

Die Eßsucht gibt ein Gefühl von Eigenständigkeit

Der Wunsch, sich zu separieren und eigenständig zu sein, ist ein natürlicher. Wird er unterbrochen, zum Beispiel aufgrund der Angst der Mutter vor Trennung oder gesellschaftlich normierter Erziehungsvorstellungen, so drückt er sich später häufig in dem Eß-Brech-Symptom aus. Darin finden die Frauen eine Art Identität. „Nur bei meinen Eß-Brech-Anfällen bin ich wirklich ganz bei mir. Da ist dann niemand, der mir reinredet oder was von mir will. Ich bin endlich ich selbst".

Es ist ein gefährlicher und paradoxer Weg, wenn die Frau die Sucht, also die Abhängigkeit, wählen muß, um ein Gefühl von Eigenständigkeit zu bekommen. In der Therapie ist es daher ein Hauptanliegen, den Frauen zu ermöglichen, zu sich selbst zu kommen, zu ihrer Potenz, Kraft, Stärke und Identität und zwar auf eine angemessene Weise anstatt über eine Suchterkrankung.

Betrachtet man die weiblich-narzißtische Persönlichkeit unter systemischen Gesichtspunkten, so fällt unter anderem auf, daß Frauen mit einer weiblich-narzißtischen Struktur häufig aus Familien stammen, in denen ein stark leistungsorientiertes

Klima herrscht, das sich in der Vermittlung vorwiegend patriarchaler Werte wie Leistung, Prestige und Erfolg ausdrückt. Dabei ist es wichtiger, schlank, attraktiv, perfekt und erfolgreich zu sein als genußvoll zu leben. Verstehen und Einsicht rangieren vor den Gefühlen. Zuwendung erhält die Tochter hauptsächlich über gute oder Bestleistungen. Im Erwachsenenleben äußert sich diese Einstellung als Karrierebewußtsein und Erfolgsorientiertheit, wobei die Frauen oft überhöhte Ansprüche an sich stellen. Sie stehen unter dem permanenten Druck, immer die beste sein zu müssen, haben das Gefühl, eine gute Leistung reicht nicht aus und haben Angst, eine andere oder ein anderer wäre besser als sie.

Zwanghaft von einem Erfolg zum nächsten

Die grandiosen Anforderungen führen zu einem dauernden Getriebensein und Sich-Auspowern. Die Frauen sind selten zufrieden mit dem, was sie erreicht haben und können sich nicht an ihren Erfolgen freuen, ohne schon das nächste Ziel im Auge zu haben, auf das sie dann wieder hinarbeiten. Sie treiben sich immer weiter und sind nie wirklich befriedigt. Bei Ruhe oder Entspannung kommen sie in große Not, da sie befürchten, nichts mehr wert zu sein, wenn sie nichts leisten.

Die unermüdliche Strebsamkeit ist daher oft eine Abwehr der existentiellen Ängste, wertlos oder ein Niemand zu sein. Nur im Streben und Leisten spüren sie sich und ihre Existenzberechtigung. Ruhe finden sie, wenn überhaupt, dann meist nur über Krankheiten oder Zusammenbrüche, die sie zwingen, einmal eine Pause einzulegen und es ihnen ermöglichen, sich fallenzulassen und ihre Bedürftigkeit zu erleben. Statt sich selbst einzugestehen, Ruhe zu brauchen, bietet die Krankheit eine Entschuldigung für das Nichteinlösen ihres Perfektionsanspruchs. Bulimie und narzißtische Persönlichkeitsausprägung hängen daher auch mit einer überstarken Identifikation mit männlichen Leistungswerten zusammen, die sich irritierend auf die weibliche Identität auswirkt, zumal das herkömmliche Rollenverständnis die Frau in einer abhängigen Position beläßt.

Im Spannungsfeld zwischen diesen zwei Anforderungen an die Frau, einerseits abhängig und angepaßt, andererseits beruflich erfolgreich und leistungsorientiert zu sein, entstehen Eßstörungen. Das Problem sehe ich dabei nicht in der größeren Leistungsorientierung der Frauen an sich, sondern in der scheinbaren Unvereinbarkeit der Rollen. Diese gegensätzlichen Pole entsprechen dem internen Widerspruch der Frauen: auf der einen Seite erleben sie sich abhängig, wertlos und klein, auf der anderen Seite besser und stärker als alle anderen Frauen, zum Beispiel wenn sie erfolgreich sind. Die äußere Rollenspaltung wird so zu einer inneren.

Diese Situation geht auf Kosten der Weiblichkeit und eines integrierten Selbstbildes der Frau. Die Betonung des männlich-leistungsbezogenen Aspekts gibt innere Sicherheit und Aufwertung, wogegen das Weibliche mit Schwäche und Wertlosigkeit assoziiert wird. Auch hier liegt wieder die Spaltung in die Extreme vor: entweder männlich-erfolgreich und selbstbewußt oder weiblich und wertlos.

Wie eingangs schon erwähnt, beinhaltet die weiblich-narzißtische Persönlichkeitsstruktur nicht nur eine Selbstwertstörung, sondern auch eine Beziehungsstörung. Sie zeichnet sich vor allem durch Angst vor Nähe (Intimität) und die Unfähigkeit zu echter Bindung aus. Ich habe die Beziehungsstörung das *Beziehungsdilemma* genannt, weil es eine Wahl zwischen zwei unangenehmen Dingen ist: der Nähe beziehungsweise der Distanz. Wählen die Frauen die Nähe, bekommen sie Angst, verschlungen oder vereinnahmt zu werden. Wählen sie die Distanz, fürchten sie das Alleinsein und werden depressiv. Mit anderen Worten: egal wie sie sich entscheiden, sie sind nie glücklich und es ist ihnen nicht möglich, eine erfüllte Beziehung einzugehen, obwohl sie sich danach sehnen. Dieses Beziehungsmuster führt dazu, sich bei zu großer Nähe vom Partner zu trennen und dasselbe Muster mit einem anderen Partner zu leben; oder sie werden mit demselben Partner in ständigem Wechsel zwischen Nähe und Distanz hin- und herpendeln, verbunden mit den dazugehörigen Gefühlen der Angst, Panik, verzehrender Sehnsucht und dem Wunsch, wegzurennen.

Weiblich-narzißtische Frauen haben große Angst vor Nähe und Bindung, da Nähe für sie gleichbedeutend ist mit Verschmelzen oder Symbiose. Liebe ist für sie zum großen Teil mit Selbstaufgabe verbunden, da sie gelernt haben, daß sie nur dann geliebt werden, wenn sie so sind, wie die Umgebung sie haben möchte. Ihre Angst, allein zu sein oder verlassen zu werden, bringt sie dazu, sich wieder dem anderen vollkommen anzupassen. In der Beziehungsstörung zeigt sich also erneut der Konflikt zwischen Abhängigkeit und Selbständigkeit.

Nur unabhängig in der Distanz

Dabei fällt auf, daß die Unabhängigkeit im Beruf und in weniger engen Beziehungen gut funktioniert. Sie verlieren sie dann, wenn der Kontakt zu nah wird, und der Wunsch nach symbiotischer Verschmelzung auftaucht. In einer gewissen Distanz können sie unabhängig sein, aber nicht in der Nähe. Das weist auf ihren Mangel an Autonomie, das heißt an Eigenständigkeit und Unabhängigkeit hin. Wahre Autonomie bleibt auch bei Nähe bestehen.

Eine weitere Quelle für das Beziehungsdilemma ist die Diskrepanz zwischen dem äußerlichen Selbstbewußtsein der Frau und unerwartet starken Abhängigkeitstendenzen. Die Frau, die zuerst so selbstsicher imponierte, wird abhängig, anklammernd und unselbständig: sie denkt nur noch an den Mann, macht nichts mehr allein, sie verliert sich regelrecht im anderen und spürt sich nicht mehr als unabhängige Person. Bei Distanzierung gerät sie in Panik und es steigt die Angst, verlassen zu werden.

Wie bei der Selbstwertstörung, so gehören auch zu dem Beziehungsmuster Mechanismen der Auf- und Abwertung. Der Partner wird zu Beginn aufgewertet, seine Schattenseiten werden verleugnet oder sogar in Sonnenseiten umdefiniert und auch die Partnerin wertet sich in der Verliebtheit auf. Sie wird begehrt und umworben und das gibt ihr einen Selbstwert. Tritt dann die Angst vor dem Verschlungenwerden, vor der Nähe auf, kippt diese Aufwertung in eine Abwertung: so toll wie der Mann zu Beginn war, so unbedeutend oder anhänglich wird er jetzt in ihren Augen. So, wie die Frau zuerst die positiven Seiten überbewertete, so nimmt sie jetzt die negativen verzerrt wahr. Die Abwertung führt zu einer vorübergehenden Distanz, die aber dann in Angst vor Alleinsein endet und mit einem Wiederannäherungsverhalten beantwortet wird.

Ziel der Therapie: Lebendigkeit

In der Therapie kann im Schutz der therapeutischen Beziehung ein Zugang zu dem „wahren" Selbst, zu den ursprünglichen narzißtischen Bedürfnissen und echten Gefühlen ermöglicht werden. Es erfolgt dabei eine Durcharbeitung des tiefen Schmerzes und Hasses darüber, ungeliebt und nicht so angenommen worden zu sein, wie es das Kind gebraucht hätte bis hin zu der Bestätigung, heute als Person akzeptiert zu werden. Die Therapeutin/der Therapeut hilft, alle Gefühle, auch die abgelehnten, willkommen zu heißen und es der Frau zu ermöglichen, sich so zu zeigen, wie sie ist, auch mit ihrer Scham und Verletzlichkeit. In einer verständnisvollen Atmosphäre kann sie sich trauen, sich mit ihren Ängsten, Befürchtungen, Sehnsüchten und ihrem Ärger zu offenbaren, ohne daß die Beziehung dadurch gefährdet wird. Ich halte das für einen entscheidenden Faktor auf dem Weg zur Genesung: die Erfahrung, sich in einer Beziehung mit den tiefsten Gefühlen und Geheimnissen zeigen zu dürfen und die Zuwendung des anderen nicht zu verlieren, sondern zu spüren, daß sie unterstützt und ermutigt wird, immer mehr von sich zu zeigen. Auch das, was sie an sich ablehnt, beispielsweise ihren Ärger, ihren Haß und ihre Zerstörungswut. Es sind viele positive Erfahrungen nötig, um glauben zu können, daß der Ausdruck eigener Gefühle die Beziehung nicht zerstört, sondern festigt. Und diese Erfahrung führt letztlich dazu, die Therapeutin ihrer negativen Eigenschaften wegen nicht abwerten und ihrer positiven Seiten wegen nicht aufwerten zu müssen, sondern sie als Person mit guten und schlechten Seiten anzuerkennen. Und das bedeutet, den Spaltungsmechanismus in der Beziehung aufzuheben. In derselben Weise erfährt die Klientin, daß sie sich einlassen kann, ohne sich gleichzeitig aufgeben zu müssen.

Dadurch werden die Kompensationsformen wie süchtiges Arbeiten, Sich-Anpassen, Perfektionismus und so weiter überflüssig und machen einem Gefühl von Selbstbewußtsein und Eigenständigkeit Platz. Ziel der Therapie ist der Zugang zur eigenen

Lebendigkeit und Autonomie, zu Fähigkeiten und Talenten und zu einem befriedigenden Selbstwertgefühl. Ziel ist auch, ein neues Frauenbild aufzubauen und bisherige Schranken des Selbstseins einzureißen. Wenn Gefühle und Wünsche ungestraft erlebt werden dürfen und die Eigenständigkeit im Handeln nicht mehr mit der Angst vor Liebesverlust gekoppelt ist, wird die Maske allmählich überflüssig.

GIRL

Angela Waiblinger-Seifert

Frühe Entscheidungen – spätere Schicksale

Lebensskripte von Frauen

Max Beckmann hat seine Frau am Anfang ihrer Beziehung ganz klar vor die Alternative gestellt: Entweder eine eigene Karriere als Geigerin zu machen oder aber ihn bei seiner Karriere als Maler zu unterstützen. Mathilde Beckmann berichtet darüber in ihren Erinnerungen: „Ja also, Kind, sagte er, ich will Dir nicht im Wege stehen. Wenn Du Karriere machen willst mit der Geige, dann laß ich Dich frei. Aber wir können dann nicht zusammen leben. Entweder Du wirst Geigerin, oder Du bleibst bei mir. Beides geht nicht. Ich brauche Dich ganz oder gar nicht." Mathilde Beckmann hat dann nicht mehr öffentlich gespielt.

Ähnlich kategorisch hat auch Gustav Mahler die Position von Mann und Frau in der Künstlerehe festgelegt. In einem Brief an seine spätere Frau, die Komponistin war und deren Arbeit Mahler durchaus schätzte, schrieb er kurz vor der Hochzeit: „Du hast von nun an nur einen Beruf – mich glücklich zu machen! Verstehst Du, was ich meine, Alma? Die Rolle des Komponisten fällt mir zu – Deine ist die der liebenden Gefährtin und verständnisvollen Partnerin."

Für eine andere Frau, Nina Kandinsky, war es anscheinend unproblematisch, die eigene Rolle an der Seite ihres Mannes zu definieren. Sie wußte, wie die perfekte Begleiterin eines berühmten Mannes aussehen muß, und hat sich danach gerichtet, wie folgende Passage aus ihren Erinnerungen zeigt: „Wenn eine Frau einen Mann richtig liebt, dann muß sie ihm den Haushalt gewissenhaft führen und auch eine gute Köchin sein. Sie muß hinter dem Mann zurücktreten und Vieles aufgeben, damit er sich entfalten und ohne Sorgen arbeiten kann. Ich habe das getan: deshalb war unsere Ehe so glücklich, deshalb sind wir auch nicht einen Tag unseres gemeinsamen Lebens von einander getrennt gewesen. Ich habe versucht, Kandinsky das Leben zu erleichtern."

Was hat diese Frauen, über die Inge Stephan in ihrem Buch „Das

Schicksal der begabten Frau im Schatten berühmter Männer" berichtet, veranlaßt, sich ihren Männern unterzuordnen, ihnen die Entfaltung der eigenen Fähigkeiten zu opfern? Warum haben sie diese Männer nicht verlassen? Sie waren intelligent und begabt, hätten ihren Weg sicherlich alleine – besser! – gehen können. Warum ließen sie sich auf ein Dasein neben ihren Männern ein, das ihren eigenen Geist einengte, in einer ihrer unwürdigen Weise begrenzte? Vordergründig mag der Grund ihres Bleibens in der Liebe, die sie für ihre Männer empfanden, liegen. Hintergründig lag es doch wohl mehr an ihren jeweiligen Lebensskripts. So ein Skript, oder Lebensdrehbuch, wie es in der Transaktionsanalyse genannt wird, bestimmt den Ablauf eines Lebens – oft bis in die kleinsten Details hinein – bis zum Tod. Ob jemand im Leben Erfolg hat – eine Gewinnerin wird – oder zu den von häufigen Mißgeschicken heimgesuchten Verliererinnen gehört, ist das Resultat der einst in der frühen Kindheit getroffenen Entscheidung. Diese Entscheidung basiert entweder auf bestimmten elterlichen Botschaften, welche dem Kind von Anfang an vermittelt, regelrecht eingeschärft werden, andererseits können sie Entscheidungen im Sinne einer „Überlebensschlußfolgerung" sein.

Ich habe in der psychotherapeutischen Arbeit mit Frauen immer wieder folgende Skriptinhalte gefunden: Als Einschärfungen, welche dem Kind von Anfang an, den Eltern oft unbewußt, vermittelt werden: Sei nicht wichtig (Dein Bruder ist wichtiger); Sei nicht Du selbst (Sei wie ich Dich will, wie wir Dich wollen, wie wir uns vorstellen, daß Du sein sollst); Denke nicht (Überlaß das Deinem Bruder – denken ist Männersache). Als sogenannte „Antreiber", welche die Aufgabe haben, die Einschärfungen zu festigen und zu verstärken, wird das kleine Mädchen später fast pausenlos zu hören bekommen: Sei liebenswürdig, mach's den anderen recht, streng Dich an (damit Du es trotz Deines eingeschränkten Denkvermögens doch noch zu etwas bringst) und sei perfekt (eine perfekte Hausfrau, eine perfekte Schönheit, eine perfekte Sekretärin – vor allem eine perfekte Untergebene).

Aus Protest entwickeln manche Frauen ein Antiskript

Kinder reagieren auf solche elterlichen Zuschreibungen unterschiedlich. Da sie auf die Eltern angewiesen sind, auch früh gelernt haben, die Eltern zu lieben, können sie sich, was verständlich ist, dafür entscheiden, folgsam zu sein und die elterlichen Wünsche als ihre eigenen ansehen. Sie können sich aber auch – wenn sie sehr vital und stark aufgrund ihrer Konstitution sind – den elterlichen Botschaften widersetzen und ein sogenanntes „Antiskript" entwickeln. Statt sich unwichtig zu fühlen, spielen sie sich als besonders wichtig auf, statt sich in eine Schablone pressen zu lassen, fallen sie durch besondere Eigenarten auf, statt ihr Denken zu reduzieren, denken sie permanent, doch ist dieses dann oft ein verrücktes Denken. Statt liebenswürdig zu sein, sind sie kratzbürstig und unleidlich, statt sich anzustrengen, lassen sie sich gehen, statt perfekt zu werden, neigen sie zur Verwahrlosung. Die Folge solcher „Antis“ ist nicht eine ausgeglichene, individuelle Entwicklung zur Autonomie, sondern eine neurotische, eine psychisch gestörte. Dann werden solche Mädchen als „zickig“, solche Frauen als „hysterisch“ abgestempelt und ein erfülltes, ihren Fähigkeiten und Begabungen entsprechendes Leben bleibt ihnen – wie ihren angepaßten Schwestern – versagt.

Typische Frauenskripts unserer Zeit

Ich möchte die Skriptdynamik von typischen Frauenskripts unserer heutigen Zeit, unserer Gesellschaft, an drei Beispielen aus meiner psychotherapeutischen Praxis aufzeigen:

Margot: Sie ist gerade 40 Jahre alt geworden, Hausfrau, Mutter zweier fast erwachsener Kinder. Ihren Ehemann, 42 Jahre alt, Abteilungsleiter in einem größeren Konzern, schildert sie als ruhigen, fleißigen Menschen, der sich, so es in seiner beruflichen Position möglich ist, Zeit für die Kinder nimmt, alles für die Familie tut, gerne zu Hause ist. Wenn er, was gelegentlich der Fall ist, für einige Tage geschäftlich verreisen muß, stöhnt er über die störende Unterbrechung des schönen, ruhigen Familienlebens. Auf meine Frage, was er denn alles für die Familie täte, muß Margot längere Zeit überlegen, bevor sie antwortet: „Nun ja, er verbringt jedes Jahr seinen Urlaub mit uns, will nicht, daß die Kinder mal ohne uns in ein Ferienlager gehen, was allerdings deren größter Wunsch ist. Dann geht er auch fast jeden Samstag mit unserem Großen auf den Fußballplatz und er schaut sich auch mit ihm jede Sportsendung im Fernsehen an. Und dann ... ja ... also, er interessiert sich immer dafür, was die beiden gerade machen, wie es in der Schule läuft.“ „Geht er auch zu den Elternabenden?“ frage ich. „Nein, dazu hat er keine Zeit. Oft muß er zu Hause noch Arbeiten für’s Büro erledigen und wenn nicht, dann ist er abends rechtschaffen müde – er kommt ja meistens erst um sieben oder auch mal später heim ... sein Beruf ist sehr anstrengend.“

Weitere Fragen über das Eheleben von Margot und ihrem Mann erübrigen sich und auch ihre Beschwerden, die sie in meine Praxis führen, sind schnell verständlich. Sie kommt, weil sie Menstruationsschwierigkeiten hat, unregelmäßige, häufige und starke Blutungen, für die es aus medizinischer Sicht keine Ursache gibt. Ihr Gynäkologe riet ihr, sich die Gebärmutter entfernen zu lassen, schließlich sei sie vierzig und würde wohl keine weiteren Kinder mehr haben wollen. Margot ist unentschlossen, ob sie diesen Eingriff („ist ja nur ein Klacks“, meint ihr Arzt) machen lassen will, sie habe gehört, es könne auch seelische Ursachen für ihre Beschwerden geben, da wolle sie doch erst mal hinschauen.

Außerdem leide sie gelegentlich unter Migräneanfällen und sie würde auch gerne einige Kilos abnehmen, aber das schaffe sie nicht allein. Sie beginnt zu weinen: „Ich war immer so stolz auf meine Kleidergröße 38, jetzt brauche ich 42." Ich stelle noch zwei weitere Fragen, obwohl ich fast sicher bin, wie Margot antworten wird: „Wie ist es mit der Sexualität bei Ihnen?" Erwartungsgemäß sagt sie nach einigem Zögern: „Ich habe fast nie Lust dazu, nach der Geburt des zweiten Kindes eigentlich überhaupt nicht mehr. Ich schlafe trotzdem ein-, zweimal in der Woche mit meinem Mann, weil sonst die Stimmung von ihm aus so schlecht ist, das bekämen dann auch die Kinder zu spüren, sie müßten unter seiner schlechten Laune leiden. Deshalb bin ich immer froh, wenn er mal ein paar Tage verreist ist."

„Anpassung erleichtert das Leben"

Meine zweite Frage lautet: „Was machen Sie mit Ihren Aggressionen?" Jetzt antwortet sie spontan: „Ja, die sind ein Problem – die lebe ich ganz an den Kindern aus – was ich aber gar nicht will." „Auch wenn Sie auf Ihren Mann wütend sind?" „Das bin ich lieber nicht, denn das kann er gar nicht vertragen, dann zieht er sich total zurück, redet tagelang nicht mehr mit uns – lieber freß ich meinen Ärger in mich hinein."

Die weitere Exploration ergibt, daß Margots Eltern bereits ähnlich gelebt haben, daß es ihrer Mutter sehr wichtig war, ihr, der Ältesten, ihr eigenes Lebensprogramm weiterzugeben. Auch die Mutter hatte Menstruationsbeschwerden, lag stets einen Tag im Bett, wenn sie ihre Periode hatte, weil sie es sonst angeblich vor Schmerzen nicht ausgehalten hätte. Und sie litt unter Migräne. Daß Migräneanfälle und unterdrückte Aggressionen zusammenhängen, läßt sich häufig beobachten. Die Lebensdevise der Mutter lautete: „Anpassung erleichtert das Leben!" Ihrer Tochter sagte sie am Tag der Eheschließung: „Vergiß nicht: Dein Mann hat immer Recht – wenn Du das beachtest, kannst Du es Dir bequem machen."

Die nächste Frau, die ich vorstellen möchte, heißt Silvia. Sie ist 31 Jahre alt, unverheiratet, Sozialarbeiterin. Sie kommt, weil es in ihren Beziehungen nicht klappt. Immer wieder gerät sie an Männer, die sie früher oder später ausbeuten, sei es emotional oder durch praktische Dienste, die sie ihnen erweist. Die emotionale Ausbeutung sieht so aus, daß der jeweilige Mann stets ein offenes Ohr und ein offenes Herz für seine Probleme bei Silvia erwartet (und sie lernt immer nur sehr problembeladene Männer kennen!), wobei dann sie ihrerseits keine Bedürfnisse und Wünsche äußern darf, nur ganz für ihn und seine Kümmernisse da sein soll. Ausbeutung ist Silvias Lebensthema. Nicht nur wird dies ganz offiziell von ihrem Berufsstand erwartet (unter einem anderem Namen, versteht sich – „Arbeitsfreude" oder „Ein Herz für den Mitmenschen haben" heißt es dort), auch ihr Vorgesetzter hält sich an die Devise:

„Frauen brauchen es, sich aufzuopfern" und schikaniert sie wo und wie er nur kann. Natürlich unter dem Mäntelchen von Demokratie und Nächstenliebe. Demokratisch geht es allerdings in dieser Einrichtung nur so zu, daß stets die Mitarbeiterinnen schuld sind, wenn etwas schief läuft, was Papa-Vorgesetzter dann großzügig in Ordnung bringt, und die Nächstenliebe bezieht sich darauf, ihn, der ja für das Wohl vieler Menschen verantwortlich ist, nach Kräften zu entlasten.

Auch Silvia kennt diese Struktur aus ihrem Elternhaus, wo der Vater ein tyrannisches Regiment führte und die Mutter sich duckte, doch über allerlei körperliche Erkrankungen die nötige Schonung einklagte. Silvia wurde zwar von ihren Eltern ermuntert, selbständig zu werden und einen Beruf zu ergreifen, aber „nur einen, der auch zu einer Frau paßt, also was Soziales". Ihr großer Traum war von Kindheit an, als Stewardess rund um die Welt zu fliegen, doch sie getraute sich nicht, diesen Wunsch überhaupt zu äußern.

Das dritte Frauenskript können wir bei Monika kennenlernen. Sie ist 35 Jahre alt, verheiratet, hat einen Beruf, der ihr Spaß macht, den sie auch ausübt und eine Tochter von neun Jahren. *Ihr* Problem ist ein dicker Minderwertigkeitskomplex mit den dazugehörigen Schuldgefühlen. Ich staune – denn sie hat ein Medizinstudium absolviert, zwischendurch ihr Kind geboren und arbeitet jetzt als Betriebsärztin in einer großen Firma. Außerdem sieht sie sehr gut aus, kleidet sich modern und geschmackvoll, lebt in guter Ehe mit einem aufgeschlossenen, modern denkenden Mann, der ihre Berufstätigkeit voll akzeptiert und sie hat eine liebevolle Beziehung zu ihrer neunjährigen Tochter. Dennoch ist sie unglücklich, leidet unter Schlafstörungen, allerlei Ängsten, welche fast schon paranoid anmuten, das heißt sie meint, andere, vorwiegend ihre Arbeitskollegen, lauern nur darauf, ihr etwas Schlechtes anhängen zu können, passen genau auf, welche Fehler sie macht, um sie damit an den Pranger zu stellen. Ich lasse mir etwas ausführlicher von ihrem Arbeitsalltag erzählen, frage gezielt nach Erfolgserlebnissen, deren sie eine ganze Menge berichtet. Daraufhin sage ich ihr, daß ich ihre Erfolge und die Eleganz, mit der sie sowohl ihr Studium schaffte als auch jetzt Beruf und Familie miteinander in Einklang bringt, nicht mit ihren Minderwertigkeitsgefühlen in Beziehung setzen kann. Sie bestätigt, daß sie diese Diskrepanz auch sieht, weiß sich dennoch nicht daraus zu befreien.

„Frauen gehören ins Haus"

Ich frage sie nach ihrem Frauenbild, also nach ihrem Verständnis darüber, was Frausein bedeutet und erfahre, daß es ein ganz herkömmliches, konventionelles ist. Nun wird ihr Dilemma deutlich. Sie lebt nicht nach diesem Frauenbild, das ihre Mutter, eine wahre Gluckenmutter, ihr gezeichnet hat und der Vater ihr bestätigte. Er unterstützte zwar auf der bewußten Ebene ihre Ausbildung, doch einige seiner Äußerungen lassen darauf schließen, daß er auf der unbewußten Ebene wohl einige Zweifel hatte, daß ein Studium für eine Frau das Richtige sei. „Wenn Du erst einmal verheiratet bist und Kinder hast, wirst Du doch gerne zum Kochtopf zurückkehren", sagte er beispielsweise einmal zu ihr, womit er seine Skepsis ausdrückte, sie könne das Studium möglicherweise nicht schaffen und er hätte sein gutes Geld zum Fenster hinaus geworfen. Auf der unbewußten Ebene nahm Monika die Einstellung des Vaters wahr, daß Frauen eigentlich ins Haus gehören. Da sie dies nun nicht lebt, so wie die Mutter, fühlt sie sich schuldig, schlecht und nicht dazugehörig. Sie spürt, daß sie aus der Tradition der üblichen Frauenleben herausgefallen ist und erwartet jeden Moment dafür die Strafe. Dies ist der tiefere Grund ihrer Ängste.

Das Gefühl, sich selbst etwas schuldig zu bleiben

Soweit zu den drei typischen Frauenskripts unserer Zeit – es gibt noch sehr viele Variationen. Was nicht heißt – und das sage ich mit allem Nachdruck! – daß Frauen mit einem dieser Skripts unglücklich sein oder ihr Leben verfehlt haben müßten. Ich kenne viele Frauen, die durchaus als Hausfrau und Mutter, als Sozialarbeiterin, verheiratet oder unverheiratet, als Ärztin oder in anderen Berufen tätig, glücklich, ausgefüllt und ihrer Bestimmung gemäß leben. Daran ist wirklich nichts auszusetzen, ich freue mich über jede Frau, die sagt: „Ich lebe ganz so, wie ich es für mich wünsche." Doch ich sehe sehr viel mehr Frauen, die unglücklich sind, die das Gefühl nicht loswerden, daß sie ihre Begabungen und Fähigkeiten noch gar nicht vollständig entdeckt haben, daß sie an ihrer Individuation vorbei leben, daß sie ihrem Leben, sich selbst, noch etwas schuldig geblieben sind. Und viele Frauen mit den traditionellen Frauenskripts leiden unter seelischen und/oder körperlichen Erkrankungen. Depressionen, Ängste, Funktionsstörungen von Herz, Magen, Darm und der Geschlechtsorgane, Kopfschmerzen und Schlafstörungen stehen als Diagnose auf Krankenscheinen (und Rezepten) von Frauen an oberster Stelle.

Was tun? Man könnte nun meinen, daß die betreffenden Frauen schnell gesund und glücklich werden, wenn sie sich aus ihren Skriptzwängen befreien und ein Leben nach ihrer Vorstellung führen würden. Doch so einfach, wie es sich zunächst anhört, ist dies nicht. Zwar kann ein Skript, wie auch immer es aussieht, rasch analysiert werden und die *möglichen* Veränderungen sind ebenso rasch überlegt – doch oft, allzu oft, scheitert eine sehr realistische Veränderungsmöglichkeit am „Nein" des Mannes oder des Systems unserer patriarchalen Gesellschaftsstruktur. Margot beispielsweise, die keine Berufsausbildung hat, wird einen langen, schweren Weg gehen müssen, um ihre Bedürfnisse nach mehr Freiheit und Selbstbestimmung befriedigen zu können. Silvia wird, auch wenn sie die Einrichtung wechselt, wahrscheinlich mit einem anderen, ähnlichen, Vorgesetzten konfrontiert werden, denn Vorgesetzte sind häufiger Männer als Frauen. Und Monika kann zwar ein gesundes Selbstbewußtsein entwikkeln, doch sie muß zusätzlich lernen, sich über vorwurfsvolle Blicke und Bemerkungen seitens der Verwandtschaft, ihrer eigenen und der ihres Mannes, hinwegzusetzen, sich davon nicht tangieren zu lassen. Außerdem muß sie, wenn sie nicht früher oder später an Streßsymptomen leiden will, ihren Mann dazu bewegen, mehr Hausarbeit als bisher zu übernehmen. In einer Notiz über die vom Nordrhein-Westfälischen Arbeitsministerium in Düsseldorf veröffentlichten repräsentativen Untersuchung „Arbeitszeit 1989" las ich, daß nach einer Arbeitszeit von durchschnittlich 9,2 Stunden, inklusive Arbeitspausen und Wegzeiten, die Männer ihre Freizeit genießen können, während auf die Frauen der „zweite Arbeitsplatz" zu Hause warte. Jede dritte Arbeitnehmerin in der Bundesrepublik habe noch vier Stunden oder mehr Arbeit im Haushalt vor sich. Vergleichbares leiste nicht eimal jeder fünfzehnte Mann.

Was Frauen, die ihre herkömmlichen, ihnen seit Generationen übermittelten Skripts verändern wollen, erleben, ist, daß sie wenig, meist kein Verständnis dafür von öffentlichen Stellen, von Familienangehörigen, wie Mütter und Väter, Schwiegermütter und Schwiegerväter, selbst nicht von Geschwistern, nicht vom Ehemann, oft auch nicht von ihren eigenen Kindern erfahren, von irgendwelcher Unterstützung ganz zu schweigen. Im Gegenteil: In der Regel versucht das ganze Umfeld sie zu hindern, sich selbst, nach ihren Vorstellungen zu leben. Sie werden auf unfairste Weise angegriffen, verletzt und gedemütigt, ja, regelrecht geächtet. Für vernünftig denkende Menschen mag es abenteuerlich klingen, wenn ich die Parallele zu den Hexenverfolgungen im Mittelalter ziehe. Zwar wird heute niemand mehr auf dem Scheiterhaufen verbrannt, doch ganz viele Menschen, nicht nur Frauen, auch sensible Männer, die unter unserer Gesellschaftsstruktur leiden, brennen innerlich aus. Die hohe Selbstmordrate, der steigende Drogenkonsum, die starke Zunahme von Depressionen und Angsterkrankungen sowie, glaube ich, viele Krebserkrankungen sind Beweis für die innere Zerstörung, die einsetzt, wenn ein Mensch nicht seiner eigenen Art gemäß leben darf.

Frauen müssen auf krankmachendes Lob verzichten

Was also können Frauen tun, die ihr Skript auf dem aufgebaut haben, was ihnen die Väter einschärften, die Mütter vorlebten, was ihnen gesellschaftliche Anerkennung bringt: Bescheidenheit, Sanftmut und Anpassung? Sie müssen bereit sein, auf derartiges, krankmachendes Lob zu verzichten. Sie müssen – das ist das Wichtigste – auf den Segen des „allmächtigen Vaters" verzichten. Es steht keinem Mann zu, sich über eine Frau zu erheben und sie zu beurteilen, sei es positiv oder negativ. Da die Frau sowohl biologisch als auch ethisch und moralisch das bedeutsame und gesündere, das Leben tragende und erhaltende Wesen der beiden Geschlechter ist, besteht das männliche Überlegenheitsgefühl zu Unrecht, es richtet sich gegen die Gesetze der Natur. Frauen fühlen sich oft schuldig, wenn sie gegen die von Männern aufgestellten Gesetze, welche lediglich Ideologien sind, verstoßen. Zum Beispiel, daß Kinder darunter zu leiden hätten, wenn die Mutter bald nach der Geburt wieder ihrem Beruf nachgehe, daß die Ehe heilig sei oder daß Politik nur so und überwiegend von Männern gemacht werden könnte. Solche Behauptungen entbehren jeglicher natürlicher Grundlage, dienen ausschließlich der Kontrolle zum Zwecke der (männlichen) Dominanz.

Die notwendige Arbeit am Lebensskript

Frauen, die sich aufmachen, ihr Skript zu verändern, müssen wissen, daß im kollektiven Bewußtsein schon eine Wandlung begonnen hat, die ihnen entgegenkommt. Wir Frauen können aktiv dazu beitragen, daß diese Wandlung, die sich in zahlreichen Arbeiten verschiedener Frauen abzeichnet, beschleunigt wird. Was sich endlich durchsetzen will, muß im Bewußtsein sehr vieler Menschen fest verankert werden. Wie und auf welche Weise dies geschieht, ist letztlich egal. Auf die Kraft kommt es an, wenn Frauen sich ihrer Möglichkeiten bewußt werden.

Zusammenfassend läßt sich aus dem bisher Ausgeführten schlußfolgern, daß Frauen, die ihr Skript verändern und ihren Töchtern sinnvolle Botschaften für deren Lebensmuster vermitteln wollen, vordringlich an ihrem Selbstwertgefühl arbeiten müssen. Solange Frauen sich minderwertig fühlen, Männern den Vortritt lassen, keine eigenen Ansprüche stellen, Wünsche und Bedürfnisse unterdrücken, werden sie ihre „Feinsliebchen"-Skripts leben und vor-leben, sie also auch an ihre Töchter weitergeben.

Wie nun aber ist ein realistisches Selbstwertgefühl zu erreichen? In erster Linie durch genaues Hinsehen, durch schonungsloses Anschauen dessen, was um sie herum vor sich geht und durch kritisches Überdenken dessen, was wir – realistisch – wahrnehmen. Um ein Skript zu verändern, ist es immer nötig, alte Gleise, bislang eingefahrene Denkmuster, erlerntes Verhalten und vertraute Handlungen zu verlassen und loszulassen.

Jeder Mensch hat sich einen ganz bestimmten Bezugsrahmen gebaut, den er und sie um seine/ihre, dadurch engumgrenzte, Welt legt. Was nicht in diesen Bezugsrahmen paßt, wird meistens einfach ausgeblendet. So kann sie und er sich geborgen fühlen, sich „im vertrauten Rahmen" bewegen. Diesen vertrauten Rahmen zu verlassen, löst erst einmal – verständlicherweise – Angst aus. An der Stelle machen die meisten Menschen Halt. Frauen, die nicht gewohnt sind – weil sie nicht dazu erzogen wurden – risikofreudig Grenzen zu überschreiten, Neuland zu betreten, Ungewöhnliches zu tun, weichen vor dem Unbekannten zurück, fügen sich lieber in scheinbar Unvermeidliches. Und rationale Gründe dafür lassen sich schnell finden: „Das geht nicht, weil die Kinder noch zu klein sind, weil die alten Eltern mich brauchen, weil mein Mann... weil die Nachbarn... weil mein Chef... weil, weil, weil...

Eigentlich jedoch „geht es nicht“, das heißt, trau ich mich nicht, weil ich zu große Angst habe.

Diese Angst gilt es zu überwinden, und das geht natürlich mithilfe einer sinnvollen, begleitenden Therapie. Am besten aber ist es, wenn frau nicht alleine neue Wege gehen muß. So wie Pinguine sich in großen Kolonien zusammenschließen, weil sie sich dadurch gegenseitig Schutz bieten und nie mehr alleine von einer Klippe ins Meer springen, sondern nur, wenn das gleichzeitig viele tun, um den Seelöwen auf Abstand zu halten, könnten Frauen in gemeinsamen Aktionen die Veränderungen bewirken, die sie aus der Begrenzung ihrer bisherigen Bezugsrahmen befreit.

Roswitha Burgard

Die Angst, verrückt zu werden

Sexueller Mißbrauch und seine zerstörerischen Folgen

Von vielen meiner Klientinnen höre ich immer wieder die verzweifelten Sätze: „Ich habe Angst, verrückt zu werden." „Ich habe Angst, in der Psychiatrie zu landen!" Die Angst vor dem Verrücktwerden scheint etwas Typisches für Frauen zu sein, von Männern wird sie nicht im gleichen Maße geäußert, für Männer trifft diese Angst vor dem Verrücktwerden und der Psychiatrie auch nicht im gleichen Maße zu. Denn Frauen, die diese Angst erleben, sind in sehr vielen Fällen in der Kindheit sexuell mißbraucht worden (von sexuellem Mißbrauch sind überwiegend – zu 97 Prozent – kleine Mädchen betroffen. Bei den Tätern handelt es sich zu 98 Prozent um Männer.) Aufgrund meiner langjährigen Erfahrung als Psychotherapeutin, die ausschließlich mit Frauen arbeitet, habe ich festgestellt, daß es häufig keine Rolle spielt, ob der Mißbrauch überhaupt bewußt erinnert wird. Für viele Frauen bedeutet das Nichterinnern eine Art Selbstschutz, weil sie sich im Augenblick psychisch und physisch nicht in der Lage fühlen, sich mit dem Mißbrauch zu konfrontieren und diesen zu bearbeiten. Nicht selten findet ein Mißbrauch im vorsprachlichen Bereich statt, in dem ein ein- bis höchstens zweijähriges Kind das an ihm begangene Verbrechen noch nicht einmal vor sich selbst, geschweige denn vor anderen in Worte kleiden kann. Erst die Symptome weisen manchen Klientinnen den Weg, denn Unterbewußtsein und Körper haben Informationen über den Mißbrauch gespeichert, der im Bewußtsein nicht vorhanden zu sein scheint.

Die Folgen von sexuellem Mißbrauch sind sehr häufig Scham- und Schuldgefühle, Angst vor Nähe bei gleichzeitigem Wunsch nach Kontakt, erschwerte Körperwahrnehmung, kein bzw. ein extremes Bedürfnis nach Sexualität, Selbstabwertungstendenzen, Mißtrauen, kein Selbstvertrauen. Alle diese Symptome können sich verstärken, wenn sich die Übergriffe im späteren Leben wiederholen, wie es an dem folgenden Beispiel von Sabine E. exemplarisch dargestellt wird. Da Sabine als Kind die schmerzliche Erfahrung gemacht hat, daß ihre Grenzen vom Bruder und Vater nicht gewahrt, sondern brutal verletzt wurden, hat sie nie gelernt, sich vor späteren Attakken durch ihren Vorgesetzten oder ihre jeweiligen Freunde zu schützen. Ihre Mutter konnte und wollte Sabine nicht vor dem Mißbrauch bewahren. Sie bestrafte nicht den Bruder, der die Schwester wiederholt vergewaltigte, sondern Sabine. Da Sabine niemand von außen bestätigt, daß ihr ein schweres Unrecht widerfahren ist, setzt sich in ihr der Gedanke fest, daß es doch irgendwie an ihr gelegen haben muß, daß es dazu kam.

Verwirrung, Scham und Schuld

Zurück bleiben bei einem sexuell mißbrauchten und dafür noch bestraften Mädchen Gefühle der Verwirrung, Schuld und Scham. Die Ablehnung des eigenen Körpers, dem „so etwas passiert ist", führt dazu, daß sich mißbrauchte Frauen wie Sabine häufig körperlich kaum wahrnehmen, manche möchten den Unterleib „irgendwie abtrennen". Sie fühlen sich häufig leblos oder wie in einem „falschen Körper", was durch flaches Atmen (sie nehmen sich keinen Raum zum Luftholen) noch verstärkt wird. Sexuelle Empfindungen werden entweder gar nicht zugelassen oder nur unter großen Schuld- und Schamgefühlen erlebt. Bei Sabine, deren Körper sich während des sexuellen Beisammenseins mit ihren Freunden immer wieder an den Mißbrauch erinnert, gipfelt ihre Abwehr häufig in einem schmerzhaften Vaginismus. Dieser verzweifelte Aufschrei des Körpers wird nicht als Signal wahrgenommen, sorgfältiger die eigenen Grenzen zu achten, sondern wieder als Bestätigung ihrer „Unnormalität", ihres „Verrücktseins".

Die Angst, schmutzig, nichts wert zu sein, kein Recht auf ein selbstbestimmtes, ausgefülltes Leben zu haben, bestimmt häufig das Lebensgefühl von sexuell mißbrauchten Frauen. Sie martern sich durch permanente Schuld- und Schamgefühle, den Mißbrauch nicht verhindert zu haben. Viele brauchen sehr lange, um zu realisieren, daß sie als zwei-, sechs- oder auch 14jährige Mädchen überhaupt nicht in der Lage sein konnten, sich gegenüber einem erwachsenen Mann zu wehren. Hinzu kommt in den meisten Fällen die emotionale Abhängigkeit eines Kindes, die es erst ermöglicht, das grenzenlose Vertrauen eines schutzbedürftigen Kindes auszunutzen.

Durch dieses Erlebnis, von einem nahen, einst geliebten Menschen sexuell mißbraucht worden zu sein, entsteht im späteren Leben immer wieder panikartige Angst, wenn es wieder zu nahen Kontakten kommt: Die Angst, in einer engen Beziehung wieder schutzlos ausgeliefert zu sein und sich nicht wehren zu können. Aus diesem Grunde vermeiden viele bereits im Vorfeld, sich überhaupt ernsthaft auf einen anderen Menschen einzulassen. Andererseits besteht wie bei den meisten Menschen ein großes Bedürfnis nach dem Eingehen von Freundschaften und einer Liebesbeziehung. Solange diese für viele regelrecht verrücktmachenden Verhaltensweisen und Gefühlszustände nicht mit dem erlebten Mißbrauch in Verbindung gebracht werden können, so lange werden die Schuld-, die Schamgefühle, das Sich-nicht-wehren-Können und die eigene Isolation immer wieder als Selbstverschulden, als eigenes Versagen, als „nicht normal" gewertet.

Die Phantasien des Täters werden verinnerlicht

Die Schuld- und Schamgefühle manifestieren sich, wenn Frauen sich durch Phantasien über den Mißbrauch sexuell erregt fühlen. Dies ist für viele Klientinnen häufig der Beweis ihrer eigenen Schuldhaftigkeit („Sie haben es nicht anders gewollt"), den sie ängstlich verschweigen müssen. In Wirklichkeit bedeutet dies jedoch, daß die Frauen die Phantasien des Täters als ihre eigenen verinnerlicht haben. Der Mißbraucher wird ihnen zu verstehen gegeben oder eingeredet haben, daß sie „auch Freude an den verbotenen Spielen gehabt haben". Es ist für die Klientinnen unglaublich befreiend zu begreifen, daß es sich hierbei nicht um ihr „heimliches Verlangen", vergewaltigt und mißbraucht zu werden handelt, sondern daß der Täter für ihre Phantasien, die in Heimlichkeit und Panik zustande gekommen sind, verantwortlich gemacht werden muß. So haben die als Selbstverschulden getarnten Folgen des sexuellen Mißbrauchs die Funktion, Frauen lange aus Scham am Reden und an der Verarbeitung zu hindern und indirekt den Täter zu entlasten.

Es bedarf in der Regel einer längeren kontinuierlichen Therapie, in der die Klientin lernt, die eigenen Schuld- und Schamgefühle loszuwerden und Aggressionen nicht mehr gegen sich selbst zu richten, sondern allmählich Wut und Empörung auf den Täter, auf den Vater, den Onkel oder Bruder zuzulassen und sie auch gegen den Verursacher ihrer Qualen zu richten. Am Ende dieses Therapieprozesses ist die Angst, verrückt zu werden, dem Bewußtsein gewichen, ein Recht auf die eigene Wut und Empörung zu haben und diese auch ohne Schuldgefühle zeigen können.

Das bedeutet natürlich auch, den Täter mit der Tat in irgendeiner Form zu konfrontieren, sei es schriftlich, im persönlichen Gespräch, in der Phantasie oder innerhalb der Therapie und den bis zu diesem Zeitpunkt in vielen Fällen „normalen Kontakt" zum Mißbraucher zu hinterfragen oder abzubrechen oder neu zu gestalten. Das folgende Beispiel von Sabine zeigt, daß sie in ihren Schuldgefühlen, in ihrer Selbstabwertung und in ihrer Angst, verrückt zu werden, verstrickt bleiben wird, solange sie nicht in der Lage ist, ihre Mißbraucher in der Familie dafür verantwortlich zu machen. Das Beispiel zeigt auch, daß noch immer sehr viele traditionelle Psychiater und Psychotherapeuten – männliche und weibliche – den in der Kindheit erlebten sexuellen Mißbrauch nicht in Verbindung mit den von mir aufgezählten Symptomen bringen und stattdessen aus Unwissenheit eher zu gewaltverschleiernden Diagnosen wie „pathologische Entwicklung" greifen. Diese Diagnose stigmatisiert zum einen Sabine zu einem psychiatrischen Fall und lenkt zum anderen von den Verursachern, den Mißbrauchern und Vergewaltigern ab und diente bisher dazu, diese seit Jahrhunderten an Frauen begangenen Verbrechen totzuschweigen und die Täter schützen.

Unser Gespräch ist auf Sabine E.'s Drängen zustande gekommen. Sie erscheint völlig verzweifelt und unangemeldet eines Tages in der psychiatrischen Praxis und bittet Frau Dr. Y., die sie zum erstenmal sieht, ihr unbedingt zu helfen. Sie kann nicht mehr arbeiten, sie kann sich an nichts erfreuen, sie ist völlig resigniert. Ihre häufig wechselnden Freunde reden ihr ein, daß sie verrückt sei.

Nach einem kurzen Gespräch mit Frau Dr. Y., in dem die großen Probleme von Sabine ansatzweise herauskommen, und Rücksprache mit mir, vereinbaren wir für den nächsten Tag einen längeren Gesprächstermin. – In den Unterlagen ihres früheren Psychiaters, Dr. X., zu dem sie sich inzwischen hinzugehen weigert (ich erkläre später warum), steht mit kurzen Daten zu ihrer Person „pathologische Entwicklung".

Sabine ist schon lange vor der vereinbarten Zeit da. Sie ist das, was generell unter einer hübschen, jungen Frau verstanden wird. Sie ist sehr schlank („Ich hasse Fett an mir und an anderen") und hat lebhafte braune Augen, die einen unruhigen Ausdruck haben. Wenn sie redet, hat sie eine bewegte Mimik, ihre Augen bekommen häufig einen haßerfüllten Ausdruck und ihr Mund einen bitteren Zug, besonders dann, wenn sie von ihrem Vater oder von ihren Brüdern erzählt. Es scheint, als ob sie lange darauf gewartet hat, ausführlich über sich zu reden. Am Anfang des Gesprächs fällt es mir schwer, Fragen zu stellen, weil alles aus ihr „herausbricht" und ich nicht wage, sie zu unterbrechen.

Frau Dr. Y. hat ihre wesentlichen Beschwerden notiert; Sabine klagt über: Magenschmerzen, Schlafstörungen, Vaginismus und depressive Verstimmtheit. Sie bekommt keine Medikamente.

Wie Angst, Depression und Mißtrauen entstehen

An Sabine will ich darstellen, wie durch eine extreme geschlechtsspezifische Sozialisation (Familie, Schule und Ausbildung), die zum Teil sexistisch und sadistisch verlief, ihre Persönlichkeit derart deformiert wurde, daß sie sich zu einer ängstlichen, mißtrauischen und depressiven Frau entwickelt hat.

Als ich nach ihren Familienbeziehungen frage, sagt sie spontan: „Die waren bei uns sadistisch. Beide Brüder (sie sind beide älter als sie) haben immer versucht, mich zu schlagen und zu quälen. Ich war als Mädchen sehr schwach und konnte mich nicht richtig wehren." Sabine kommt aus einer selbständigen Handwerkerfamilie (Modellschreinerei). Die ganze Familie (außer den zwei älteren Brüdern noch eine jüngere Schwester) wurde vom Vater gezwungen, im Betrieb mitzuhelfen. Die Mutter, die früher Verkäuferin war, ist seit der Ehe nur noch im Betrieb ihres Mannes für alle Zuträgerarbeiten tätig. Die Eltern konnten sich aus Zeitgründen kaum um die Kinder kümmern. „Ich hab' meinen Vater überhaupt nicht gekannt und meine Mutter auch nicht viel. Wir haben eine Putzfrau gehabt, an die hab' ich mich rangehängt, und eine sehr nette Tante in Bremen, mit der konnte ich manchmal über meine Probleme reden." Als Sabine sieben Jahre alt ist, wird ihre jüngere Schwester geboren. Ab da kommt sie sich „wie das fünfte Rad am Wagen" vor. Sie lehnt ihre Schwester heute noch ab, denn „ich mußte mich ab da immer um meine Schwester kümmern. Noch mit 14 bis 15 Jahren mußte ich mit meiner kleinen Schwester ins Bett gehen. Was das Kind gewollt hat, das mußte ich machen. Ich habe da überhaupt keine Rolle mehr gespielt." Es ist in allen Familien selbstverständlich, daß sich die Mädchen und nicht die Jungen um die kleineren Geschwister kümmern, dadurch erheblich in ihrer Freizeit eingeschränkt werden und oftmals – wie in Sabines Fall – die kleineren Geschwister und nicht die Eltern dafür verantwortlich machen und die Geschwister ein Leben lang ablehnen.

Der jüngere Bruder wird vom Vater allen als Vorbild dargestellt und von ihm gefördert. Sabine bekommt häufig gesagt, daß sie nichts könne. Sie hat Angst vor dem Vater und dem Lehrer und große Schwierigkeiten in der Schule, weil sie auch nicht viel Zeit für die Hausaufgaben hat und sich niemand um sie kümmert. „Immer, wenn mal ein schlechtes Zeugnis kam, hat sich mein Vater dann mit mir hingesetzt und gedacht, wenn er einmal mit mir lernt, dann werde ich die Schlaueste. Das hat nicht geklappt. Er hat überhaupt keine Geduld gehabt. Dann hat er mich verdroschen, und danach konnte ich überhaupt nichts mehr machen. Wenn er nur schon sagte, heute abend lese ich mit dir, dann habe ich schon gezittert. Immer mehr Komplexe habe ich von den Lehrern eingeredet bekommen: Du bist zum Tellerwaschen gut genug, du kannst nichts, mit 16 wirst du verheiratet sein und so weiter."

Kein Selbstvertrauen, keine Selbstsicherheit

Sabine kann kein Selbstvertrauen und keine Selbstsicherheit entwikkeln. Zu Hause wie in der Schule hört sie immer wieder, daß sie dumm sei und nur zur Beaufsichtigung ihrer Schwester tauge. Sie hatte damals schon immer Angst zu versagen. Die Angst hat sich bis heute erhalten, sie kann zum Beispiel heute noch nicht vorlesen, „weil mein Vater und mein Lehrer mich immer fertiggemacht haben".

Bei den Brüdern ist klar, daß sie einmal das elterliche Geschäft übernehmen. Sie werden zur Schule motiviert und in ihrem Selbstvertrauen vom Vater bestärkt.

Sabine hat als Kind manchmal mit Puppen – „die bekam ich immer geschenkt" – und viel mit Jungen gespielt. Sie war ein wildes Kind und wollte lieber ein Junge sein, „weil ich das Verhältnis zwischen Jungen immer besser gefunden habe und heut' noch finde". Sabine beklagt sich über das Konkurrenzverhalten unter Frauen, unter dem sie sehr leidet. „Als meine Freundin 16 war, da hat sie einfach nicht mehr mit mir geredet, weil die wohl glaubte, ich würde ihr den Freund ausspannen." Sabine sieht nicht, daß Frauen zu diesem Konkurrenzverhalten gezwungen werden. Frauen müssen sich für Männer attraktiv machen und damit zwangsläufig andere Frauen als Konkurrenz empfinden. Frauen sollen auf diese Weise zu einem Mann kommen, um über diesen scheinbar gesellschaftlich aufgewertet und akzeptiert zu werden. Sabine glaubt jedoch, daß Frauen „von Natur her" unsolidarischer zu Frauen seien.

Brutale Sexualität statt Zärtlichkeit

Mit sieben wird Sabine verantwortlich in den Haushalt miteinbezogen (die Brüder brauchen selbst heute nichts zu Hause zu machen). Ab sieben Jahren muß sie jeden Tag spülen, samstags das Badezimmer putzen und jeden Tag die Küche aufräumen. „Ich wurde manchmal noch geschlagen, wenn ich samstags vergessen hatte, die Schuhe von meinen Brüdern und von meinem Vater zu putzen. Der Putzfrau habe ich oft leid getan, die hat mir manches abgenommen." (Die Putzfrau war übrigens die einzige Person, zu der sie emotionalen Kontakt hatte. Sie wurde später von ihrem Vater entlassen. Darunter hat Sabine sehr gelitten, ihre Arbeiten mußte dann Sabine übernehmen.)

Körperlicher Kontakt zwischen Eltern und Kindern bestand überhaupt nicht. „Meine Mutter, die konnte das einfach nicht, mein Vater hätte das vielleicht gekonnt. Bis heute haben wir unsere Eltern noch nicht nackt gesehen. Zärtlichkeiten zwischen den Eltern oder zwischen Eltern und Kindern gab's nie." Dafür aber schon früh brutale Sexualität. Sabine mußte bis zum Alter von sechs Jahren im Zimmer ihrer Eltern schlafen und hat auch deren Geschlechtsverkehr mitbekommen. „Ich wußte überhaupt nichts davon, ich habe nur meine Mutter leiden hören. Die hat überhaupt keinen Spaß daran gehabt. Sie sagte immer, es tut mir weh und laß mich doch. Ich hab' auch oft benutzte Präservative unter dem Bett gefunden, das war ziemlich ekelhaft, ich konnte aber nichts damit anfangen."

Sabine bezeichnet ihren Vater als „potenten Tyrannen", ihre Mutter ist das Gegenteil. Sie erinnert sich, „wenn meine Mutter sich um zehn Uhr ins Bett gelegt hatte, dann hat mein Vater sich noch um zwölf Uhr nachts, wenn er ins Bett kam, über sie hergemacht." Sabine reagiert verschreckt auf diese nächtlichen Vergewaltigungen. Von ihrer Mutter erfährt sie später, daß diese normalerweise acht statt vier Kinder bekommen sollte. Sie hat vier „Küchentisch-Abtreibungen" über sich ergehen lassen und hat jeden Monat vor Angst gezittert, ein Kind zu bekommen. Sie konnte die Pille nicht vertragen und war darauf angewiesen, daß ihr Mann Präservative benutzte, die er nachlässig handhabte. Am Leben der Mutter wird wieder die sexuelle Ausbeutung und Degradierung von Frauen zum Sexualobjekt deutlich. Mit dem Eingehen einer Ehe wird ihnen vollkommen die vorher schon eingeschränkte Selbstbestimmung über den eigenen Körper entzogen. Frauen müssen stillschweigend eheliche Vergewaltigungen über sich ergehen lassen, heimlich abtreiben unter entwürdigenden und lebensgefährlichen Umständen und sich danach noch als frigide beschimpfen lassen, wie es im Falle von Sabines Mutter geschah. Sabine selbst hat nur negative Erinnerungen an die Sexualität im Elternhaus und hat den Schock der nächtlichen Vergewaltigungen nie überwunden.

Die Mutter reagiert aufgrund ihrer Realität (Sexualität als Last) extrem sexualfeindlich. Die sexuellen Spiele, die Sabine als Kind unternimmt, werden von der Mutter immer bemerkt. Wenn Sabine nach Hause kommt, hat sie automatisch Schuldgefühle, so daß die Mutter gleich Bescheid weiß. Sie wird geschlagen und muß den ganzen Tag im Bett bleiben, ohne Essen. So werden ihre schüchternen sexuellen Spielversuche bestraft, und Sexualität stellt sich für Sabine immer mehr als etwas Schmutziges, Verbotenes dar. Sie ist nie aufgeklärt worden, obwohl sie oft die Mutter daraufhin angesprochen hat. „Als ich zwölf war", erzählt sie erregt, „da hat sich mein Bruder (damals 16) über mich hergemacht. Ich wußte aber überhaupt nichts, und er hat mir gesagt, ich solle ihn anfassen. Eines Nachts, als meine Eltern nicht zu Hause waren, hat er mich im Schlaf vergewaltigt, und hinterher hat er es immer wieder versucht und mir große Schmerzen zugefügt. Er hat mich immer wieder erpreßt, mir die Arme zerkratzt, mir Schläge angedroht und mir Geld gegeben, damit ich nichts erzähle."

„Ich habe nur noch geheult"

Sabine wird eine Zeitlang regelmäßig von ihrem Bruder vergewaltigt und schweigt aus Angst. Als sie es nicht mehr aushält, erzählt sie es ihrer Mutter. Ihre Mutter verdrängt in diesem Augenblick ihre eigenen abendlichen Vergewaltigungen und vertritt die Meinung ihres Mannes und einer ganzen Männergesellschaft, die davon ausgehen, daß Vergewaltigungen immer auf weibliche Verführungskünste zurückzuführen seien. Deshalb passiert Sabines Bruder nichts. Sabine wird mit einem Stock verdroschen und darf von jetzt an überhaupt nichts mehr unternehmen. Sie darf zum Beispiel einen Sommer lang nicht mehr ins Schwimmbad gehen und wird oft im Zimmer eingeschlossen. Zur Aufklärung wird ihr ein Heftchen auf den Nachttisch gelegt.

Sabine kann sich mit zwölf Jahren nicht verteidigen. Sie hat, besonders nachdem sie für ihren Bruder bestraft worden ist, das Gefühl, daß sich alle gegen sie verschworen haben. Sie fühlt sich unverstanden, rechtlos und zieht sich immer mehr zurück. Als sie zum erstenmal ihre

Periode bekommt, erfährt sie den nächsten Schock. „Meine Mutter hat mich dermaßen fertiggemacht. Sie sagte, wenn dich jetzt ein Junge anfaßt, dann bekommst du ein Kind. Ich habe dann nur noch geheult." Die Mutter, die selbst keine Zärtlichkeit, sondern nur brutale Vergewaltigungen und Schläge erfahren hat, ist psychisch und physisch so deformiert, daß sie Sabine, die manchmal Hilfe von ihr erwartet, nur zurückstoßen kann. Unsensibel signalisiert sie dem kleinen Mädchen immer ihre eigenen Ängste, durch Sexualität zur Fortpflanzung gezwungen zu werden.

Mutter und Kinder sind regelmäßig vom Vater geprügelt worden. Noch als Sabine schon 18 Jahre alt war, wollte er sie mit einem dicken Knüppel schlagen. „Wenn er mich nicht schlagen konnte, weil ich mich eingeschlossen hatte, hat er meine Mutter dafür grün und blau geschlagen." Er schlug dann nicht etwa die Brüder, sondern hat sich generell mehr am weiblichen Geschlecht (Sabine, ihrer Mutter und ihrer Schwester) vergriffen, weil ihm die Frauen psychisch und physisch ausgeliefert waren. Jungen werden in den meisten Fällen in der Familie nur bis zu einem gewissen Alter geschlagen, dann können sie sich physisch wehren. Frauen werden ein Leben lang geprügelt, denn sie bleiben in der Ehe dem Ehemann wie vorher dem Vater ausgeliefert. Für Jungen, selbst wenn sie geschlagen werden, stellt der Vater eine Identifikation mit Macht dar, die sie später auch gegenüber ihrer Frau besitzen und anwenden können. Für Frauen bedeutet oft die Mißhandlung in der Ehe eine Wiederholung der Prügel im Elternhaus. Obwohl sie es als ungerecht empfinden, resignieren sie häufig, weil die Mutter es ihnen schon vorgelebt hat.

„Was der Vater sagt, wird gemacht"

Berufliche Vorstellungen konnte Sabine aufgrund ihrer lieblosen Erziehung im Elternhaus nie entwickeln. „Es hieß immer, was der Vater sagt, wird gemacht, und da habe ich mich gefügt." Einmal wollte sie Bauzeichnerin werden. Der Berufsberater schickte sie statt dessen auf die Haushaltsschule, weil sie angeblich zu schwach war. (Bauzeichnerin traut man nicht ohne weiteres einem Mädchen zu, aber die Haushaltsschule!) Es bleibt für Sabine, wie für so viele Mädchen, nur noch das Büro offen. Ihr Vater wollte, daß sie eine kaufmännische Lehre macht, weil er „egoistisch" an sein Büro dachte. Sabine ging bis 18 Jahre zur höheren Handelsschule (nach der Volksschule hatte sie andere Lehrer und bessere Leistungen) und wurde nicht nur im elterlichen Haushalt ausgebeutet, sondern machte neben der Schule noch die ganze Büroarbeit im Büro ihres Vaters. „In den Ferien hatte ich immer die ganze Zeit zu Hause zu arbeiten, ohne etwas dafür zu bekommen." So konnten von ihrem Vater Sabines „weibliche" Tugenden wie Gehorsam, Sichanpassen, Sichaufopfern und so weiter bis zum Maximum zu Hause ausgebeutet werden. (Die Brüder allerdings sollten das väterliche Geschäft übernehmen, für das die Schwester sich ohne Bezahlung aufopfern mußte.)

In der kaufmännischen Lehre, die sie nach der Schule absolvierte, hat Sabine nur schlechte Erfahrungen gemacht. Sie war still, bescheiden und hatte im Elternhaus gelernt, sich von Autoritätspersonen, also vor Männern, zu ducken. Diese Eigenschaften sind sehr schnell von ihrem 50jährigen Chef erkannt und ausgenutzt worden. Sie wird häufig zur Ablage in den Keller geschickt, wobei sie überhaupt nichts lernt. Der Chef, vor dem sie Angst hat wie vor ihrem Vater, treibt sie immer in den Heizungskeller „und wollte sich an mich ranmachen. Er hat versucht, mich zu umarmen, und mir auf den Hintern geklopft. Wenn ich den anderen davon erzählte, hörte ich immer, das liegt nur an dir, du kannst nichts, aus dir wird nie etwas, und so weiter."

Sabine erfährt im Beruf wieder das gleiche wie im Elternhaus und in der Schule: Sie wird für ihr angebliches Versagen verantwortlich gemacht, und zwar noch von denen, die es mit verursacht haben. Dabei hat sie nicht gelernt und soll es auch als Mädchen nicht lernen, sich gegen sexuelle Übergriffe zu wehren.

Die Entwicklung eines eigenen Willens und einer Persönlichkeit wird bei Sabine systematisch verhindert. Sie ist zum Beispiel bis 17 immer nach dem Willen des Vaters gekleidet worden und hat bei der leisesten Opposition – Kleider wurden immer drei Nummern zu groß gekauft – eine „runtergehauen" bekommen. So hat sie also gehorchen und sich vor dem Stärkeren ducken gelernt. Heute sagt sie: „Ich möchte gern wissen, was ich eigentlich für Bedürfnisse habe! Zur Zeit kann ich nicht mehr arbeiten, ich will einfach nicht mehr. Ich kann mich für nichts interessieren. Wenn ich das zu Hause erzähle, dann verstehen die mich einfach nicht, die lachen sich kaputt und sagen, *die ist verrückt.*"

Jahrelanger Drill führt zur Selbstverständlichkeit

Die einzige Selbstbestätigung findet sie im Saubermachen, weil sie das schon früh gelernt hat und inzwischen perfekt beherrscht. Im Büro konnte sie sich wegen ihrer schlechten Erfahrungen und ihres geringen Selbstbewußtseins nicht wohl fühlen, aber „zu Hause schon, da habe ich Abwechslung, da habe ich geputzt, da fühle ich mich ja heut' noch immer drin wohl, wenn ich zu Hause die Wohnung auf den Kopf stellen kann mit Putzen und so. Mittwochs habe ich für alle gebügelt, und samstags habe ich das ganze Haus geputzt, von oben bis unten." So werden die Arbeiten im Haushalt, gegen die sich kleine Mädchen manchmal noch wehren, später nach jahrelang trainiertem Drill zu Selbstverständlichkeiten und laufen wie ein Reflex ab.

Obwohl Sabine heute nicht mehr dazu gezwungen ist, zu Hause zu arbeiten, macht sie es inzwischen freiwillig, weil sie tragischerweise nur darin noch einen Rest Selbstbestätigung findet. Das ist bei vielen Frauen zu beobachten, die ähnliche Demütigungen im Beruf erlebt haben, und wird dann immer fälschlicherweise als die wahre weibliche Neigung zur Hausarbeit ausgelegt. In Wirklichkeit hat sich inzwischen eine Zwangsstruktur wie bei Sabine entwickelt. „Ich muß heute nicht mehr zu Hause arbeiten, aber ich komme da einfach nicht mehr raus. Ich denke immer nur, daß die Leute mich für total verrückt halten. Wenn ich das nur nicht mehr denken müßte." Da sie kein Selbstbewußtsein entwickeln konnte, kann sie sich auch schlecht gegen die Aussagen ihrer unsensiblen Familie und ihrer Freunde wehren. Diese reden ihr ein, sie sei verrückt, weil sie nicht mehr arbeiten gehen kann und außerdem Schwierigkeiten mit ihren häufig wechselnden Freunden hat.

Die Schwäche der Mutter enttäuscht

In der Sexualität hat Sabine verständlicherweise die größten Probleme. Sie hat von klein an die brutalen Vergewaltigungen ihrer Mutter durch den Vater miterlebt, ist von dem Bruder wiederholt vergewaltigt und von ihrem Chef mißbraucht worden. Immer wurde ausschließlich sie für die erlittenen Demütigungen verantwortlich gemacht. Auch ihr Vater, der vorgab, sie wegen ihrer Schönheit „abgöttisch" zu lieben, hat häufig versucht, in ihrem Bett zu schlafen. Ihre Mutter gab Sabine oft zu verstehen, daß der Vater nur wegen Sabine noch zu Hause bliebe (er hatte viele Freundinnen). Wenn Sabine auf die Wünsche ihres Vaters eingegangen wäre, hätte es zu einer Konkurrenzsituation zwischen Mutter und Tochter kommen können. Aber „ich habe ihn so gehaßt und hätte ihn am liebsten geschlagen". – Selbst Töchter stellen noch Sexualobjekte für Väter dar. Das geht aus vielen Gerichtsurteilen hervor, obwohl die Dunkelziffer wegen der Scham und der Angst von Mädchen und Müttern besonders hoch ist.

Mit der Mutter kann sich Sabine nicht solidarisieren, weil die Mutter dem Vater gegenüber nur Angst und Abhängigkeit zeigt und Sabine aus Schwäche oft enttäuscht hat. Der Vater, der sich nicht scheiden lassen wollte, ist zeitweilig bei seinen Freundinnen und kommt nur manchmal nach Hause. „Er hat meine Mutter dann immer belogen, so daß sie abends wieder miteinander geschlafen haben. Ich hab' alles in meinem Zimmer gehört. Ich konnte meine Mutter dann nicht mehr verstehen. Erst wollte sie sich scheiden lassen, dann legt sie sich wieder mit dem Mann ins Bett." Das gleiche Phänomen ist bei vielen Frauen und auch bei Sabine zu beobachten: Obwohl die aufgezwungene Sexualität für viele Frauen keine Lust, sondern eine Last bedeutet, hoffen Frauen immer wieder, über sexuelle Kontakte ein wenig Zuneigung und Zärtlichkeit zu bekommen. Mit dieser Haltung kam auch Sabine zu ihrem ersten sexuellen Kontakt. „Irgendwann mußt du ja, sonst verlierst du immer wieder die Freunde." Sie hatte keinerlei Ahnung, und so hat der Freund sie „so richtig aufgeklärt, mit Kolle und so". Die erste Nacht war entsetzlich, aber auch die darauf folgenden sexuellen Kontakte mit anderen Männern waren enttäuschend und unangenehm.

Sabine nahm damals die Pille, hat sich sehr unwohl gefühlt und einen dicken Busen bekommen. Sie versteckte die Pille unter dem Kopfkeil und ist oft nachts aufgeschreckt aus Angst, die Pille vergessen zu haben. „Dem Freund hat's wohl Spaß gemacht, aber er hat sich nur draufgelegt und sich abreagiert. Ich bin bei ihm geblieben, weil ich mich mit ihm unterhalten konnte und er mir ein paar gute Worte gegeben hat und mich mal umarmte und so. Dann hab' ich nur aus Gutmütigkeit mit ihm gepennt."

„Du bist nicht normal im Bett"

Das Dickerwerden durch die Pille hat dazu beigetragen, daß sie ihren Körper noch mehr ablehnt, so „daß sie ihn manchmal in die Ecke schmeißen möchte". So wachsen wir oftmals mit einem Haß auf unseren Körper heran, weil wir durch diesen Körper von Männern immer wieder benutzt und mißbraucht werden können und deshalb nie lernen können, unseren eigenen Körper zu lieben und uns für seine Reaktionen zu interessieren. Sabine hat noch nie onaniert und kann sich auch nicht vorstellen, daß es Körperreaktionen bei ihr gibt, die sie befriedigen könnten. Sie hat noch nie einen Orgasmus gehabt und bekommt häufig beim Geschlechtsverkehr einen Krampf (Vaginismus), der in einem Zeh anfängt, dann ins Becken übergeht und ihr wahnsinnige Schmerzen bereitet. Ihr ganzer Körper scheint sich gegen den Geschlechtsverkehr aufzubäumen. Trotzdem hat sie inzwischen mit circa zehn Männern geschlafen und sich sogar die Spirale einsetzen lassen. Über den Geschlechtsverkehr mit Männern sucht sie immer wieder vergeblich nach etwas Geborgenheit und Zärtlichkeit.

Die Freunde trennen sich nach einer kurzen Zeit regelmäßig von ihr mit den Worten: „Also irgend etwas hast du an dir, *du bist nicht normal im Bett."* Ein anderer sagte zu ihr, daß sie ihn nachts immer aus dem Bett zu treten versuche und ihm Blikke zuwerfe, daß er Angst bekäme. Die Männer, die Sabine Selbstbestätigung und Sicherheit geben sollten, haben sie noch tiefer in Angst, Unsicherheit und Minderwertigkeitsgefühle getrieben. „Ich wollte immer einen Mann haben, der über mir steht, weil ich mir nichts zutraue." Von Männern ist sie, schon als Kind, immer nur ausgebeutet worden. „Sie waren nur an Sexualität bei mir interessiert und interessieren sich darüber hinaus nicht für mich." Sabine hat immer alles für ihre Freunde getan, damit sie bei ihr blieben. Sie hat sie oft beschenkt und Dienstleistungen erbracht. Sie hat selbst nie etwas bekommen. Sabine hat auch nie gelernt, etwas anzunehmen. Zu Hause gab es keine Geschenke.

Heute hofft sie noch immer verzweifelt darauf, eine Beziehung zu einem Mann aufzubauen, und erwartet: „Daß er mich sexuell in Ruhe läßt, daß er nicht immer so schnell sexuell reizbar ist und daß ich neben ihm einschlafen kann. Aber wenn ich seine Erregung schon spüre, dann ist es vorbei. Mein jetziger Freund ist sexuell total übersättigt von Frauen. Wenn er kommt, dann wollen wir beide nur nebeneinander liegen und zärtlich miteinander sein." Dieser Freund kommt alle sechs Wochen einmal zu Sabine und stellt die einzige nähere Beziehung zur Zeit für sie dar. Sie weiß inzwischen, daß sie nicht fähig ist, eine feste Beziehung mit einem Mann einzugehen, glaubt aber immer noch, bei sich selbst die Schuld suchen zu müssen. Sie hat von ihren Freunden oft gehört, daß sie verrückt sei, und glaubt es schon fast selbst. „Wenn ich eine neue Beziehung eingehe, habe ich oft nach 14 Tagen schon das Gefühl, daß ich den Typen rausschmeißen möchte. Ich bekomme manchmal so ein Haßgefühl gegen Männer, ich habe dann kein Vertrauen mehr und sehe jedes kleine Fehlerchen, und dann hört es bei mir auf."

Verachtung für das eigene Geschlecht

Manchmal möchte Sabine mit ihrer Mutter darüber reden, doch dann bekommt sie wieder Angst vor den Vorwürfen, die sie ein Leben lang gehört hat. Zur Zeit lebt sie mit einer Freundin zusammen, mit der sie sich nicht richtig versteht. Sabine hat von klein auf erfahren, daß sie selbst und andere Frauen rechtlos und minderwertig sind. Sie sieht nicht, daß Frauen in unserer Gesellschaft dazu gemacht werden. „Meine Freundinnen wollten alle heiraten und für die Aussteuer sparen. Nachher war ich mehr mit Jungens zusammen, weil ich das einfach nicht ertragen konnte, daß sich Mädchen nur fürs Heiraten interessierten." Bei dieser Einschätzung von Frauen ist es geblieben. Sabine hat in ihrem Leben keine positiven weiblichen Identifikationsmöglichkeiten erfahren. Die Situation der Mutter hat ihr immer wieder gezeigt, daß Männer trotz Brutalität und Vergewaltigung für die Existenz von Frauen notwendig sind. Emotionale Beziehungen zu Frauen hat Sabine noch nie in Erwägung gezogen. Die Verachtung, die sie sich selbst gegenüber häufig hat, überträgt sie auf ihr eigenes Geschlecht. So sind ihr durch den Haß gegenüber Männern und die Verachtung gegenüber Frauen alle Befriedigungsmöglichkeiten genommen.

Obwohl sie Männern gegenüber Haß empfindet. „weil Bruder und Vater als Schreckgespenst über mir schweben", stellen Männer gleichzeitig für sie erstrebenswerte Machtpersonen dar. So hofft sie immer noch, über die Beziehung zu einem ihr überlegenen Mann einmal eine „normale Existenz" zu finden. Ihre Ängste vor Männern und ihr Vergewaltigungstrauma gehen inzwischen so weit, daß sie häufig nachts von Angstträumen geschüttelt wird, weil sie träumt, daß die Männer, die ihre mit ihr lebende Freundin besuchen, mit ihr schlafen wollten. Sabine befindet sich in einer schizophrenieähnlichen Situation: Sie haßt Männer, aber sie stellen gesellschaftlich erstrebenswerte Macht dar, ohne die Sabine nicht existieren zu können glaubt. Frauen hält sie wie sich selbst für minderwertig. Sie hat keine wirklichen Freundinnen und ist auf Kontakte mit Männern angewiesen.

Unbefriedigt bleibt ihr noch nie gestilltes Bedürfnis nach Körperkontakt, Zärtlichkeit und Geborgenheit. Um dies zu bekommen, stellt sie sich unter Schmerzen (Vaginismus) sexuell zur Verfügung, um sich anschließend als noch ausgebeuteter, ungeliebter und psychisch krank zu empfinden. Wegen ihrer Krämpfe beim Geschlechtsverkehr hatte sie Anfang 1975 einen Gynäkologen aufgesucht, der sie zu einem Psychiater überwies. Dieser Psychiater, Dr. X., den sie eine Zeitlang aufsuchte, hat sie vollkommen verwirrt. „Er hat mir ständig gegenteilige Tips gegeben. Mal sollte ich wieder arbeiten gehen, mal sollte ich zu Hause ausruhen. Er vergaß nach einer Woche, was er mir geraten hatte, und ich glaubte, fast überzuschnappen." Nachdem er zweimal zehn Minuten mit Sabine geredet hatte, bekam sie die Diagnose „pathologische Entwicklung".

Wie Frauen verrückt gemacht werden

Sabine hat von klein an immer wieder gesagt bekommen, daß sie dumm sei und nur zum Tellerwaschen tauge. Inzwischen hat sie häufig gehört, daß sie verrückt sei. Sie fühlt, daß etwas mit ihr nicht stimmt. Sie kann ihre brutale Sozialisation nicht vergessen, kann sie aber auch nicht als Ursache ihres Zustandes erkennen, sondern hält sich individuell für unfähig und minderwertig und sieht nicht, daß sie dazu gemacht wurde:

– Durch eine extrem sexistische und sadistische Sozialisation, durch die Sabine schon sehr früh die weibliche Minderwertigkeit erfahren hat (als Siebenjährige mußte sie die Schuhe für Vater und Brüder putzen).

– Die Identifikation mit einer Mutter, die regelmäßig vom Vater vergewaltigt und geschlagen wurde, hat das Bewußtsein ihrer weiblichen Minderwertigkeit verstärkt.

– Durch die Vergewaltigung als Kind durch den Bruder, für die sie verantwortlich gemacht wurde, wird ihr ihre rechtlose, ausgelieferte Situation immer deutlicher. Sie lernt immer mehr, sich zu ducken und zu gehorchen.

– Im Beruf ist sie ebenfalls Sexualobjekt. Sie hat nicht gelernt, sich zu wehren, sondern nur stillzuhalten.

– Ihr Haß auf Männer, der durch einen brutalen Vater und brutale Brüder verursacht wurde, wird immer wieder in der Realität bestätigt. Sabine kann es nicht ertragen, als Sexualobjekt mißbraucht zu werden, und reagiert darauf mit Vaginismus. Trotzdem sucht sie immer wieder Liebe und Verstehen in flüchtigen sexuellen Kontakten. Von den häufig wechselnden Partnern hört sie allzu oft, daß sie verrückt sei, so daß sie es bald selbst glaubt.

Nach unserem Gespräch ist sie ziemlich erschöpft und erwartet wie ein Kind sofortige Hilfe. Das Gefühl ihrer eigenen Minderwertigkeit läßt sie nur noch auf Hilfe von außen hoffen. Die Gespräche, ein- bis zweimal wöchentlich mit der Psychiaterin, können keine generelle Hilfe leisten, weil Sabine in ihrer realen Lebenssituation täglich unterstützt und bestärkt werden müßte.

In den letzten Monaten nach unserem Gespräch hatte sich Sabines Zustand so zugespitzt (ihre Depressionen waren stärker geworden), daß sie eines Tages bei ihrer Psychiaterin einen Nervenzusammenbruch bekam. Frau Dr. Y. stellte für sie die einzige Möglichkeit des Gesprächs dar. Sie war sich unbewußt auch ihrer Hilfe sicher, als sie bei ihr zusammenbrach. Sabine konnte noch am gleichen Tag in eine psychotherapeutische Klinik eingewiesen werden (keine Zwangseinweisung), wo schon nach kurzer Zeit eine relative Besserung eintrat. Frau Dr. Y. steht weiterhin intensiv mit ihr in Verbindung. Sabine war in der glücklichen Lage, bis zu ihrem Nervenzusammenbruch keine Medikamente bekommen zu haben.

Ursula Nuber

Die „gesunden" Depressionen der Frauen

Ausgangspunkt für produktive Veränderungen

Sie gilt als der „Schnupfen" unter den psychischen Erkrankungen: die Depression. Nicht, weil sie so harmlos ist wie eine Erkältung, sondern weil sie inzwischen so häufig auftritt, daß Experten von einer „Depressionsepidemie" sprechen. Weltweit, so schätzt die Weltgesundheitsorganisation, leiden drei bis fünf Prozent der Bevölkerung ständig unter Depressionen, das sind 120 bis 200 Millionen Menschen.

Wie eine internationale Studie belegt, ist die Krankheitsrate kontinuierlich angestiegen. Für nach 1955 Geborene ist das Risiko, an Depression zu erkranken, dreimal größer als es noch für ihre Großeltern war. Grundsätzlich gilt, daß jeder Mensch an Depression erkranken kann. Weder Alter, noch Schichtzugehörigkeit, noch Geschlecht bieten einen wirksamen Schutz vor dieser Krankheit. Soweit die Theorie. In der Praxis allerdings werden Frauen doppelt so häufig depressiv als Männer – oder korrekter ausgedrückt: Sie erhalten von den Psychoexperten sehr viel häufiger als Männer die Diagnose „Depression" und bekommen auch entsprechend häufiger Psychopharmaka verschrieben. Wenn Frauen zum Beispiel arbeitsunfähig werden, stehen Neurosen, wozu die Depression zählt, an erster Stelle der Begründungen, bei Männern nach Herz-, Kreislauferkrankungen und Rückenleiden erst an dritter Stelle.

Daß es sich dabei durchaus um Fehldiagnosen handeln kann, gibt eine amerikanische Studie zu bedenken. Die Wissenschaftler kamen auf der Basis einer Untersuchung an über 23 000 Patienten zu dem Schluß, daß Mediziner überdurchschnittlich häufig depressive Erkrankungen bei Frauen diagnostizieren, während sie bei Männern entsprechende Symptome übersehen oder mit einer anderen Diagnose belegen. Das Forscherteam verglich die Diagnosen der Mediziner mit den Ergebnissen einer unabhängigen, standardisierten Messung der depressiven Symptome und fand dabei mehr als 1200 Abweichungen. Die

Quote der Fehldiagnosen, die depressive Symptome übersahen, lag bei männlichen Patienten bei fast 65 Prozent. Hingegen war bei Frauen die Diagnose „Depression" nur in 19 Prozent der Fälle falsch.

Die Wissenschaftler nennen verschiedene Gründe dafür, warum sich Mediziner so schwertun, bei Männern die Anzeichen einer Depression rechtzeitig zu erkennen: Männer neigen dazu, depressive Symptome zu verleugnen, weil sie nicht als unproduktiv und schwach gelten wollen. Sie suchen erst dann einen Arzt auf, wenn sie ihm „handfeste" Symptome – wie Magenschmerzen, Herzbeschwerden oder ähnliches – präsentieren können. Dazu kommt, daß Mediziner die Depression für eine eher weibliche Krankheit halten und Männer seltener nach Symptomen fragen, die typisch für eine Depression sind.

Die Depression: Warnsignal und Chance zur Veränderung

Ist die Depression also keine „Frauenkrankheit"? Sind alle Spekulationen, warum Frauen anscheinend anfälliger für die Depression sind, hinfällig? Liegt es also nicht an der besonderen „Natur" der Frau und ihrem – durch Geburt, Menstruation oder Wechseljahre erschüttertem – Hormonhaushalt, nicht an ihrer größeren Bereitschaft, über Gefühle zu sprechen und auch nicht an der enormen Belastung, die die Rolle der Frau in unserer Gesellschaft mit sich bringt, daß Frauen in der Depressions-Statistik doppelt so häufig als Männer auftauchen? Liegt es nur am eingeschränkten Blick der Experten, daß die Depression als Frauenkrankheit gilt?

Ganz so einfach können wir es uns nicht machen, wie unter anderem Studien feministischer Wissenschaftlerinnen zum Thema belegen. Erklären wir die geschlechtsspezifischen Unterschiede in den Erkrankungsraten ausschließlich mit diagnostischen Fehlleistungen der Mediziner, verdecken wir nicht nur offensichtlich vorhandene Krankheitquellen von Frauen, sondern nehmen ihnen damit auch Chance, ihre Depression als Warnsignal zu erkennen und sie zum Ausgangspunkt für produktive Veränderungen zu machen.

Die Psychologin Esther D. Rothblum von der Rutgers University, New Jersey, kommt in einem Überblick über die vorliegende Forschung zu dem Schluß, daß es für Frauen durchaus ein größeres Risiko gibt, an Depression zu erkranken. Sie macht dafür nicht die Biologie der Frau, sondern ihre Rolle und ihren sozialen Status in der westlichen Gesellschaft verantwortlich:

– Ein unzureichendes soziales Netzwerk und fehlende intime Beziehungen sind in vielen Studien als Hauptrisikofaktor der Depression identifiziert worden. Für Frauen, so kann belegt werden, sind enge Beziehungen wichtiger als für Männer. Sie haben ein starkes Bedürfnis nach Nähe und Bindung, das jedoch von der Gesellschaft als „Abhängigkeit" abgewertet wird. Frauen werden dazu gebracht, so die Psychologin Dana Crowley Jack, „ihr Bedürfnis und ihren Wunsch nach Verbundenheit als ‚neurotisch' und ‚abhängig' zu bezeichnen. So sind die Frauen in einer paradoxen Situation gefangen: Die Gesellschaft erwartet immer noch von ihnen, daß sie sich über ihre Beziehungen definieren, setzt dann aber ihren Wunsch nach Bindung herab, indem sie die Wichtigkeit von Bindungen abwertet." Diese paradoxe Situation führt, wie die Psychologin in ihrer Arbeit mit Frauen immer wieder feststellen konnte, häufig in die Depression. Crowley Jack ist überzeugt: Die weibliche Depression hat eindeutig „zwischenmenschliche Ursachen."

– Verheiratete Männer sind sehr viel weniger von Depression betroffen als unverheiratete. Verheiratete Frauen dagegen sind häufiger depressiv als ledige. Sie berichten in hohem Maße von ehelichen Spannungen und von Unzufriedenheit mit ihrer Beziehung. Die Ehe scheint also einen gewissen Schutz für Männer, aber nicht für Frauen zu bieten.

– Andererseits reagieren getrennt lebende, geschiedene oder verwitwete Frauen auf den Verlust ihrer Beziehung mit Depressionen.

– Wie Studien zeigen, ist allein die Tatsache, ein kleines Kind zu versorgen, ein wesentlicher Faktor für die Entstehung einer Depression bei Frauen. Im Gegensatz zur landläufiger Meinung werden Frauen seltener depressiv, wenn die Kinder das Haus verlassen.

– Berufstätigkeit hat im allgemeinen einen positiven Einfluß auf die psychische Stabilität von Frauen. Wie neuere Studien zeigen, gilt dies aber nicht mehr, sobald Frauen für sie „untypische" berufliche Bereiche erobern. Die Depressions- und Suizidrate von Frauen, die in Männerdomänen (mittleres bis oberes Management, Professorenposten etc.) vordringen, ist dramatisch angestiegen.

– Es gibt ferner Hinweise darauf, daß Männer Streßsituationen in ihrem Leben besser bewältigen als Frauen.

Für Esther D. Rothblum belegen diese Forschungsergebnisse eindeutig: „Die traditionellen Vorstellungen von der weiblichen Rolle vergrößern das Risiko der Frau, an Depression zu erkranken." Sowohl Frauen, die – ganz traditionell – ihre Hoffnung auf die Ehe, die Familie und einen versorgenden Ehemann setzen, als auch jene Frauen, die Karriere machen und in Männerdomänen vordringen, sind von Depressionen bedroht.

Die fünf Formen der weiblichen Depression

Auch ihre Kollegin, die Psychotherapeutin Ellen McGrath sieht in der traditionellen Frauenrolle (sie nennt dies den „Traditionellen Kern") die Hauptursache der weiblichen Depression. Der Traditionelle Kern ist das kulturelle Bewußtsein einer Frau, ein Kern von traditionellen Werten und traditionellem Denken, der tief in einer jeden Frau verankert ist und ihr vorschreibt, wie sie sich zu verhalten hat und welche Rollen „richtig" und welche „falsch" sind. Dieser Traditionelle Kern verursacht Depressionen bei Frauen, und diese wiederum können sich in folgenden Ausprägungen bemerkbar machen, wie McGrath aufzeigt:

– Die Opfer-Depression. Sie resultiert aus gelernter oder realer Hilflosigkeit und fehlenden Fähigkeiten, auf Gewalt, Unterdrückung angemessen zu reagieren.

– Die Beziehungs-Depression. Sie entsteht, wenn die Forderungen unseres Traditionellen Kern, uns über intime Beziehungen zu definieren und diese perfekt zu gestalten, mit der Realität kollidieren. Frauen werden depressiv, so McGrath, wenn sie erkennen, daß die immerwährende intime Beziehung ein unrealistischer Traum ist.

– Die Altersangst-Depression. Sie entsteht, wenn Frauen älter werden. Dies ist mit der Forderung ihres Traditonellen Kerns nicht vereinbar, wonach Frauen attraktiv und jung zu sein haben, wollen sie nicht ihren Wert für Männer verlieren.

– Die Erschöpfungs-Depression: Sie entsteht, wenn unsere traditionelle Aufgabe des Sorgens für andere mit unserem nichttraditionellen Wunsch nach beruflicher Leistung und Anerkennung kollidiert. Der Wunsch, es jedem recht zu machen und das Bedürfnis, unser wahres Selbst ebenfalls zu seinem Recht kommen zu lassen, führt geradewegs in die Depression.

– Die Body Image-Depression. Viele Frauen entwickeln depressive Gefühle, wenn sie erkennen, daß ihr Körper den öffentlichen Standard von Schönheit, Schlankheit, Sex-Appeal, Jugend nicht erfüllt. Von Kindheit an lernen Frauen, daß ihr Körper und ihr Aussehen maßgeblich den Wert bestimmt, den sie für andere, vor allem für Männer, haben.

Angesichts der Tatsache, daß sich die Mehrheit der Frauen immer noch zwischen den beiden Stühlen „Tradition“ und „Emanzipation“ befindet, angesichts der Tatsache, daß die Zahl der getrennt lebenden, geschiedenen, alleinerziehenden Frauen in Zukunft noch zunehmen wird und sie von der Gesellschaft weiter alleingelassen werden sowie angesichts der Tatsache, daß die wirtschaftliche Entwicklung es für Frauen immer schwieriger machen wird, angemessene Arbeitsstellen zu finden, ist die Prognose von Esther D. Rothblum nicht ermutigend: „Was die Häufigkeit der Depression im nächsten Jahrzehnt angeht, können unsere Erwartungen nicht optimistisch ausfallen.“

Auf diesem Hintergrund gewinnen neuere Veröffentlichungen besondere Bedeutung, die einen anderen Blick auf die Depression im allgemeinen und die weibliche Depression im besonderen ermöglichen.

Ist Depression eine normale Anpassungsreaktion?

Die amerikanische Wissenschaftlerin Emmy Gut macht uns mit dem Gedanken vertraut, daß die Depression eine normale Anpassungsreaktion ist. „Wann immer wir wahrnehmen, weitestgehend unbewußt, daß eine wichtige körperliche oder psychische Anstrengung ihren Zweck verfehlt, und wenn wir nicht verstehen, woran es liegen könnte, dann reagieren wir mit einer Depression." Und diese depressive Reaktion kann durchaus sinnvoll und produktiv sein, so Emmy Gut, „wenn am Ende dieser depressiven Periode nachweislich ein Lern- oder Reifungsprozeß stattgefunden hat, Verhaltensweisen reorganisiert oder Pläne geändert wurden, so daß wir nach einer depressiven Phase gesetzte Ziele besser realisieren beziehungsweise unsere Ziele realistischer formulieren können."

Dies ist eine zunächst ungewöhnliche Sicht der Depression. Mit Depression verbinden sich im allgemeinen Vorstellungen von extremer Niedergeschlagenheit, Erstarrung im Denken und Handeln, Gefühllosigkeit, völlige Hoffnungslosigkeit, Passivität und diversen körperlichen Beschwerden. Depression ist eine Krankheit, eine Abweichung von der „Norm", ein Zustand des Außer-sich-Seins. Diese Vorstellungen sind natürlich nicht falsch. Besonders jene Formen schwerer depressiver Erkrankung, deren Ursache vorwiegend in endogenen Faktoren gesehen wird (Vererbung, Stoffwechselstörungen, biochemischen Veränderungen im Gehirn etc.), können wohl nur schwerlich als „produktiv" bezeichnet werden. Doch diese Form der Depression meint Emmy Gut auch nicht, wenn sie von einer normalen Anpassungsreaktion spricht. Sie hat vielmehr jene Depression vor Augen, die als „psychoreaktiv-neurotische" bezeichnet wird und die auch gemeint ist, wenn die extreme Zunahme der Depression beklagt wird. Während von der schweren Form, der manisch-depressiven Depression schätzungsweise „nur" 20 Prozent aller depressiv Erkrankten betroffen sind, leidet der Großteil an dieser „psychoreaktiv-neurotischen" Form.

Der Unterschied zwischen gesunder und ungesunder Depression

So differenziert über die verschiedenen Erscheinungsbilder der Depression in der Literatur auch berichtet wird, die Bewertung der Depression fällt in den meisten Fällen einheitlich aus: Sie ist eine Behinderung, eine Blockade, eine Verdunkelung der Seele, die es so schnell wie möglich zu überwinden gilt. Nicht berücksichtigt wird, „daß eine gesunde Person die Fähigkeit besitzen muß, zu leiden und depressiv zu sein" und daß „es Umstände gibt, die normalerweise Gefühle der Depression hervorrufen und wir es als pathologisch betrachten würden, wenn eine solche Reaktion ausbleiben würde." (Zitate aus: Rothblum)

Diese positive Betrachtung der Depression wird auch von der Psychotherapeutin Ellen McGrath geteilt. Nach ihrer jahrelangen Erfahrung als Psychologin und Psychotherapeutin ist sie mehr und mehr davon überzeugt, daß es, wie sie es nennt, „gesunde Depressionen" gibt. Und daß es vor allem für Frauen besonders wichtig ist, ihre Depressionen als normal und gesund einzustufen. Nach Ansicht von McGrath versagen die vorhandenen Modelle der Depression wenn es darum geht, die weibliche depressive Erfahrung zu beschreiben. „Es gibt weder eine psychiatrische noch eine psychologische Diagnose, die angemessen das Ausmaß und die Tiefe der Gefühle beschreiben könnte, die Frauen erleben angesichts einer grundlegend sexistischen Kultur, die Frauen abwertet. Frauen sind entweder ‚gesund' oder ‚krank'. Doch was ist, wenn wir uns schlecht fühlen, weil wir diskriminiert werden, weil wir emotional und sexuell mißbraucht werden oder weil wir als Menschen zweiter Klasse in dieser Gesellschaft behandelt werden, in der die Männer immer noch die meisten Ressourcen kontrollieren?"

In den Lehrbüchern findet sich für dieses weibliche Erleben kein adäquater, nicht wertender Begriff. Um diese Lücke zu füllen, spricht Ellen McGrath von der „Gesunden Depression", die sie folgendermaßen definiert: „Gesunde Depressionen sind realistische Gefühle des Schmerzes, der Trauer und Enttäuschung (manchmal begleitet von Schuldgefühlen, Ärger und/oder Angst), die durch negative Erfahrungen entstehen. Dazu gehören Traumata, Verluste, Diskriminierung, ungerechte Behandlung und ungelöste Schädigungen in der Vergangenheit. Frauen die eine Gesunde Depression erleben, können noch funktionieren, obwohl ihnen das normalerweise nicht so gut gelingt wie zu anderen Zeiten."

Das Noch-funktionieren-Können ist für McGrath das wesentliche Unterscheidungsmerkmal zwischen Gesunder und Ungesunder Depression. Wer unter einer Ungesunden Depression leidet, kann in mindestens einem Lebensbereich (Arbeit, Beziehung, Kindererziehung, Freundschaft) seinen Alltagsverpflichtungen nicht mehr nachkommen. „Mit einer Gesunden Depression dagegen gelingt es uns durchaus, mit anderen Menschen in Beziehung zu treten und unseren Alltagspflichten nachzukommen, auch wenn es uns ungeheure Anstrengung kostet."

Die Fassade der Tüchtigen aufrechterhalten

Es ist durchaus typisch für die meisten depressiven Frauen, daß sie nach außen hin die Fassade der Tüchtigen, Funktionierenden aufrechterhalten können. So werden sich viele depressive Frauen in dieser Selbstbeschreibung wiederfinden können: „Ich quäle mich durch den Alltag: ‚Sei tapfer, reiß' dich zusammen, du schaffst es schon, laß' dir nichts anmerken, deine Familie braucht dich... Leistungsfähig, unternehmungslustig, fröhlich, belastbar und selbstdiszipliniert muß du sein... Betrachte das Schöne, denke positiv...', so rede ich mir selber zu. Ich setze eine Maske auf, lächle nach außen und gebe mich freundlich. Eine gute Mutter möchte ich sein, die Kinder sollen unbeschwert aufwachsen. Ich übe meinen Beruf aus, besorge den Haushalt. Übermenschlich ist die Anstrengung, da die Verzweiflung alle Kraft frißt."

Am Beispiel der weiblichen Depressionen wird sehr gut deutlich, was die Wissenschaftlerin Emmy Gut meint, wenn sie schreibt, daß das depressive Erleben ein normaler

Anpassungsprozeß an eine Situation ist, in der wir an unsere Grenzen stoßen. Frauen stoßen in dieser Gesellschaft ständig an Grenzen, wenn sie den Balanceakt zwischen traditioneller Frauenrolle und eigenen Bedürfnissen versuchen. Wie die Depression allerdings zu einem „produktiven“ Ergebnis führen kann, das mag für betroffene Frauen zunächst schwer nachvollziehbar sein. Hier ist es vielleicht hilfreich, sich zu vergegenwärtigen, wie eine Depression entsteht. Emmy Gut teilt den Prozeß der Depression in fünf Phasen ein:

Der Prozeß der Depression

Phase 1: Wir strengen uns an, bestimmte wichtige Ziele zu erreichen, und setzen dafür körperliche, geistige Fähigkeiten oder Beziehungen ein. Die Anstrengung wie auch das jeweilige Ziel können uns bewußt sein, können aber auch unbewußt bleiben. (Typisch weibliche Ziele können sein: eine gute Ehefrau und Mutter sowie eine erfolgreiche Karrierefrau zu sein; sich für das Gelingen einer Beziehung verantwortlich zu fühlen.)

Phase 2: Wir müssen erkennen, daß all unsere Bemühungen nicht ausreichen, um das gesteckte Ziel zu erreichen. (Die Beziehung zum Partner ist schlecht oder scheitert; wir zerbrechen an der Doppelbelastung.) Allerdings gelingt es uns nicht, die Ursachen für unser Scheitern ausfindig zu machen. Zu unserer Frustration kommt also noch die Unsicherheit hinzu, den Grund für das Versagen nicht zu kennen. Auch diese Phase kann sich zum Teil unserem bewußten Erleben entziehen. Ob bewußt oder unbewußt – es entsteht Verwirrung.

Phase 3: In diese Phase versuchen wir verzweifelt den Ursachen unseres Scheitern auf die Spur zu kommen: Was ist falsch an den eingesetzten Methoden? Was ist falsch an uns? Haben wir ein falsches Bild von uns selbst und von anderen? Ziehen wir die falschen Schlußfolgerungen aus vorhandenen Fakten? Eine große Beunruhigung erfaßt uns.

Phase 4: Nun versuchen wir, Kräfte zu mobilisieren und neue Lösungen zu finden. Auch dies geschieht meist unbewußt und äußert sich in bekannten depressiven Symptomen: Schlafstörungen, Appetitlosigkeit, tiefe Erschöpfung, Rückzug von Menschen und Aktivitäten. All das sind für Emmy Gut Anzeichen dafür, daß wir die Erfahrung unserer Ineffektivität und unseres Scheiterns verarbeiten wollen und nach Möglichkeiten suchen, diese zu überwinden.

Phase 5: Vorausgesetzt, wir versuchen nicht, das depressive Erleben durch Medikamente, Alkohol oder andere Mittel zu unterdrücken, können wir in dieser Phase zu wichtigen Informationen gelangen. So können beispielsweise Träume, die wir in einer depressiven Phase haben, uns neue Einsichten verschaffen. Oder, während wir in langen Nachtstunden wachliegen, können wir Gefühle der Trauer, der Enttäuschung, der Wut erst richtig wahrnehmen und ihren Ursachen auf die Spur kommen. Die depressive Erschöpfung zwingt uns zur Ruhe und gibt uns gleichzeitig die Möglichkeit, uns freien Assoziationen hinzugeben – und zu warten, auf das, was aus unserem Unbewußten hochsteigt. Möglicherweise suchen wir auch das Gespräch mit einer Person unseres Vertrauens und kommen dadurch zu neuen Einsichten und Erkenntnissen. All das, was in einer depressiven Phase möglich wird, sofern wir es zulassen, nennt Emmy Gut „Depressions-Arbeit". Durch diese Arbeit können wir unseren bis dahin unbewußten Absichten auf die Spur kommen, wir können über Sinn und Unsinn bestimmter Verhaltensweisen und Ziele nachdenken. Wir können herausfinden, warum wir uns in diesem Zustand der Verwirrung befinden. Wenn uns das gelingt, dann verschwindet auch die Depression. Denn das, wodurch sie hervorgerufen wurde – das Scheitern an einer wie auch immer gearteten Aufgabe – hat sich aufgelöst.

Voraussetzungen für produktive Depressions-Arbeit

In der Aufzählung dieser fünf Phasen wird bereits deutlich, daß depressive Menschen spätestens in Phase vier oftmals die Weichen falsch stellen. Mit Medikamenten, Alkohol, sexuellen Abenteuern – aber auch mit falschen, unproduktiven psychotherapeutischen Maßnahmen bringen sie sich um die Chance, die wirklichen Antworten auf ihre Verwirrung zu finden. Gerade für Frauen ist es besonders wichtig, sich dem depressiven Prozeß nicht zu entziehen und den Betäubungs- und Verdrängungsangeboten zu entsagen. Was nicht ganz einfach ist, wie auch Emmy Gut zugibt. Denn von uns allen – und von Frauen im besonderen – wird erwartet, daß wir immer wissen was wir wollen, uns niemals gehen lassen oder unsere Pflichten nicht vernachlässigen. Genau das aber sollte tun, wer den depressiven Prozeß zu einem produktiven Ende führen will. Wenn wir Fieber haben oder eine andere körperliche Krankheit uns schachmatt setzt, dann finden wir es ganz selbstverständlich, uns eine Ruhepause zu gönnen. Niemand käme auf die Idee, sich mit 39 Grad Fieber an den Arbeitsplatz zu schleppen oder mit einer Virusinfektion ein Menü für die ganze Familie zu kochen. Doch wenn wir depressiv sind und uns alle Symptome signalisieren „Ich kann nicht mehr, etwas ist nicht in Ordnung" zwingen wir uns, diese Botschaft zu ignorieren und einfach weiterzumachen als sei nichts geschehen. Erst wenn wir psychisch zusammenbrechen, bleibt uns nichts anderes übrig, als nachzugeben. Doch dann ist es meist schon zu spät, um noch produktive „Depressions-Arbeit" leisten zu können.

Um es nicht soweit kommen zu lassen, sollten Frauen ihre depressive Verfassung, die Frage „Was ist nur mit mir los?" rechtzeitig ernstnehmen und nicht verdrängen, rät Emmy Gut. Sie sollten sich einen Freiraum schaffen, in dem sie sich ganz der Depression ausliefern können, mit dem Ziel ihren Ursachen auf die Spur zu kommen. Für manche genügt es, den eigenen Gedanken freien Lauf zu lassen, andere mögen es hilfreich finden, sich einem Tagebuch anzuvertrauen, wieder andere suchen vielleicht das Gespräch mit einem Freund oder auch einem Psychotherapeuten/einer Psychotherapeutin. Wer sich für letzteres entscheidet, sollte jedoch seine Erwartungen nicht allzu hoch hängen: Therapie kann nur, wie Emmy Gut es ausdrückt, ein „mehr oder weniger geeignetes Instrument sein, das wir nutzen können auf unserer Suche nach einem besseren Selbst-Verständnis."

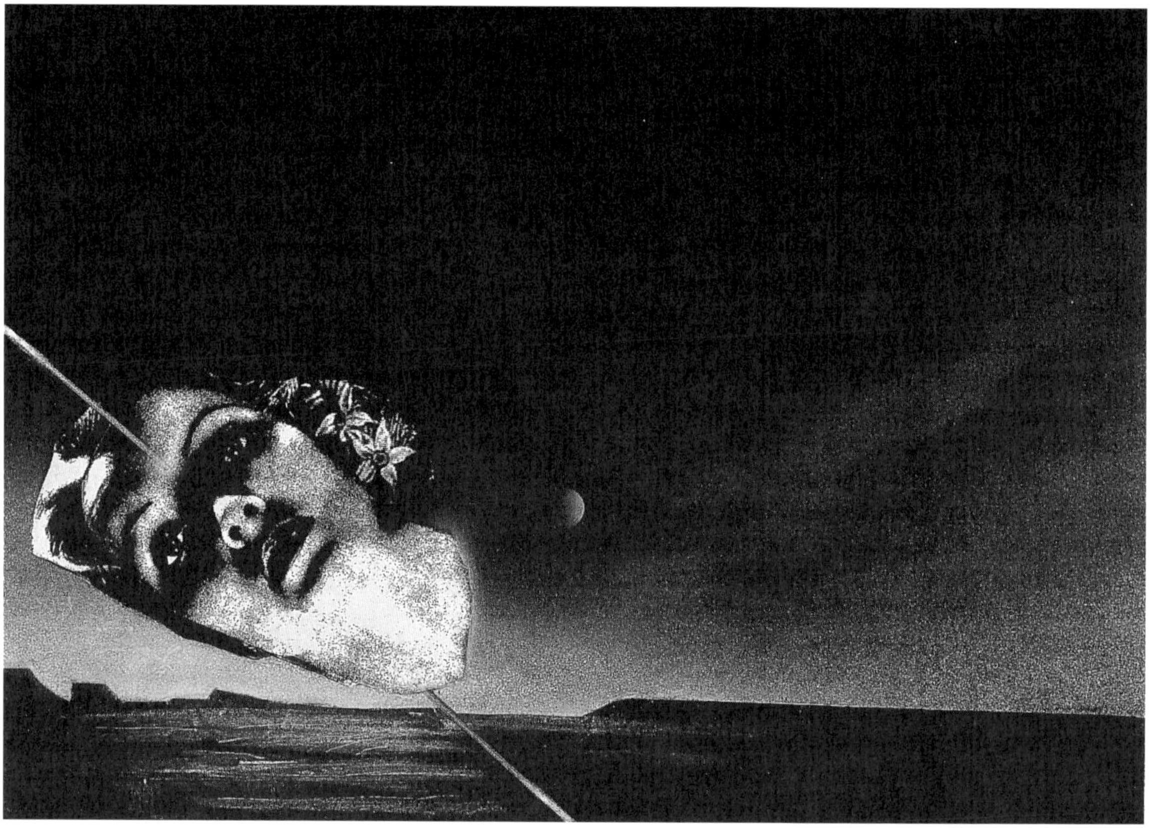

Dorothee Schmitz-Köster

„Die müssen doch einsam und unglücklich sein..."

Solo-Frauen bedrohen die „Norm"

Wer alleine lebt, wer keine feste Partnerschaft hat, fällt immer noch aus dem Rahmen. Da können die Zahlen noch so sehr nach oben klettern (mittlerweile sind in der Bundesrepublik mehr als ein Drittel aller Haushalte Einpersonen-Haushalte,[1] und die Tendenz ist steigend). Die Norm ist und bleibt die Paarbeziehung, mit oder ohne Trauschein – auch wenn diese Beziehungen immer brüchiger werden, auch wenn diese Beziehungen immer häufiger mit Trennung oder Scheidung enden.

Frauen, die alleine leben, die keine enge emotionale und sexuelle Beziehung zu einem Partner haben, fallen besonders markant aus dem Rahmen. Denn Frauen sind – so postuliert das bürgerliche Geschlechtermodell – viel enger, viel essentieller mit Partnerschaft verbunden als Männer. Der private Bereich ist ihre Welt, aus ihr leiten sie ihr Selbstbild und ihre Aufgabe her, während Männer sich über die Außenwelt und über die Auseinandersetzung mit ihr definieren. Folglich wird männlicher „Ungebundenheit" viel leichter ein positives Vorzeichen verliehen – der Hauch von „Freiheit und Abenteuer" ist immer noch werbewirksam einsetzbar, zumindest solange, wie diese Männer jung sind. Bei ungebundenen Frauen sucht man eher nach Defiziten, die an ihrer Unbemanntheit schuld sein könnten ...

Nun ist das bürgerliche Geschlechtermodell in vielen Punkten längst modifiziert – trotzdem funktioniert es immer wieder in altbewährter Manier, wenn eine neue Lebensform sich herausbildet und Größenordnungen annimmt, die sie unübersehbar macht. Dann wird das tradierte Modell als überhistorisches, quasi natürliches herbeizitiert und in einer Allgemeingültigkeit formuliert, die alle Abweichungen als un-normal erscheinen läßt – und ihnen wie von selbst ein negatives Vorzeichen verleiht. Ein Vorgang, der sich momentan beim Thema „Solisten" sehr genau beobachten läßt – in der Presse, im Fernsehen, in der Ratgeber-Literatur, aber auch in Veröffentlichungen mit theoretischem und therapeutischen Anspruch.

Als das Single-Thema Ende der siebziger, Anfang der achtziger Jahre aus den USA zu uns herüberschwappte, da waren die Medien fasziniert. Mit einem Mal sah man Singles nicht mehr als arme Wesen, die keinen oder keine „abbekommen" hatten, sondern als Menschen, die ihre Ungebundenheit schätzten und etwas damit anzufangen wußten. Inzwischen ist diese Faszination längst verblaßt, die Geschichten von „unabhängigen Abenteuern" und „erfolgreichen Aufsteigerinnen" sind zu Ende erzählt. Heute beherrschen dunkle Töne das Medien-Bild: Da werden Schattenseiten unbarmherzig ausgeleuchtet und „geheime Sehnsüchte" aufgedeckt, da wird gemahnt und gewarnt... und bekehrt! Kaum etwas scheint den Medienmachern mehr am Herzen zu liegen, als die Abtrünnigen auf den rechten Weg der Partnerschaft zurückzuführen.

Glücklich ist der Mensch nur zu zweit

Daß Konservative zum Kreuzzug blasen, zum x-ten Mal das Schrekkensbild einer bindungslosen Gesellschaft an die Wand malen und das Lied der „heiligen Familie" singen – das sind wir gewöhnt. Daß aber die Medien unisono auf diese Linie einschwenken, daß auch der eine oder andere Mode-Psychologe sich nicht zu schade ist, auf diesen Zug aufzuspringen – das ist neu.

Wie immer exerziert das Top-Medium Fernsehen vor. Nicht mit der katholischen Droh- und Strafgebärde, sondern, wie es seine Art ist, mit einem glitzernden Gegenbild vom Leben zu zweit – zu dem man den „armen Singles" mit vereinter Anstrengung verhelfen will. Im Grunde ist alles ganz einfach, lautet die aufmunternde Botschaft. Solo-Frau und Solo-Mann müssen die Sache nur in die Hand nehmen, ein paar witzige Einfälle haben und natürlich gut „drauf" sein. Dann werden sie schon im Herzblatt-Hubschrauber, bei Schanzes Flitterabend oder bei der reizenden Linda de Mol und ihrem Heiratssalon landen. Inzwischen hat auch das Medien-Fußvolk nachgezogen. Vom Boulevardblatt bis zum Frauenmagazin, das sich neuerdings tapfer zur „Zeitschrift für das Leben zu zweit" erklärt, machen alle mit. Glücklich, verkünden sie im Chor, glücklich ist der Mensch nur zu zweit! Was besonders – auch da sind sich alle einig – für die weiblichen Singles gilt. Egal, ob erfolgreiche Rechtsanwältin oder lebenstüchtige alleinerziehende Mutter: Was allen fehlt und was alle im Grunde ihres Herzens wollen, ist ein Mann! Ohne fühlen sie sich allein – und daher unglücklich, unausgefüllt, unbefriedigt... „Besonders Frauen um die dreißig," schreibt eins der Blätter klipp und klar, „leiden unter Einsamkeit."

Aber keine Angst, auch hier ist für Abhilfe gesorgt. Denn die Blätter richten Sprechstunden und Beratungsecken ein, wo Tips zum Kennenlernen und zur Wahl des Richtigen gegeben werden, und die eine oder andere Zeitschrift druckt sogar kostenlose Kontaktanzeigen. Schließlich wollen alle, daß die Frau von heute glücklich wird!

Daß sich eine nach einer Trennung wohl fühlt, daß sie froh ist, endlich tun und lassen zu können, was sie will – das kann einfach nicht sein! Daß eine ihre Energien in eine Aufgabe (und nicht in eine Partnerschaft) steckt und damit ausgefüllt und glücklich ist – unmöglich! Und daß eine „normale" Frau an Männern wenig Interesse hat – das übersteigt den Vorstellungshorizont der Medienmacher endgültig ...

Dabei gibt es diese Frauen tatsächlich! Man muß nur zuhören und hinschauen – und den Fundus der Vorurteile und tradierten Bilder einmal beiseite stellen.

Alleinleben als positive Atempause

Da ist zum Beispiel Sabine, 64 Jahre alt und gelernte Krankengymnastin. Viele Jahre war sie Hausfrau und Mutter, und vier Jahrzehnte lang war sie Ehefrau – bis sie das Stillhalte-Abkommen mit ihrem Mann nicht mehr aushielt und sich zur Trennung entschloß. Die ewige Gleichgestimmtheit des Ehe-Einerleis war damit vorbei, für Sabine begann ein Solo-Leben voller Höhen und Tiefen. Auf der einen Seite knüpfte sie neue Freundschaften, entdeckte neue Fähigkeiten (das Malen) und neue Genüsse (Musik, körperliche Arbeit). Auf der anderen sah sie sich mit einer Reihe ungeahnter Probleme konfrontiert, die ihr das Leben ohne Mann bescherte: Vor allem die finanzielle Selbstverwaltung machte ihr enorm zu schaffen.

Bis heute empfindet Sabine das neue Leben als Anstrengung, die viel Kraft kostet – aber sie findet es auch aufregend und genießt seine schönen Seiten. Dem Ehemann weint sie jedenfalls keine Träne nach.

Miriam ist knapp zehn Jahre jünger als Sabine. Sie arbeitet als Mathematikerin, investiert aber den größten Teil ihrer Zeit und Kraft in die Politik. Auch ihre Solo-Existenz begann mit einer Trennung – irgendwann konnte sie die notorische Untreue des Ehemanns nicht mehr ertragen. Für Miriam stand danach fest, daß sie nicht ohne Männer leben könnte. Aber dann, nach einer Phase der Selbstbesinnung, entwarf sie für sich ein Lebens-Muster, in dem eine Partnerschaft nicht mehr eingeplant ist. Beruf und politisches Engagement, Freundschaften und die Beziehung zum Sohn, Reisen und die Geselligkeit, die sie in ihrem Haus organisiert – all das bildet ein Ganzes, das Miriam glücklich macht und ihr das Gefühl von Sinn vermittelt.

Es gibt aber noch einen anderen Grund für Miriams Lebens-Entwurf – das sind Ansprüche, die sie an einen potentiellen Partner stellt. „Er müßte ein Mensch sein," erklärt sie. „Ein Mensch, der durch all diese Schwierigkeiten, mit denen wir es im Leben zu tun haben, hindurchgegangen ist und der daraus auch gelernt hat." Einem solchen Mann ist sie bisher nicht begegnet – und sie rechnet auch nicht mehr damit, ihm zu begegnen. „Ich kann auch ohne so einen leben," erklärt sie. „Und ich kann auch nicht sagen, daß ich's vermisse."

Oder Jutta, 43 Jahre alt, unverheiratet, kinderlos. Sie arbeitet als Verwaltungsangestellte auf einer Nordseeinsel und beschäftigt sich seit vielen Jahren leidenschaftlich mit klassischer Musik – eine Neigung, von der sie selbst meint, sie habe sie schon als junges Mädchen „ein wenig ins Abseits gebracht". Jutta hat kaum Erfahrung mit Beziehungen gemacht – in diesem Punkt unterscheidet sie sich von den meisten Solo-Frauen. Nur einmal ist sie jemandem begegnet, der sich auf ihrer Wellenlänge bewegte – aber auch diese Beziehung dauerte nicht lange. Jutta hat das Gefühl, das richtige Leben zu führen, weil es ihren Bedürfnissen und Neigungen entspricht. Daß in Sachen Partnerschaft so gut wie nichts passierte, nimmt sie als Tatsache, die sie nur dann beschäftigt, wenn sie von anderen problematisiert wird. Aber Jutta läßt sich nicht einreden, sie sei „unnormal", sondern reagiert gelassen, wenn ihr jemand erklärt: „Du siehst gut aus, hast einen Beruf und eine schöne Wohnung – jetzt fehlt dir nur noch ein Mann." Was für sie zählt, ist die Musik, sind Schallplatten, Konzerte und Bücher – und die ständige Begegnung mit der Natur. Sie füllen ihr Leben jenseits der wenig geliebten Arbeit aus, denn hier findet sie Anregung, Kraft und Entspannung.

Drei Frauen von zwanzig, mit denen ich über ihre Solo-Existenz gesprochen habe. Die meisten haben dieses Leben nicht explizit gewählt, haben sich nicht positiv dafür entschieden, sondern sind auf die eine oder andere Weise „hineingeraten". Weil sie mit anderen Dingen beschäftigt waren, weil sie keinen Partner fanden, der ihnen liebens-wert erschien, oder weil eine Beziehung zu Ende ging. So unterschiedlich die Trennungs-Geschichten auch waren (bei der einen spielte Gewalt eine Rolle, bei der anderen die alltäglichen Reibereien, bei einer dritten die Untreue des Ehemanns, bei einer vierten die permanenten Machtkämpfe) – alle Frauen erklärten am Ende: Das will ich nicht mehr! Was sie stattdessen wollten, wußten sie meistens nicht so genau, das mußten sie erst herausfinden. In einer Phase des Alleinlebens.

Neue Aufgaben, neue Anforderungen

Für die meisten Frauen war diese Lebensform ungewohnt, für einige sogar ganz neu. Trotzdem war allen schnell klar, daß es eine Menge neuer Anforderungen gab:

– in materieller und organisatorischer Hinsicht – das war das kleinste Problem;

– in sozialer Hinsicht. Da gab es manchmal Schwierigkeiten, zum Beispiel mit ehemals gemeinsamen Bekannten, für die eine Solistin nicht akzeptabel war;

– in emotionaler Hinsicht. Auch der mieseste Partner stellt manchmal noch einen Bezugspunkt dar, auf den Gefühle gerichtet werden können;

– in erotischer und sexueller Hinsicht.

Die größte Aufgabe: Die Frauen mußten anfangen, sich selbst als Solo-Frau zu begreifen, sich selbst als Solo-Frau zu definieren. Sie mußten sich selbst ernst nehmen und in den Mittelpunkt stellen – was viele in ihren Partnerschaften nicht getan hatten. Sie mußten Interessen und Bedürfnisse sondieren und schauen, was wichtig ist und was nicht. Und sie mußten aktiv werden und die Richtung einschlagen, in die es nun gehen sollte.

Solche Prozesse dauern natürlich ihre Zeit. In der Regel verlaufen sie weder planmäßig noch bewußt, sondern bilden eine Art Sub-Text im alltäglichen Leben und in alltäglichen Entscheidungen. Kein Wunder, daß viele Frauen diese Phase schwierig fanden. Einerseits waren sie im Solo-Leben noch nicht angekommen, andererseits nicht bereit oder nicht in der Lage, sich vom Modell der Zweisamkeit zu verabschieden. Angst vor Aufgaben, die allein zu bewältigen waren, Erschrecken über die Einsicht, daß jede für das eigene Leben selbst verantwortlich ist, Trauer über den Verlust der alten Partnerschaft – all das bildete häufig den Grundtenor der ersten Solo-Zeit. Gefühle der Ungebundenheit oder der Offenheit für Neues kündigten sich allerdings auch an – und dann merkte eine plötzlich, daß ihr Lebenstempo sich veränderte, bestimmt vom eigenen Rhythmus und nicht mehr von dem eines anderen ...

Irgendwann – keine der Frauen kann sagen, wann – war diese Zeit des Nicht-Mehr und Noch-Nicht vorbei. Die Ankunft in der Solo-Existenz war vollzogen – was natürlich nicht heißt, daß es nicht immer wieder Zweifel an dieser Lebensform gab und gibt. Aber mit der Zeit hat sich bei den meisten ein solches Einverständnis entwickelt, daß sie auf die Frage, ob sie gerne noch einmal in einer Beziehung leben würden, nur mit viel „wenn“ und „aber“, „vielleicht“ und „eigentlich“ antworten – und nur ganz selten mit einem einfachen „ja“. Und allen Phantasien über den Mann, mit dem ein neuer Versuch lohnend erscheint, folgt die Bemerkung: Aber so einen Mann gibt es nicht. Oder abgeschwächt: So ein Mann ist mir bisher nicht begegnet.

Selbstbewußtsein durch das Solo-Leben

Ein solcher Mann müßte „sich auseinandersetzen können, sensibel sein und sein eigenes Ding machen“, wie es eine meiner Gesprächspartnerinnen ausdrückt. Er müßte ein selbständiger, erwachsener Mensch sein – nicht mehr, aber auch nicht weniger. Daß dies keine geringen Anprüche sind, das wissen die Frauen, auch, daß sie vielleicht eine neue Beziehung verhindern. Aber sie beharren darauf – erst recht dann, wenn sie schon einmal ausprobiert haben, nicht zu sehr auf ihnen zu bestehen. „Wenn ich meinen Kaviar nicht bekomme, dann will ich nicht“ – eine saloppe Bemerkung, die aber die allgemeine Weigerung der Frauen, eine Beziehung um der Beziehung willen einzugehen, auf den Punkt bringt.

Die Ansprüche und der Mangel an geeigneten Männern sind aber nur die eine Seite. Auf der anderen stehen die Veränderungen, die Solo-Frauen an sich wahrnehmen, positive Veränderungen, wie die meisten finden. Durch das Alleinleben seien sie selbständiger und selbstbewußter geworden, erzählen die meisten, sie könnten besser Grenzen ziehen und müßten nicht mehr auf alles und jeden Rücksicht nehmen. „Ich bin einfach klarer, konsequenter, bestimmter geworden," meint eine meiner Gesprächspartnerinnen. Und eine andere: „Wenn ich irgendwann erwachsen geworden bin, dann in der Zeit als Solo-Frau." Der Erwerb dieser Fähigkeiten hat einige Mühe gekostet – schließlich sind Selbständigkeit und Selbstbewußtsein auch heute noch keine Ziele, die in der Mädchenerziehung an erster Stelle stehen. Weil ihnen diese Mühe bewußt ist und weil sie das Ergebnis positiv bewerten, sind Solo-Frauen aber nicht mehr bereit, sich zurückzunehmen. Sie wollen ein selbständiges Leben führen, wollen ihre Bedürfnisse und Vorlieben leben. Die tradierte weibliche Anpassungsbereitschaft haben sie hinter sich gelassen.

Vielleicht ist es dieses Selbstbewußtsein, das die Frauen offen über Leerstellen in ihrem Leben sprechen läßt: den Mangel an körperlicher Nähe, Zärtlichkeit, Erotik und Sexualität. Natürlich ist dieser Mangel nicht bei allen gleichermaßen vorhanden, natürlich wird er nicht von allen gleichermaßen erlebt. Aber die meisten, vor allem die jüngeren Frauen, sehnen sich manchmal heftig nach „Streicheleinheiten", nach Liebkosungen und Lust und Liebe. Einige haben zwar hin und wieder einen Bettgenossen für eine Nacht oder kennen einen guten Freund, der zu sporadischen „Liebesdiensten" bereit ist. Andere haben auch dann und wann einen Liebhaber, mit dem guter Sex, aber keine Beziehung möglich ist. Aber kaum eine ist mit dieser Praxis zufrieden – dazu sind solche Begegnungen einfach zu selten. Ein Weg, die Situation zu verändern, ist allerdings auch nicht in Sicht. In Sachen Erotik und Sexualität sind Solistinnen bisher wenig erfinderisch – und experimentierfreudig sind sie auch nicht. Hemmungen, die Angst vor schlechten Erfahrungen, die alttradierte weibliche Passivität, der Mangel an Gelegenheiten – all das vermischt sich zu einem Gestrüpp, in dem Solo-Frauen sich verfangen, das sie daran hindert, ihre Bedürfnisse auszuleben. Die meisten scheuen schon vor einem kleinen Experiment zurück.

Von wegen „Einsame Freiheit"

Nur: So sehr Sehnsucht und Lust manchmal auch drücken – lebensbestimmend sind sie bei keiner der Frauen, mit denen ich gesprochen habe. Es gibt diese Bedürfnisse, sie laufen mehr als einmal ins Leere – aber eine Beziehung eingehen, die den Ansprüchen nicht genügt, die „ein bißchen langweilig" ist oder sich „im Sexuellen erschöpft", das wollen meine Gesprächspartnerinnen erst recht nicht. In diesem Punkt sind sie sich einfach sicher.

Vergleicht man diese komplexen Lebens-Gebilde mit dem schlichten Muster, das die Medien entwerfen und das sie benutzen, um ihre Shows und Kampagnen in Gang zu setzen, zeigt sich ein Widerspruch auf der ganzen Linie. Solo-Frauen sind nicht auf Teufel komm 'raus auf eine neue Partnerschaft aus, und die Sehnsucht nach Lust und Zärtlichkeit ist auch nicht lebensbestimmend. Lebensbestimmend sind die Arbeit, sind die Freundschaften, sind diverse Interessensgebiete, sind manchmal auch die Kinder. Lebensbestimmend sind eine Vielzahl von Aktivitäten und Beziehungen, die sich zu einem Ganzen fügen. Daß in diesem Ganzen auch Schwachstellen existieren, wird kaum jemand bestreiten. Wer sich aber aufbläht zu einem drohend schwarzen Ballon, der das ganze Leben überschattet, der will offensichtlich schwarzmalen – und hat kein Interesse an genauer Beobachtung und Analyse.

Ein Blick auf den Psycho-Buch-Markt zeigt, daß auch dort mit viel schwarzer Farbe gearbeitet wird. Das beginnt manchmal schon mit einem Titel: „Einsame Freiheit" ist da ein Buch überschrieben, ein anderes verspricht „Wege aus der Einsamkeit". Natürlich geht es um Menschen, die ohne Partnerschaft leben, beim erstgenannten Titel geht es sogar ausschließlich um Frauen, die gleich in der Einleitung als „einsame Frauen" vorgestellt werden. Die schnelle Verleihung des Etiketts „einsam" – die übrigens an keiner Stelle reflektiert wird – hat die Funktion, Leserin und Leser auf die Hauptthese einzustimmen: Menschen ohne Partner (vor allem Frauen) sind einsam, weil sie kein ständiges Gegenüber haben. Daß auch Menschen mit einem ständigen Gegenüber einsam sein können, mehr noch: daß jeder Mensch ab und an einsam ist und dies möglicherweise als Spezifikum zur menschlichen Existenz dazugehört – das interessiert nicht. Es geht um die enge Verbindung von Alleinleben und Einsamkeit, die die Funktion zu haben scheint, Alleinlebenden praktisch alle Einsamkeit der Welt auf die Schultern zu laden. Und es geht um die enge Verbindung von Einsamkeit und Unbemanntheit – eine Verbindung, die von Kurzsichtigkeit zeugt oder von einer patriarchal konzentrierten Weltsicht, die in ihrer Unbefangenheit dann doch verblüfft.

Freundschaften wichtiger als der „Mann fürs Leben"

Daß der dreifachen Verknüpfung Hilfsangebote folgen, liegt auf der Hand. Und daß diese Hilfsangebote auf nichts anderes hinauslaufen, als Frauen „beziehungsfähig" zu machen, ihnen also letztlich zu einem Mann zu verhelfen – ist eine allzu logische Konsequenz.

Fatal ist die dreifache Verknüpfung, weil sie die Sicht auf die anderen Lebensbereiche versperrt, weil sie die Lebensfülle genausowenig wahrnimmt wie das Entwicklungspotential, das für Frauen im Alleinleben liegt.

Versperrt wird zum Beispiel die Sicht auf das Freundschafts-Netz, das sich alle Solistinnen geknüpft haben:

Ein Netz, das bei der Organisation des Alltags hilft, das intensiven Austausch und emotionalen Rückhalt gewährleistet und sich in guten und in schlechten Tagen bewährt. Es ist übrigens ein Netz aus Frauen-Freundschaften, nur hier und da nimmt ein Mann einen festen Platz darin ein. Auch Verwandte sind nur selten in dieses Netz eingebunden. Zwar gibt es hin und wieder einen Bruder oder eine Schwester, zu denen eine enge Bindung besteht, oder eine Tochter, mit der eine freundschaftliche Mutter-Tochter-Beziehung möglich ist. In der Regel treten aber Wahl-Beziehungen an die Stelle von Verwandtschafts-Beziehungen, eine Form von Gemeinschaft, die zunehmend an Bedeutung gewinnt und sich auch im Kontext anderer neuer Lebensformen häufig beobachten läßt. „Meine Freundinnen sind meine Familie," meint eine der Frauen. Und eine andere erklärt, die Bedeutung ihrer Freundschaften abwägend: „Meine Freundinnen sind das wichtigste in meinem Leben".

Partnerschaft: Schöne Randerscheinung

Versperrt wird auch die Sicht auf die Verankerung in der äußeren Welt, die den Frauen vor allem im Beruf, aber auch in der Politik und der Kunst gelingt. Die Kräfte und Fähigkeiten, die dort freigesetzt werden, und die Befriedigung, die ihr Einsatz bereitet – all das tritt in den Hintergrund, wenn das Leben „einsamer Frauen" auf ein erotisch-sexuelles Grundproblem reduziert wird. Hier feiert die alttradierte Auffassung vom „Weib" als einem Geschlechtswesen seine Wiederauferstehung, von dem wenig übrigbleibt, wenn es keinen Mann hat und seine Triebe nicht ausleben kann.

Versperrt wird schließlich auch die Sicht auf das alltägliche Beziehungschaos und das Zerbrechen tradierter Paar- und Familienstrukturen. Dieser Kontext gehört aber dazu, wenn man verstehen will, warum Solo-Frauen ein Leben führen, das nur die wenigsten direkt gewählt haben. Warum sie ein Lebens-Muster entwerfen, in dem eine Partnerschaft allenfalls zur schönen Randerscheinung wird. Und warum sie Ansprüche an einen potentiellen Partner entwickeln, die angesichts männlicher Veränderungs-Unlust keine großen Chancen haben, ein reales Gegenüber zu finden.

Wer allerdings von vornherein Allein-Leben mit Einsamkeit gleichsetzt und Einsamkeit als Störung (!) begreift, die therapiert werden muß, den interessieren all diese Zusammenhänge nicht. Der wird immer wieder versuchen, „einsamen Frauen" klarzumachen, daß sie nichts anderes als einen Mann brauchen. Es sieht allerdings so aus, als wären viele „einsame Frauen" nicht mehr bereit, sich auf diese alte Geschichte einzulassen.[2]

Kapitel 2

FRAUEN IN THERAPIE: ERFAHRUNGEN

Dörthe Binkert

Ein paar schlechte Eigenschaften sollten wir behalten

Chancen und Grenzen der Therapie

Ich bin therapiert. Nicht von A bis Z, aber von F (wie Freud) bis J (wie Jung), oder, wenn man Experimente miteinbezieht, von A (Atemtherapie) bis T (Tai-Chi). Die „Skin-Therapie", die eine bekannte Kosmetikfirma seit neuestem anbietet, habe ich allerdings doch noch nicht in Anspruch genommen. Dieser Reklamespot führt vielleicht die Therapiesucht, die Frauen nachgesagt wird, wirklich ad absurdum und beleuchtet gleichzeitig nicht nur die weibliche Eitelkeit, sondern auch den verzweifelten Wunsch, perfekt zu sein.

Therapie als Arbeit an der Vollkommenheit? Mit viel weniger Anspruch gefragt: Haben Psychoanalyse und Therapien meine Probleme gelöst? Ehe ich die Frage beantworten kann, höre ich die Therapeutinnen und Therapeuten im Chor rufen: „Wir haben dir nie einen Rosengarten versprochen!" Und ich gebe ihnen recht. Auch Diabetes kann man höchstens optimal medikamentös einstellen, sage ich mir, und so geht es wohl auch mit den Neurosen und tief in unserer Geschichte verwurzelten seelischen Problemen, die wir als schweren Rucksack mit uns herumschleppen oder auch im Handtäschchen kokett zur Schau stellen.

Um es in wenigen Worten vorweg zu nehmen: Die Therapien haben mir weitergeholfen und mich im Zusammenleben mit mir selbst und mit anderen bewußter gemacht. Mit jeder Therapie sind aber auch meine Zweifel an den einzelnen „Heilsversuchen" und der Psychotherapie und -analyse insgesamt gewachsen. Und es gab Phasen, wo sie mir das Selbstbewußtsein eher nahmen als zu ihm beizutragen. Böse ließe sich auch sagen: die Analyse und die Atemtherapie, das Malen, das Hörtraining und die Gruppentherapie habe ich ohne Schaden überstanden, weil ich neben allen seelischen Beeinträchtigungen doch über ein relatives stabiles Ich und eine „gesunde Robustheit" verfüge. Meine weibliche Neugier auf alles Unbekannte und die Sehnsucht, mehr zu erfahren über mich, die anderen und die Welt (siehe Eva und den Apfel), sind mir jedenfalls nicht dabei abhanden gekommen. Und ich habe in den Zeiten der Therapie viel gelernt: über die Therapien, über die Therapeuten und über die Möglichkeiten, mir selber auf die Spur zu kommen – übrigens auch, vor mir davonzulaufen.

Tief bohren, bei der frühen Kindheit anfangen

Meine Therapie-Laufbahn begann mit einer Freudschen Analyse. Dafür gab es zwei Gründe: Einen Freund, der, als wir uns kannten, gerade Freudscher Analytiker wurde und an dessen Gedanken und Werdegang ich lebhaften Anteil genommen hatte – ich las damals Freud und so manches darum herum und wir „besprachen" dann unser Leben und das Gelesene. Von daher lag mir der Gedanke, eine Analyse zu machen, nahe, obwohl diese Freundschaft Jahre zurücklag.

Zum anderen bin ich ein gründlicher Mensch, und ich dachte mir, ich gehe gleich mit schwerem Werkzeug an mich heran: tief bohren, bei der frühen Kindheit anfangen und keine oberflächlichen Pflaster auf Wunden, die ausführlicher Behandlung und Reinigung bedürfen. (Ich war überzeugt, schwer „krank" zu sein.) Der Grund dafür, daß ich überhaupt professionelle Hilfe suchen wollte, war die Tatsache, daß ich mich mit knapp dreißig Jahren von einem Ehemann trennte, dem ich nichts vorzuwerfen hatte. Warum war ich fortgelaufen? Warum war mir die Vorstellung, fünfzig Jahre so weiterzuleben, wie wir es uns eingerichtet hatten, so furchtbar? Warum hinderte ich meinen Mann an seiner Entfaltung, während ich im Studium und dann im Beruf Schritt für Schritt vorwärts ging? Die Tatsache dieses Ungleichgewichts war unübersehbar, auch wenn ich schwach und anhänglich zu sein schien, immer mehr Angst bekam, Auto zu fahren und die direkte Unterstützung meines Mannes – sprich seine Einmischung – in beruflichen Konflikten brauchte. Ich war nichts ohne ihn, und doch war ich es, die schuld daran war, daß er nicht vorwärts kam.

Wir hatten den Versuch einer Paargesprächstherapie unternommen, bei einer Therapeutin, die Freunde uns empfohlen hatten, weil sie selbst zu ihr gingen. Die eigentlichen Probleme wurden nicht angesprochen – wir, mein Mann und ich, genierten uns und wollten beide einen guten Eindruck machen, die Therapeutin war freundlich. Eine andere Erinnerung habe ich an sie nicht mehr. Nach einigen Monaten brachen wir die Übung, die von allen gutgemeint gewesen war, ab. Freundlich und hilflos war jeder mit seinen unausgesprochenen Fragen alleingeblieben.

Der Analytiker, den ich zum ersten Gespräch aufsuchte, war jung und sympatisch. Und er hatte was von dem bewußten Freund, der Analytiker geworden war. Das fühlte sich vertraut an, und ich wußte: hier will ich bleiben. Der Analytiker meinte zwar, ich benötigte keine Analyse. Ich hingegen war überzeugt, daß ich – mindestens! – eine Analyse brauchte, um mit mir fertigzuwerden. Ich war doch offensichtlich ein Monster, das einfach andere Menschen im Stich ließ! Der Analytiker sah das nur nicht gleich, weil ich freundlich und sanft wirkte.

Daß ich im Laufe der Analyse meine Ängste, zu verlassen und verlassen zu werden, kennenlernte – in Auseinandersetzung mit den Elternfiguren – war einer der großen, wichtigen und guten Schritte in meinem Leben. Der Aufwand, der damit verbunden war, beträchtlich.

Heute frage ich mich, ob er nicht zu beträchtlich war. Dreimal die Woche bin ich in Analyse gegangen, mehr als 300 Stunden habe ich auf der Couch gelegen und aus eigener Tasche gezahlt: ein kleines Vermögen. Ich habe manches begriffen durch die Analyse, aber auch so manches wiederholt, was Freud in seiner Lehre vom Wiederholungszwang nicht thematisiert, da es einer Kritik des psychoanalytischen Settings – der Regeln, nach denen eine Analyse abläuft – gleichkommt.

Den undurchdringlichen Gott meiner Kindheit fand ich wieder: Unsichtbar saß er hinter mir und schwieg. Ich weinte vor mich hin, ich bat um eine Deutung, ich brauchte ein warmes Verstehen. Der Vatergott hörte, aber er sagte nichts, er nahm auf (sehr geduldig wahrscheinlich), aber handelte nicht. Ich sollte ja deuten, ich sollte ja handeln. Aber konnte ich das, im altvertrauten Rahmen der weiblichen Sozialisation, der hier weitergeführt wurde?

Das Abbild des Herrgotts, die religiöse Phase meiner frühen Pubertät wurden erneuert, das „hm, hm" des Analytikers zum Absolutum, dessen Deutung ich betrieb wie die Deutung des Orakels von Delphi. Was wollte er mir mit diesem „hm" sagen? Wie ging es *ihm,* wie fühlte *er* sich? Sein „hm" ließ mich mit der Zeit tief blicken und ich behaupte hier einmal, daß ich es tatsächlich virtuos in seinen vielfach möglichen Bedeutungen zu differenzieren wußte. Währenddessen lag ich auf dem Rücken, und dies war auch die erste Assoziation, die ich in der ersten Stunde hatte: Ich fühlte mich wie Kafkas Gregor Samsa, der eines Morgens im Bett aufwacht und merkt, daß er sich in einen großen Käfer verwandelt hat. Da liegt er, kommt nicht mehr auf die Füße, die Käferbeine hilflos in die Luft gestreckt. Wahrscheinlich kein angenehmes Gefühl.

Endlich dem Analytiker-Vater-Gott in die Augen sehen

Als ich schwanger wurde, endete die Analyse unfriedlich, in Disharmonie. Ich hatte das Glück, nach anfänglich durchaus ambivalenten Gefühlen meiner Schwangerschaft gegenüber, diese Zeit als ausgesprochen euphorisch zu erleben. Ob das die Schwangerschaftshormone waren oder schlicht die Freude auf das Kind, das mein Freund und ich uns gewünscht hatten, weiß ich nicht. Mein Bauch jedenfalls machte mich stolz und froh, Beschwerden hatte ich keine, und im Job schien mich nichts mehr aufzuregen – ich war die Gelassenheit selbst. Ich empfand die Tatsache, daß ein Kind in mir heranwuchs, als eine Kraft, die auf mich und meine Psyche überging. Kurz: ich fühlte mich groß und stark und gleichzeitig verbunden mit meinen eigenen, unverfälschten kindlichen Gefühlen. Die Folge davon war, daß ich – ja, das klingt vielleicht ganz lächerlich – in der Analyse fortan sitzen wollte. Ich wollte mich erheben von der Couch, auf der ich wie Gregor Samsa gelegen hatte. Ich wollte die Beine baumeln lassen oder sie übereinanderschlagen, ich wollte sie mit beiden Füßen auf den Boden aufsetzen. Ich spürte mich erwachsen werden, ich traute mir zu, dem Analytiker-Vater-Gott in die Augen zu sehen, seinen Blick auszuhalten und ihm standzuhalten. Ich wollte nun diesem Therapeuten ganz einfach gegenübersitzen, auf einer Ebene mit ihm sein. Daran scheiterte die Analyse. Er bestand darauf, daß ich liegen blieb. Das sei das besprochene und abgemachte Setting und könne nicht plötzlich umgestoßen werden. Als ich dennoch sitzen wollte, und wir nach vier Wochen noch keine Einigung erzielt hatten, beendete ich die Analyse.

Meine Schwäche und Hilflosigkeit wohl, aber mein Selbstbewußtsein hielt das Setting nicht aus. Natürlich war ich nicht „durchanalysiert", waren meine Probleme, wie sie sich in Beziehungen konstellierten, nicht gelöst, fand der Analytiker meine Entscheidung falsch. Für mich war sie richtig, bis heute. Nur geheilt von der Heilslehre war ich nicht. Der Vater meines Kindes war nämlich auch ein Psychoanalytiker beziehungsweise wurde es, nur von einer anderen Richtung. Ich begeisterte mich nun für Jung, und als Konflikte in der Beziehung auftraten, suchte ich einen Jungschen Analytiker auf, den mein Freund mir empfohlen hatte. (Ein gewisser Wiederholungszwang, der der müdesten Leserin auffallen dürfte.) Ich ging nun einmal die Woche in Analyse, der Analytiker sagte mir, ich brauche keine Therapie, aber ich war, wie schon einmal, überzeugt, bei mir könne vieles nicht stimmen – denn sonst müßte ja meine Beziehung besser und mein Freund glücklicher mit mir sein. Hier nun muß ich den positiven Möglichkeiten, die in einer Analyse oder Gesprächstherapie liegen können, ein Kränzchen winden.

Träumen nach Freud – träumen nach Jung

Die Erfahrungen, die ich in dieser zweiten Behandlung machte, waren uneingeschränkt positiv. Sie stärkten mir den Rücken und den Realitätssinn, sie lenkten mich zurück auf den Boden der Tatsachen, der inneren, aber auch der äußeren Realitäten. Mein Gegenüber war kein orthodoxes analytisches Gegenüber, eher eines, das sich ohne lautstarken Protest langsam aber sicher aus dem gesteckten Rahmen wegbewegte und seine eigene Art der Behandlung fand. Ich saß nicht nur, ich konnte auch mit meinem Therapeuten eine Runde machen, weil beim Laufen die Gedanken besser fließen. Schließlich meinte mein Analytiker, ich brauche ihn nun wirklich nicht mehr, und diesmal wollte ich mir vier Wochen einräumen, um Abschied zu nehmen.

Verwirrt hat mich in dieser Zeit nicht das Setting, der äußere Rahmen der Therapie, und nicht der Therapeut, sondern mein Unbewußtes: Hatte ich in der Freudschen Analyse alle klassischen Träume produziert, die meinen Elektra-Komplex und so weiter und so fort bewiesen, träumte ich nun archetypisch, daß es für Jung eine Freude gewesen wäre. – Ich hatte mich einmal mehr ganz unbewußt an die Therapieform angepaßt und produziert, was sie bestätigte. Es war ein Glücksfall, daß ich dieses Mal einen Therapeuten gefunden hatte, der *mich* dabei nicht aus den Augen verlor.

Daß die Sprache sich zum Lügen trefflich eignet, hatte ich in der Freudschen Analyse gelernt, denn über meine tiefsten und schamvollsten Gefühle hatte ich 300 Stunden lang zum größten Teil hinweggeredet, und nicht alle Assoziationen hatte ich ausgesprochen oder auch nur aufsteigen lassen. In der Jungschen Analyse lernte ich, daß auch unsere Träume „lügen" beziehungsweise daß sie sich anpassen können an das, was wir für erstrebenswert halten oder was uns förderlich scheint, die Zuneigung des Therapeuten (oder der Therapeutin) zu gewinnen.

Natürlich könnte man oder frau sagen, ich sei halt ganz besonders auf die Zuneigung meines Therapeuten angewiesen gewesen. Das ist richtig. Das war tatsächlich ein Teil meines Problems, daß ich eine so unendliche Sehnsucht danach hatte, geliebt zu werden. Nur, haben nicht ganz viele Menschen gerade dieses Problem, die eine Therapie aufsuchen? Ich bin mir sicher, hier kein Einzelfall zu sein. Immerhin war ich, als die Beziehung mit meinem Freund auseinanderging, stark und selbstbewußt genug, um nicht an dem Satz zu zerbrechen, den der Lehranalytiker meines Freundes, den wir als schlichtenden Dritten aufgesucht hatten, mir mit auf den Weg gab: „Denken Sie daran: Wenn Sie sich von Ihrem Freund trennen, wird ihr sehr sensibles Kind schizophren. Es wird nicht in der Lage sein, die Trennung der Eltern zu verkraften und, da es an beide Elternteile sehr gebunden ist, nur mit einer Persönlichkeitsspaltung reagieren können."

Hinweise für den „Weg zur Vollkommenheit"

Diese ungeheuerliche Hypothek, die ein renommierter und erfahrener Therapeut mir hier auf den Rücken laden wollte, konnte ich diesem Mann zwar nicht augenblicklich vor die Füße werfen – dazu war ich zu erschlagen und geschlagen; aber ich war mir doch meiner selbst nun sicher genug, um die böse Prophezeiung nicht auf mich zu nehmen, sondern sie den Problemen dieses Analytikers, die er mit Trennungen oder mit selbständigen Frauen haben mochte, zuzuschreiben.

Ich möchte aus meiner eigenen Therapiegeschichte einige Schlußfolgerungen ableiten, die mir über das rein Persönliche hinauszugehen scheinen, und die ich allen Frauen zu bedenken geben möchte, die mit dem Gedanken spielen, eine Therapie oder Analyse anzufangen oder die sich schon auf den „Weg zur Vollkommenheit“ begeben haben.

1. Es fällt auf, wie sehr meine Entscheidung für die jeweils gewählte Therapieform durch Männer bestimmt worden ist. Jener Freund, der gerade im Begriff war, ein zweiter Freud zu werden, als ich mit ihm zusammen war, war noch Jahre später ausschlaggebender für meinen Wunsch, eine Freudsche Analyse zu machen, als das imponierende Werk Freuds selbst. Oder: Ich betrachtete die Theorie Freuds damals ganz mit den Augen des Freundes und Mannes, während ich heute, wenn ich meinen eigenen Gefühlen und Einsichten folge, große Teile der Freudschen Theorie ablehne (gerade was die Erklärung der weiblichen Psyche und das psychoanalytische Setting betrifft).

Ich traute den Überzeugungen und Ansichten der Männer, denen ich mich „angeschlossen“ hatte, mehr als mir selbst und meinen Bedürfnissen.

Ganz sicher hätte mir eine körperbezogene Therapie, kopflastig und intellektuell wie ich nun einmal bin, besser getan. Ich habe später mit einigen Stunden Atemtherapie sehr gute Erfahrungen gemacht. Zu fühlen, daß ich bin, daß ich über den Atem mit der Welt und mit meinem Körper gleichzeitig verbunden bin; zu fühlen, daß ich oft den Atem anhalte – aus Angst, aus Unsicherheit, unter Spannung – und daß ich ihn wieder fließen lassen, über die „Stockpunkte“ hinauskommen kann, ist hilfreich und wohltuend und genügt oft, um ein kleineres Problem aufzulösen, ohne daß ich viel nachanalysieren müßte.

Folgerung:

Frauen neigen aufgrund ihres Bedürfnisses, in Beziehung zu sein (und oft: sich in Beziehungen anzupassen oder gar sich aufzugeben) dazu, sich für etwas zu entscheiden, was auch der Partner gutheißen kann. Auch dann, wenn sie etwas für sich selber tun wollen – wie etwa eine Therapie anzufangen. Sie meinen, damit das eigene Bedürfnis und das des anderen unter einen Hut bringen zu können, so daß ihnen die Zuneigung des Mannes (oder auch der weiblichen Partnerin) erhalten bleibt, auch wenn sie nun etwas für sich „allein“ beanspruchen.

Vertrauen auf das eigene Gefühl

Aber eine Therapie kann weitreichende Konsequenzen haben. Es lohnt sich, sich zuerst einige Fragen zu beantworten:

Was ist mein Problem? Ist es überhaupt mein Problem? Oder finde ich, daß mein Partner ein Problem hat, das er lösen sollte? Oder geht es um ein äußeres Problem, das weniger durch Selbsttherapie, denn durch Handeln gelöst werden muß (das kann zum Beispiel bei Arbeitsbedingungen der Fall sein, die krank machen. Sie werden praktisch nie in tiefenpsychologischen Therapien angesprochen, wo es um die innerseelische Entwicklung der Persönlichkeit geht). Es ist oft schwer, in einer Krise oder in einem Konflikt zu wissen, um welches Problem es eigentlich geht und zu wem es denn gehört. Dann sollte eine Frau immerhin skeptisch oder zumindest vorsichtig und abwägend sein, wenn andere ihr eine bestimmte Therapie vorschlagen.

Entspricht die vorgeschlagene Therapie wirklich meinen Bedürfnissen? Was brauche ich jetzt? Daß ich mehr von meinem Körper spüre, der mir abhanden gekommen ist? Oder will ich eine Situation klären, beleuchten, analysieren, weil ich ein Durcheinander im Kopf habe und selbst nicht mehr weiß, was ich brauche (so daß ich vielleicht ein Gespräch mit einem Dritten suche)?

Auf jeden Fall lohnt sich beides: das Vertrauen auf das eigene Gefühl und das Einholen von Vorinformationen. Welches Wertesystem, welches Menschenbild steht hinter einer Therapieform? Zu welchem Ziel will mich die jeweilige Therapie hinführen, zu was will sie mich schlußendlich machen? Verschiedene Therapieführer geben erste Einblicke in die Ziele und Methoden einzelner Therapien. Aber Achtung: Menschenbild und Wertesystem scheinen bei vielen Therapien gar nicht bewußt umschrieben, und es ist zum Teil sehr schwierig, herauszubekommen, welches Bild – zum Beispiel vom Wesen der Frau – hinter den einzelnen Methoden steht. Das heißt, daß es ein langer Weg sein kann, bis die richtige Therapie und die richtige Therapeutin (Therapeut) gefunden sind. Es braucht Stärke und ein gut Teil Selbstbewußtsein und Selbstvertrauen, auch Verbundenheit mit den eigenen Bedürfnissen, um diesen Weg erfolgreich zu beschreiten. Darin liegt für mich ein Paradox: Um die für mich richtige Therapie, die richtigen Therapeuten zu finden (wie schwer ist es, einem Menschen, bei dem man Hilfe sucht, zu sagen „Sie sind nicht die/der Richtige für mich“!) muß ich eigentlich schon die Stärke und Selbstsicherheit mitbringen, die ich in der Therapie doch erst erwerben will – die ich ja gerade nicht habe (sonst brauche ich eigentlich keine Therapie).

Das Phänomen der weiblichen Schuldgefühle

2. Wenn ich auf meine Therapiegeschichte zurückschaue, wird mir deutlich, daß ich immer davon ausgegangen bin, daß ich schuld daran war, wenn die Beziehung zu einem Mann nicht so glücklich verlief, wie ich es mir oder dem anderen gewünscht hätte. Ich bestand sozusagen darauf, die ganze Schuld auf mich zu nehmen, die ganze Verantwortung für die aufgetretenen Koflikte zu tragen. Meine Analytiker sind mir in diesem Punkt nicht gefolgt: Beide waren der Ansicht, ich bedürfe keiner Therapie, ich sei, entgegen meinen Äußerungen, wie ich mich selber sah, „normal“. Trotzdem bestand ich auf der „Schuld“.

Auch das scheint mir typisch für Frauen. Manchmal mag es genügen, sich mit den eigenen Schuldgefühlen lesenderweise auseinanderzusetzen, anstatt gleich in Therapie zu gehen, um sich klar zu machen, daß weibliche Schuldgefühle im Laufe der Erziehung und Sozialisation erworben werden und daß Frauen sie deshalb auch wieder ablegen können. (Natürlich gibt es berechtigte Schuldgefühle, wenn wir etwas wirklich Unrechtes getan haben. Doch sind die diffusen Schuldgefühle, die wir nicht recht durchschauen, deren Herkunft wir nicht verstehen, die uns quälen, weil sie „grundsätzlich" zu sein scheinen, meist nicht auf unsere „bösen Taten" zurückzuführen, sondern auf etwas, was uns auferlegt wurde durch die Familiengeschichte oder die Sozialisation zur Frau.)

Die typisch weiblichen Schuldgefühle werden leider oft in Therapien eher untermauert als hinterfragt. Eine Freundin, deren Ehemann seit einem Jahr eine feste Freundin hat, die ihn sexuell stark anzieht (er ist auch vorher immer wieder andere sexuelle Beziehungen eingegangen mit dem Hinweis, er „könne nicht anders", aber er liebe seine Frau), hält die Situation nicht mehr aus. Sie drängt auf eine Entscheidung: Fortführung der Ehe – ohne die Freundin – oder Trennung. Ihr Mann hat aber das Gefühl, beide Frauen zu brauchen. Letzter Versuch: eine Paartherapie. Der Paartherapeut (ein Mann) läßt sich die Situation erklären und schlägt vor, die Ehefrau solle die Menage à trois akzeptieren und versuchen, für ihren Mann wieder sexuell attraktiv zu werden (aufreizendere Kleidung, Diner bei Kerzenschein). Im Klartext: Die Frau ist eben schuld, daß der Mann sie nicht mehr begehrt und muß was an sich ändern, um den Mann wiederzugewinnen. Diese – übrigens auch körperlich sehr attraktive Frau – war selbstbewußt genug, zu entgegnen, daß sie wisse, daß sie gut aussehe und daß sie nicht im Sinn habe, die sexuellen Probleme, die in ihrer Ehe bestünden, ganz allein auf sich zu nehmen. Mich erinnert dieser „Therapievorschlag" an die amerikanischen Sex-Ratschläge aus den Fünfzigern und Sechzigern, wonach die Haus- und Ehefrau, um für ihren Liebsten attraktiver zu werden, ihren Mann im baby-doll an der Haustür begrüßen sollte, um ihm Appetit zu machen.

Es gibt kein Leben ohne Ängste

3. Es scheint mir ganz wichtig, von der Therapie nicht zuviel zu erwarten. Die Therapie kann hilfreich sein, den wirklichen, oft hinter den vordergründigen Konflikten verborgenen Problemen auf die Spur zu kommen. Und sie kann helfen, damit besser umzugehen und einen langsamen Wandlungsprozeß einzuleiten. Trotzdem: Wir bleiben die, die wir sind, auch wenn es uns gelingt, uns zu ändern. Gewisse Grundstrukturen, Ängste, Reaktionen bleiben uns, auch wenn wir sie kennen und zu meistern lernen. Meine Existenzängste sind schwächer geworden, ich träume nicht mehr am Ende jeden Urlaubs, daß ich, wenn ich heimkomme, die Kündigung auf dem Tisch finde und dann mich und meinen kleinen Sohn schlicht nicht mehr ernähren kann – aber sie können wieder auftauchen, sie können

durch bestimmte Situationen aktiviert werden. Dann wende ich eine Beruhigungsstrategie an, die ich – zum Beispiel in der Atemtherapie – gelernt habe.

Frauen neigen dazu, von der Therapie, von der Therapeutin oder dem Therapeuten „alles" zu erwarten. Ich wollte eine Analyse machen, weil mir das „gründlich" erschien. Ich wollte nun alle Probleme am Schopf packen und ausräumen – ich wollte perfekt, vollkommen werden (um endlich einen Mann ganz und gar beglücken zu können).

Aber es gibt kein Leben ganz ohne Schuld- und Schamgefühle, ganz ohne Ängste. Und es gibt auch keine Persönlichkeit ohne schlechte Eigenschaften. Ein paar schlechte Eigenschaften oder Angewohnheiten bleiben uns – Gottseidank – auch nach der Therapie noch erhalten. Es gibt Grenzen der Therapierbarkeit und auch Grenzen der wünschbaren „Heilung". Der absolut gesunde Mensch, die ganz und gar und immer nur gute, perfekte Frau sind doch auch Horrorvisionen – lieben wir am anderen nicht gerade seine kleinen Schwächen? Selten erwärmt uns die unverletzliche Stärke eines Menschen.

Der Therapeut wird zum Märchenprinzen

Viele Frauen (ich selbst gehörte dazu) übertragen ihre Phantasie vom Märchenprinzen – daß einer kommt, der uns aus dem Dornröschenschloß oder dem Schneewittchensarg erlöst und errettet – auf die Therapie. Der Therapeut wird zum Märchenprinzen, auf den nun alle Hoffnungen übertragen werden, nachdem der erste Prinz „versagt" hat. Diese Gefahr, die Neigung den anderen zu idealisieren, damit ihm die „Rettungsaufgabe" überwiesen werden kann (dieser andere kann auch eine Therapeutin sein), die Angst vor Konflikten, die Angst, die Zuneigung zu verlieren, wenn die Frau sich in der Rolle der Therapierten nicht anpaßt, die „Heilshoffnung", bereiten einen guten Boden für die Gefahr, in der Therapie mißbraucht zu werden.

Damit meine ich nicht nur die Gefahr einer sexuellen Ausbeutung in der Therapie, obwohl sie natürlich angesprochen werden muß bei Zahlen, die davon ausgehen, daß jeder zehnte Therapeut (Therapeutinnen inbegriffen) sich mehr als nur einmal mißbräuchlich verhält. Ich meine auch die Gefahr der seelischen Ausbeutung zur Stützung unbewußter narzißtischer Bedürfnisse der Therapeuten und Therapeutinnen. Denn was Freud als „Gegenübertragung" erkannt und beschrieben hat – daß die Therapeuten oder Therapeutinnen eigene Gefühle und ungelöste Probleme unbewußt auf ihre Analysanden oder Klienten und Klientinnen übertragen – wird oft nicht „vorschriftsgemäß" erkannt und wieder aufgelöst. Die meisten Therapeuten gehen nicht in Supervision. Das heißt, sie besprechen ihrerseits kaum in den Therapien anfallende Probleme, die mit ihnen selbst zusammenhängen, mit erfahrenen Kollegen, um sich über ihre eigenen unbewußten Reaktionen klarzuwerden.

4. Ein ganz eigenes Kapitel scheint mir das Problem des Therapieabbruchs wert zu sein. Hier nur der Hinweis auf den Abbruch meiner ersten Analyse. Frauen, die ja an Beziehungen hängen und viel tun, um sie aufrecht zu erhalten (eine sehr positive Eigenschaft) haben große Probleme, eine Therapie abzubrechen (siehe Schuldgefühle), wenn sie festgestellt haben, daß entweder die Art der Therapie oder der Mensch, mit dem sie arbeiten, ihnen nicht liegt. Frauen sollten sich dieser spezifisch weiblichen Schwierigkeit bewußt sein. Oftmals ist es wirklich besser und richtig, abzubrechen, auch wenn der Therapeut oder die Therapeutin dazu sagen: ganz typische Reaktion, dieser Widerstand, hier äußern sich die Wut auf die Mutter, den Vater oder wen auch immer aus der frühen Kindheit. Therapeut oder Therapeutin können sich schlicht irren! Auch die Halbgötter und -göttinnen ohne weißen Kittel und ohne Supervision sind nur Menschen!

5. Nur zu einer Frau in Therapie? Es wird den Leserinnen aufgefallen sein, daß ich zweimal Therapeuten beziehungsweise Analytiker aufgesucht habe, und manchen mag die Frage auf der Zunge gelegen haben, ob es nicht grundsätzlich besser sei, als Frau nur zu einer Therapeutin zu gehen. Dieser Vorschlag wird immer wieder gemacht, ich bin aber der Ansicht, daß sich die hier angesprochenen Probleme nicht automatisch dadurch lösen, daß eine (feministische) Therapeutin oder Analytikerin gewählt wird. Ich selbst hätte in den Jahren, in denen ich Hilfe bei einer Therapie suchte, nie Vertrauen zu einer Analytikerin gehabt, ganz einfach deshalb, weil meine Beziehung zu meiner Mutter so ambivalent war, daß ich mich keiner Therapeutin-Mutter hätte öffnen können. Die Entscheidung, zu einem Mann in Therapie zu gehen, war für mich zum damaligen Zeitpunkt richtig, auch wenn ich meinen Vater (und damit wohl auch den Analytiker) sicher lange Zeit idealisiert habe. Für andere kommt vielleicht nur eine Frau als Therapeutin in Frage – ich finde es falsch, aus dieser Entscheidung eine grundsätzliche Frage zu machen: sie muß ganz individuell beantwortet werden. Ist die Analytikerin selbst in einer ambivalenten oder negativen Mutter-Tochter-Beziehung großgeworden, so kann es in der Analyse auch von seiten der Therapeutin zu Gegenübertragungen kommen, die die Analysandin zutiefst verunsichern und mühsam erworbenes Selbstbewußtsein zerstören kann.

Die „Spielregeln der Therapie" überprüfen

Eine Frau wird zum Beispiel von ihrer Analytikerin beschuldigt, sie habe sie telefonisch – und ohne den Namen zu nennen – mit dem Tod bedroht. Die Analysandin streitet dies ab, weil sie es nicht getan hat. Die Analytikerin besteht darauf, daß sie es gewesen sei. Sie hasse ihre Mutter und habe diesen Haß – verständlicherweise – auf die Analytikerin übertragen. Sie müßten diesen Sachverhalt – und den Widerstand der Analysandin, den Anruf zuzugeben oder zu erinnern – besprechen. Die Analysandin bricht die Analyse nach einem weiteren Gespräch, in dem sie umsonst beteuert, nicht die Anruferin gewesen zu sein, ab. Trotzdem macht ihr der Vorwurf lange schwer zu schaffen. Nach Jahren erhält sie einen Brief, in dem die Analytikerin sich bei ihr entschuldigt: sie habe jetzt herausgefunden, wer damals bei ihr angerufen habe. Leider habe sie damals selber Probleme mit sich gehabt.

Auch hier, wie in der oben wiedergegebenen Szene einer Paartherapie, war die therapierte Frau bereits stark genug, auf sich selbst zu vertrauen. Aber welche Frau, die Hilfe braucht, die wirklich therapiebedürftig ist, kann in einem solchen Moment die Kraft aufbringen, der Therapeutin oder dem Therapeuten zu widerstehen, Widerwort zu geben und notfalls die Konsequenzen zu ziehen?

6. Nachdenken über das Setting. Bevor Frauen eine Therapie anfangen, sollten sie auch darüber nachdenken, ob ihnen die Regeln, nach denen die gewählte Therapie abläuft, auch zusagen: das Liegen auf der Couch, die Zweiersituation in der Gesprächstherapie, die vielleicht einschüchternde, in ihren Reaktionen nicht absehbare und kontrollierbare Gruppe, in der die einzelnen Gruppenmitglieder nicht unbedingt therapeutisch-vorsichtig mit den andern umgehen, sondern die ungeschminkte Meinung, aber auch die Probleme und damit Übertragungen der einzelnen Gruppenmitglieder zu verkraften sind. In vielen körperbezogenen Therapien wird der Körper, wie der Name schon sagt, berührt. Dies mag im Moment genau richtig, vielleicht aber auch gerade falsch sein. Worte können vieles klarstellen und Deutung liefern, es kann aber auch jedes Wort zuviel sein, so daß statt einer verbal ausgerichteten Therapie zum Beispiel lieber zu einer Maltherapie gegriffen werden sollte, wo die inneren Bilder und Ängste erst einmal sprachlos artikuliert und dargestellt werden können. Ich selbst habe damit gute Erfahrungen gemacht und war überrascht festzustellen, wie viel Gestaltungslust und Kreativität in mir steckt; etwas, was mir in der Analyse und in der Gesprächstherapie überhaupt nicht zu Bewußtsein gekommen ist. Manche Frauen ertragen vielleicht zunächst nur den stillen Zuhörer oder die stille Zuhörerin, die sich selbst ganz zurückhält, andere suchen die beteiligte und sogar Stellung beziehende Therapeutin, die ihre eigene Person nicht verbirgt. Jede Frau sollte sich schon vor Beginn einer Therapie auch mit deren „Spielregeln" befassen. Manche spätere Verletzung kann dadurch vermieden werden.

Muß es immer eine Therapie sein?

Nicht immer aber, das ist meine ganz persönliche Meinung, ist eine Therapie nötig, auch wenn wir das (siehe mein eigenes Beispiel) meinen. Manchmal hilft frau sich am besten selbst. Durch Achten auf die eigenen Gefühle, durch Nachdenken, durch ehrlichen Umgang mit der eigenen

Person, durch Lesen, durch Gespräche mit Freundinnen, durch die Suche nach weiblichen Vorbildern. Harriet Goldhor Lerner macht darauf aufmerksam, wie wichtig und fruchtbar es sein kann, sich mit dem Familienstammbaum zu beschäftigen (dies geht auch ohne Therapie). Die Auseinandersetzung mit den Frauen der eigenen Herkunftsfamilie, mit Müttern, Großmüttern, Schwestern, Tanten und deren Geschichte beleuchtet viel von unserem eigenen Verhalten. Fangen wir doch an zu fragen: Wie war das eigentlich, als du mich bekamst, als Großmutter so früh an Krebs erkrankte, als Tante Anna aus der Familie verstoßen wurde ...

Wenn die eigene Mutter schlecht erlebt wurde – vielleicht gab es eine Ersatzmutter? Vielleicht gerät der Vater im Rahmen seiner Familiengeschichte zu einer ganz anderen Figur, als wir immer vor Augen hatten?

Es gibt auch ein Zuviel an Nabelschau

Manchmal hilft auch die Frage: Wie wollte ich als Kind eigentlich werden? Was sah ich vor mir, wenn ich mir vorstellte, erwachsen zu sein? Ich zum Beispiel wollte Philosoph werden (ich konnte mir das nur männlich vorstellen). Ich wollte die Welt betrachten, anschauen und ergründen. Als verheiratete Frau und Hausfrau sah ich mich überhaupt nicht. Erst nach der Pubertät gab ich an, ich wolle heiraten und Kinder haben. Vielleicht entdecken wir, wie wir uns selbst gemäß leben wollen, bei einem Blick auf die Gedanken- und Gefühlswelt unserer Kindertage.

Das, was Frauen in die Therapie treibt, sind positive, lebendige Eigenschaften: die Fähigkeit, ehrlich mit sich zu sein, die Bereitschaft sich zu ändern und Veränderungen zu suchen oder zu akzeptieren, die Neugier auf sich selbst und die anderen, das Interesse an inneren Entwicklungen, die Notwendigkeit, Gefühle zu leben und auszudrücken. Doch oft lassen sich diese Eigenschaften für die eigene Person nutzen, ohne eine Therapie zu machen. Es gibt auch ein Zuviel an Nabelschau. Ebenso wichtig ist es, Solidarität zu anderen Frauen zu entwickeln, Freundschaften zu pflegen (in denen auch Probleme Platz haben und in denen nicht nur das Sonntagsgesicht gezeigt wird) oder ein politisches Engagement einzugehen.

Und zum Schluß: Was mich selbst betrifft: Ich gehe nicht mehr in Therapie. Trotzdem sind die Zeiten der Therapie nicht überflüssig, wenn vielleicht auch zu lang gewesen. Mein Kind ist nicht schizophren geworden, obwohl ich mich getrennt habe. Mein Beruf beansprucht mich, aber ich genieße es, wenn ich daneben – zum Beispiel diesen Artikel – schreiben kann. Und ich lebe in einer glücklichen Beziehung. Hier und da ist es schwer, alles unter einen Hut zu bringen. Ich bin nicht perfekt, und meine Neurosen machen, daß ich manchmal unausstehlich bin. Und daran ist nicht nur der Vollmond schuld.

Christa Damkowski

„Ich schaffe es allein"

Aus eigener Kraft Krisen bewältigen

Wir kennen die Gründe, die Frauen veranlassen, therapeutische Hilfe in Anspruch zu nehmen: Beziehungs- und Partnerschaftsprobleme, allgemeine Überforderung, Drogen-, Tabletten- und Alkoholprobleme, Schwierigkeiten am Arbeitsplatz, Depressionen, Ängste oder körperliche Krankheiten, für die sich keine organischen Befunde feststellen lassen. Weniger bekannt ist der ganz banale Alltagsstreß, der in vielen Partnerschaften bei jedem Streit in der Diagnose des Stärkeren gipfelt: „Du tickst ja nicht richtig", „Du gehörst doch in die Klapsmühle", „Du hast doch wohl nicht mehr alle Tassen im Schrank". Je öfter frau diese Standardsätze hört – vor allem in Verbindung mit dem Vorwurf: „Was willst Du eigentlich, Du hast doch alles", – umso eher ist sie geneigt, die Schuld für jeden Frust bei sich selbst zu suchen. Ihr Mann hat recht, sie ist unausstehlich, sie braucht eine Therapie.

Therapie – die Zauberformel: vielversprechend, geheimnisvoll, allmächtig. Frau weiß nicht mehr weiter, die Probleme wachsen ihr über den Kopf. Die Wohnung ist zu eng, die Kinder zu laut, die Nachbarn empfindlich, der Mann selbstgerecht und launisch. Die Freundin hat keine Zeit, sich immer wieder die gleichen Klagen anzuhören. Auch sie gibt den Rat: Mach doch eine Therapie! Wieder dieser Satz. Wird sie ihn befolgen oder wird sie versuchen, ihre Probleme auf andere Weise in den Griff zu kriegen?

Hier sollen ganz unterschiedliche Frauen zu Wort kommen, Frauen die sich in einer Krisensituation für oder gegen eine Therapie entschieden haben und auch solche, die überhaupt nie mit dem Gedanken gespielt haben, therapeutische Hilfe in Anspruch zu nehmen. Was veranlaßt Frauen, den Schritt zum Therapeuten zu wagen oder mit dem Partner eine Eheberatung aufzusuchen, während andere alle Krisen ohne Hilfe zu lösen versuchen? Besitzen letztere eine Kraft, die den anderen fehlt, oder sind sie einfach anspruchsvoller oder haben keine Zeit, sich mit sich selbst zu beschäftigen, wie Flora vermutet. Flora (48) ist Verfechterin der klassischen Psychoanalyse. Fünf Jahre lang ging sie dreimal pro Woche zu ihrer Analytikerin. Anlaß war die Trennung von ihrem Mann, der damit verbundene Umzug in eine andere Stadt, eine ungeplante Schwangerschaft. Ein bißchen viel auf einmal. „Ich war zutiefst verzweifelt, war auch selbstmordgefährdet". Flora hat sich nicht gefragt, ob sie diese Krise nicht auch allein hätte bewältigen können. Ihr Antrieb war, sich selbst besser kennenzulernen, eine Eigenanalyse mit fachlicher Unterstützung zu machen, einige für sie existentielle Fragen zu klären: Was bedeutet es für mich, daß ich bald vierzig werde? Wie will ich in Zukunft leben? Will ich noch ein Kind? Möglicherweise auch ohne Vater?

Die Soziologin Flora hatte das Gefühl, daß sie als Subjekt bisher leer ausgegangen sei. „Ich wollte an meine Gefühle herankommen, Potentiale heben, Kräfte losbinden". Flora kommt aus München, dem Therapiemekka der 70er Jahre. „Es gehörte damals in bestimmten Kreisen einfach dazu, eine Analyse zu machen; es ist eine Generationserfahrung der Achtundsechziger. Mit Gefühlen wie Wut und Aggressionen wollten wir gleichzeitig wertvolle Energien freisetzen. Wer eine Analyse macht, kennt sich anders als die, die diese Erfahrung nicht gemacht haben". Für Flora war die Analyse ein Gewinn, obwohl sie in den fünf Jahren weder zu einer neuen Liebesbeziehung fähig war, noch ihre Kräfte in den Beruf investieren konnte. Alle Energien waren durch die Analyse gebunden. Flora bedauert das nicht. Sie habe sehr viel über sich erfahren, sie habe gelernt, sich selbst zu akzeptieren, was immer ein Problem für sie gewesen sei. Im allgemeinen reagiere sie gelassener auf Widerstände. Besonders positiv beurteilt sie folgenden Nebeneffekt: „Ich konnte sagen, ich bin so wichtig, daß ich mir leiste, mich mit mir selbst zu beschäftigen".

Dieser Satz machte mich stutzig. Bedeutete er, daß für Flora die Beschäftigung mit sich selbst so tabuisiert war, daß sie sie nur rechtfertigen konnte, indem sie fachliche Hilfe gegen Bezahlung in Anspruch nahm? Eine solche Auslegung würde bedeuten, daß ich mir von frühester Jugend an „geleistet" hatte, mich mit mir selbst zu beschäftigen. Ein unwiderstehlicher Drang, der mich getrieben hatte, wurde hier zu einer Errungenschaft erklärt. Auf einmal ging mir auf, daß die Frauen, die einer Psychotherapie oder Analyse skeptisch gegenüberstanden, sehr oft solche waren, die sich schon sehr früh viel mit sich selbst beschäftigt hatten, sei es freiwillig oder gezwungenermaßen.

Zum Beispiel Sarah (49): Schon als Kind hatte sie alles gelesen, was sie in die Finger bekam. Als sie dann in eine schwere Krise geriet, wollte sie zwar therapeutische Hilfe in Anspruch nehmen, aber auf keinen Fall eine Psychoanalyse machen. Sie entschied sich für eine Körpertherapie, „weil ich theoretisch alles wußte. Es ging um eine Trennung, um die Beendigung einer Beziehung ohne

Zukunft. In diese Beziehung war ich mit allen meinen Wahnsinnsmacken und Neurosen reingegangen, das konnte nicht gut gehen. Vor einer Trennung hatte ich aber wahnsinnige Angst, ich glaubte, sie nicht ertragen oder überleben zu können". Diese Beziehung war der Grund für das Zerbrechen ihrer Ehe gewesen, „deshalb mußte ich mich irgendwie daran festhalten, obgleich die Beziehung für beide Seiten immer quälender wurde". Als die Beziehung schließlich von seiten des Mannes aufgelöst wurde, brach Sarah zusammen. „Ich habe dann eine Therapie gemacht, die mir unwahrscheinlich geholfen hat, eine Therapie, die nicht aufs Reden ausging, sondern die mehr über den Körper geht, wo du dich auch körperlich wahrnimmst. Für mich war das wichtig, weil ich mir zutraue, mit Reden alles bewerkstelligen zu können, ich hätte den Therapeuten jahrelang vollquatschen können, ohne daß irgendwas passiert. Ich wußte ja, aber ich war diesen Gefühlen so ausgeliefert, daß ich da von einer anderen Seite rangehen mußte. Nach neun Monaten hatte ich gelernt, Trennungen zu vollziehen, damit war die Therapie beendet."

Noch selbstbewußter äußert sich Ursula (48), die „nie eine Therapie in Anspruch nehmen würde". „Ich habe immer alle Konflikte allein gelöst. Die Krisen, in denen ich andauernd stecke, sind eine Herausforderung für mich. Ich mobilisiere dann alle meine Kräfte, setze der Depression ungeheuren Widerstand entgegen". Wer die hochsensible Ursula nicht persönlich kennt, ahnt nichts von dem eisernen Willen, der in dieser eher zarten Person steckt. „Ich war immer sehr eigenbrödlerisch, hatte meinen eigenen Kopf und ließ mir nichts hineinreden". Ursula betrachtet es als Glück, daß sie als zweite von drei Schwestern wenig beachtet wurde. Sie schuf sich sehr früh ihr eigenes Reich – an ihrem Schreibtisch durfte keiner etwas verändern. „Ich bekam die schlimmsten Wutanfälle, wenn ich merkte, daß jemand mein Reich nicht respektiert hatte. Lesen und Schreiben waren das Wichtigste für mich."

„Von Therapeuten halte ich nichts"

„Von Psychologen, Therapeuten halte ich überhaupt nichts. Ich würde mich nie in eine Therapie begeben, weil ich glaube, daß Psychologen meine Probleme gar nicht verstehen könnten. Mein Gegenüber ist die Literatur, das Schreiben. Es ist eine ständige Herausforderung, die mich aus vielen Krisen herausgeführt hat. Indem ich mich aufraffe, meine Katastrophen zu formulieren, habe ich schon den ersten Schritt zu ihrer Überwindung getan."

Ich kenne Ursula seit langem, ich bewundere, wie sie es immer wieder schafft, aus den größten Tiefs strahlend aufzutauchen. Natürlich sind ihre Probleme nie endgültig gelöst. Das verlangt sie aber auch gar nicht. Die Krisen gehören zu ihrem Leben, sie kann sich ein Leben ohne das ständige Auf und Ab gar nicht vorstellen.

Natürlich wirkt Ursula, die selbst aus der 68er-Bewegung kommt, auf ihre von der Psychoanalyse geprägten Altersgenossen und -genossinnen eher altmodisch und störrisch. Sie haßt den Psychojargon, pflegt bewußt eine literarische Sprache und zieht sich zurück, wenn es ihr schlecht geht. Nie würde sie sich einer Mode beugen oder etwas gegen ihre Überzeugung tun.

Auch Karina (55) war oft an dem Punkt, wo sie nicht mehr weiterwußte, wo sie glaubte, sie würde nun endgültig in ihren Depressionen, in die sie im Laufe ihrer Ehe geraten war, versacken. Eine Therapie kam für sie nicht in Frage, weil sie während ihres Psychologiestudiums den Eindruck gewonnen hatte, daß eine Therapie als erfolgreich galt, wenn frau gelernt hatte, sich anzupassen, wenn sie wieder funktionierte. Genau das wollte Karina nicht. Als sie an einem ihrer Tiefpunkte glaubte, die ganze Welt habe sich nun endgültig gegen sie verschworen, suchte sie ihren Hausarzt auf, um sich eine Kur verschreiben zu lassen. Eigentlich wollte sie nur abschalten, weit weg von der Familie, und schlafen.

Um die Notwendigkeit für eine solche Krankenkassenleistung zu begründen, zählte sie alle Personen auf, die sie verfolgten, bespitzelten, ermorden wollten. Jeder in der näheren und weiteren Umgebung war ihr verdächtig. Als sie sich immer mehr in der Schilderung von Einzelheiten verrannte, unterbrach sie der Arzt: „Das glaubt Ihnen doch kein Mensch! Was ich für Sie tun kann ist, Ihnen einen Therapieplatz in einer Klinik besorgen oder sie machen eine ambulante Therapie."

Für Karina war jedoch klar, daß sie von einer Therapie nichts zu erwarten habe, daß sie sich selber helfen müßte, weil der Therapeut ihre Indizien nicht als Beweisstücke akzeptieren würde. „Ich wußte selbst, daß meine Geschichte unglaublich klang, daß man mich möglicherweise als schizophren diagnostizieren würde". Zuhause nahm sie die ihr angebotenen Beruhigungstropfen, die sie so träge machten, daß ihre Angst ihr gleichgültig wurde. Sie sagte die nächsten Termine ab, ging ihren „Verfolgern" aus dem Wege, brach auch Kontakte zu Freunden und Freundinnen ab, brachte ihre Verdächtigungen zu Papier und hinterlegte sie an einem geheimen Platz, wie sie es in zahlreichen Krimis gesehen hatte. Dieses Selbsthilfeprogramm – begonnen 1981 – hatte zwar keine spektakulären Erfolge aufzuweisen, der Schritt nach außen wurde erst ganz langsam wieder gewagt, mit jeder Person mußte das Vertrauen neu aufgebaut werden. Heute ist Karina zwar immer noch davon überzeugt, daß sie damals wirklich verfolgt wurde. Sie betrachtet diese Phase aber als abgeschlossen, da die Zeiten sich geändert haben. Da sie nicht mehr so vertrauensselig und blauäugig ist wie vor mehr als 12 Jahren, wird sie auch nicht mehr so leicht in jede Falle tappen, meint sie. Ist sie durch Schaden klug geworden? Sie weiß es nicht genau, auf jeden Fall sei sie heute vorsichtiger, was ja nichts schaden könne.

Hätte eine Psychotherapie ihr damals geholfen? Karina kann es nicht glauben, denn gerade das Grübeln, das Immer-tiefer-in-die-Angst-Hineingehen hatten sie so geschwächt, daß sie im Grunde diese Beruhigungstropfen brauchte, um ausgeschlafen mit frischen Kräften dem Feind zu trotzen. „Mein Problem war damals die Angst vor dem Ausgeliefertsein. Deshalb konnte ich mich weder Therapeut noch Therapeutin anvertrauen. Ich weiß nicht, wie andere Frauen in einer solchen Situation reagieren, wie sie mit so starken Ängsten umgehen, ob sie durch eine Therapie nicht vom Regen in die Traufe kommen".

Aus eigener Kraft
Krisen bewältigen

Ist Karina ein Extremfall? Oder gibt es viele Frauen, die sich – unbemerkt von Fachleuten – aus ihren tiefen Krisen mit ungeheurer Energie selbst herausarbeiten?

Da meine Neugier diesen Frauen gilt, soll Elke (45) hier zu Wort kommen. Die alleinerziehende Mutter, die gewohnt war, ihr Leben mit allen Krisen selbst zu meistern, stand plötzlich vor einer Situation, die sie heute als die schlimmste ihres Lebens bezeichnet: „Als meine Tochter 13 Jahre alt war, war sie plötzlich verschwunden, ohne mir irgendeine Adresse zu hinterlassen. Ich machte mich auf die Suche. Da ich wußte, daß sie in Drogenkreise geraten war, wußte ich, daß ich sie so schnell wie möglich finden mußte. Ich fragte Drogenabhängige auf der Straße, ging zu Beratungsstellen und zum Pfarrer, irrte tagelang durch die Stadt, ohne sie zu finden. Irgendwann rief sie an, wollte aber nicht nach Hause kommen. Ich kann hier nicht erzählen, was ich alles in Bewegung gesetzt habe, um sie aus der Szene herauszubekommen. Auf keinen Fall wollte ich die Polizei einschalten, weil das ihr Vertrauen in mich völlig erschüttert hätte. Auch psychologische Hilfe nahm ich nicht in Anspruch, weil ich wußte, daß dies eine Angelegenheit zwischen mir und meiner Tochter war. Wie verzweifelt ich war, das kann sich keiner vorstellen. Wenn meine Tochter anrief, versuchte ich sie zu überzeugen, daß wir gemeinsam einen Weg finden würden, wenn sie nach Haus käme. Ich versprach ihr, daß wir eine andere Schule für sie suchen würden, daß sie auch ausziehen könnte, wenn sie lieber allein wohnen wollte. Sie kam wirklich irgendwann freiwillig nach Haus, zog kurz darauf dann mit meinem Einverständnis mit ihrem Freund auf einen Bauwagenplatz, besuchte von dort aus die Schule und machte ihren Abschluß."

Elke hat sich in ihrem Leben alles erkämpft. Ihre Eltern wollten nicht, daß sie das Gymnasium besucht, Elke setzte es durch. Ihre Dissertation schrieb sie, um ihren Eltern zu beweisen, daß sie schafft, was sie anstrebt. „Ich war die ungeliebte Tochter, die sich immer beweisen mußte. Wie oft habe ich schon sichere und gut bezahlte Arbeitsplätze aufgegeben, um mich neu zu beweisen. Vor einem halben Jahr bin ich ohne finanziellen Hintergrund nach Hamburg gekommen, um mir eine Existenz als freie Journalistin aufzubauen. Obgleich das fast unmöglich ist, bin ich überzeugt davon, daß ich es schaffe. Ich hatte immer ein unerschütterliches Vertrauen in meine Überlebenskräfte, auch wenn ich am Boden zerschmettert schien. Mein Motto in solchen Situationen: Ich muß es schaffen. Ich muß hier raus!

Elke hat früh gelernt, daß ihre eigenen Gefühle und Bedürfnisse nichts gelten. Für viele Frauen ist dies der Anlaß, eigene Bedürfnisse zu verdrängen, sich an die Bedürfnisse anderer anzupassen. Nicht für Elke. Sie steigerte sich in einen kindlichen Trotz, in die Haltung: Ich schaffe es auch ohne euch!

Hier drängt sich die Frage auf: Warum brechen manche Mädchen sehr früh aus der ihnen zugedachten Rolle aus, während andere auf äußeren Druck mit Überanpassung reagieren. Auf Nachfrage erfuhr ich, daß Widerstand nur aufrecht erhalten werden konnte, wenn wenigstens eine Person in der Umgebung das Mädchen stützte. Elke hatte einen Lehrer, der sie förderte, Sarah und Karina hatten Väter, die sie geistig forderten und anerkannten. Sie wurden nicht auf die weibliche Rolle reduziert, konnten ein von dieser Rolle unabhängiges positives Selbstbild entwickeln, und sich so aus vielfältigen Abhängigkeiten befreien.

Verständlich, daß solche Frauen einer Therapie mißtrauisch gegenüberstehen, denn sie fühlen sich ja nicht krank, wenn sie in einer Krise stecken. Karina meint, daß sie für eine Therapie nicht in Frage gekommen wäre, weil sie in ihrem Leben immer die Erfahrung gemacht hat, daß Leute ihr helfen, immer nur „das Beste" für sie wollten, daß das aber nie das gewesen sei, was sie wirklich gebraucht hätte. Sie mußte sehr früh selbst dafür sorgen, daß wenigstens ein kleiner Teil ihrer Bedürfnisse befriedigt werden konnte. Eigentlich war alles, was sie wirklich wollte, in den Augen der anderen egoistisch, rücksichtslos, undankbar und unbescheiden. Am besten konnte sie sich selbst verwirklichen, wenn sie die Flucht ergriff, wenn keiner wußte, wo sie war. So wurde sie sehr früh selbständig, ließ sich nichts hineinreden, hatte aber immer ein starkes Bedürfnis, sich zu rechtfertigen. Vielleicht habe sie deshalb eine wissenschaftliche Karriere angestrebt – da stecke möglicherweise der Wunsch dahinter, ihre Verweigerungshaltung theoretisch zu begründen.

Individuelle Lösungen sind oft kreativer als Therapie

Eine Therapie ist immer auch ein Risiko. Der Psychotherapeut Eckhard Giese schreibt: „Therapie ist aber auch ein Stück Selbstaufgabe des Klienten mit den darin enthaltenen Risiken. Der Klient hat eine schwierige Aufgabe zu erfüllen: er muß sich in gewisser Weise von bisherigen Überzeugungen trennen, muß gegebenenfalls Symptome aufgeben, die auch funktionale Aspekte hatten und soll Verhaltensweisen verändern, die trotz allen Leidens doch auch eine gewisse Stabilität ermöglicht haben." Symptome sind immer auch Anpassungsversuche, individuelle Lösungsstrategien und Bewältigungsversuche. Diese individuellen Lösungsstrategien sind oft sehr kreativ. Kein Wunder, daß schöpferische Menschen einer Analyse im allgemeinen mißtrauisch gegenüberstehen. Sie haben Angst, mit dem Verschwinden ihrer „Macken“ auch ihre kreative Potenz zu verlieren.

Bei Frauen ist eine radikale Ablehnung jeder Art von therapeutischer Hilfe in Krisensituationen eher selten. Häufiger kommt es vor, daß sie sich zumindest einmal auf eine Therapie einlassen, entweder aus Neugier oder weil sie glauben, einen bestimmten Konflikt nicht alleine bewältigen zu können. Wie wichtig die Persönlichkeit des Therapeuten für den Erfolg ist, schildern Susanne und Maria.

Susanne (39): Ich habe mit meinem Mann eine Eheberatung aufgesucht, weil ich nur Gutes davon gehört hatte. Eine Freundin erzählte mir immer wieder begeistert, wie erfolgreich die Therapiestunde für sie und ihren Mann gewesen seien, sie könnten jetzt über alles sprechen, deshalb träten viele Probleme gar nicht mehr auf.

Bei Susanne lag das Problem allerdings anders. Über einen Mangel an Gesprächen kann sie nicht klagen. „Mein Mann redet sehr viel, er will alles stundenlang besprechen, er fordert einfach zu viel Zuwendung von mir. Er möchte immer die ganze Freizeit mit mir und unserem Sohn verbringen, und das ist mir einfach zu viel.“ Susanne fühlt sich bedrängt, zieht sich zurück, hat dann aber ein schlechtes Gewissen, weil er ihr vorwirft, sie würde ihn gar nicht brauchen.

Auf ihren Vorschlag, gemeinsam eine Therapie zu machen, ging er sofort ein. Sie hatten dann aber Probleme mit dem Therapeuten. „Er war erheblich jünger als wir, vielleicht zwischen 25 und 30 Jahren. Wir haben uns immer Gedanken gemacht über den ‚jungen Kerl‘, ob er wohl eine Freundin hat, ob der uns überhaupt versteht. Pit hat ihn zum Teil auflaufen lassen oder Gegenfragen gestellt: Was meinen Sie denn? Wie ist das denn bei Ihnen?

Aber der Therapeut sagte nie seine Meinung, fragte uns nur aus. Wir haben ihn nicht anerkannt als Autorität, hatten nicht das Gefühl, daß er uns helfen könnte. Ganz überraschend für uns sagte der Therapeut auf einmal: Ich glaube, ich kann mit Ihnen gar nichts anfangen, ich möchte die Therapie abbrechen. Er meinte, er kommt mit uns nicht weiter, wir hätten ein Solidaritätsgefühl gegen ihn“. Das passierte nach zehn Stunden, fünfzehn waren vorgesehen. Etwas hat die Therapie den beiden doch gebracht: „Wir hatten das Gefühl, weiter zusammensein zu wollen. Wir hängen emotional sehr aneinander, obwohl wir gar nicht wissen, worauf das beruht“.

Wir hätten vom Therapeuten gerne mal eine Meinung gehört, oder wenigstens eine Zusammenfassung. Aber da kam nichts“. Und noch ein Ergebnis hatte die vom Therapeuten abgebrochene Therapie: Susanne wußte, so wie bisher wollte sie nicht mehr mit Pit zusammenleben. Als zufällig eine Nebenwohnung frei wurde, setzte sie eine räumliche Trennung durch, um endlich ungestört malen zu können. Diese Beratung hatte also doch etwas in Bewegung gebracht.

Auch Maria (55) möchte die Therapie nicht missen, obgleich sie ihr für ihr Problem nichts gebracht hat, wie sie meint. Frustrierend sei vor allem gewesen, daß die Therapeutin die notwendige Distanz nicht eingehalten habe, während der Therapie habe sich eine Umkehrung der Rollen vollzogen. Angefangen hatte es vor ungefähr zehn Jahren, als ihr 15jähriger Sohn Selbstmordgedanken äußerte, sich völlig abkapselte, zu keinem Gespräch mit den Eltern bereit war. Maria machte sich große Sorgen, suchte zunächst eine Erziehungsberatung auf. Die Psychologin der Beratungsstelle schlug ihr dann eine Therapie für sich selbst vor, woran Maria überhaupt nicht gedacht hatte. Sie empfand dann aber die fünfzig Stunden, die sie bei der Therapeutin verbrachte, als eine „sehr schöne Zeit". „Sie war sehr einfühlsam und warmherzig, und ich entwickelte bald eine sehr enge Beziehung zu ihr. Ich wurde sehr emotional, weinte viel, hatte spannende Träume und neue Erinnerungen. Alles in allem habe ich viel über mich erfahren, Erlebnisse in einem neuen Licht gesehen. Für die Beziehung zu meinem Sohn hat die Therapie aber gar nichts gebracht.

Das Problem wurde auch kaum angesprochen. Dem Sohn wurde eine Therapie bei einem anderen Psychologen angeboten, die er nach zwei Sitzungen abbrach mit der Begründung, er hätte das nicht nötig. Ich blieb also mit dem Problem allein. Was für mich wichtig gewesen wäre, nämlich lernen, mit Konfliktsituationen umzugehen, fand nicht statt. Im Gegenteil: ich habe drei Jahre lang (die Therapiestunden waren zweimal im Monat) in einer Art Passivität gelebt, habe weder beruflich, noch privat etwas Neues angefangen. Ich war vollkommen auf die Therapeutin fixiert. Sie wurde zur Mutterfigur, zu der ich mich flüchtete. Irgendwann kam die Therapie dann zum Stillstand, an dem Punkt, wo ich merkte, daß weniger mein Vater als meine Mutter für mich ein Problem war, und daß ich dann ein Idealbild hätte zerstören müssen.

Die Therapeutin bot mir an, weitere fünfzig Stunden für mich zu beantragen, und ich habe es abgelehnt. Das Verhältnis zu ihr war so distanzlos geworden, daß ich mich nicht mehr getraut hätte, sehr negative und aggressive Gefühle zu äußern. Ich fing an, sie zu schonen – sie lebte damals in einer schweren Ehekrise und erzählte mir immer mehr von sich selber. Manchmal war ich innerlich wütend bei dem Gedanken, daß es doch *meine* Therapie war. Das habe ich übrigens schon oft von Frauen gehört, daß Therapeutinnen anfingen, bei ihnen zu klagen und von ihren eigenen Problemen zu erzählen, und jedes Mal macht mich das wütend, weil ich weiß, das würden sie sich bei einem männlichen Patienten nicht erlauben. Ich fühlte mich bei meiner Therapeutin furchtbar abhängig und gleichzeitig ausgenutzt."

Dadurch, daß die Therapeutin ihr immer wieder sagte, wie sehr sie sich auf die nächste Stunde freue, fühlte sich Maria gezwungen, „die Harmonie zu wahren". „Die einzige Chance in meinem Leben, einmal auf den Tisch zu hauen, habe ich damit verpaßt." Maria, die sicher selbst eine gute Therapeutin abgeben würde, weil sie wunderbar zuhören kann, fiel nach Ende der Therapie in eine tiefe Depression und hatte starke Aggressionen gegen die Therapeutin. Es dauerte sehr lange, bis sie sich von ihr gelöst hatte. „Ihr größter Fehler war, daß sie nicht die notwendige Distanz gewahrt hat. Die Beziehung wurde immer freundschaftlicher, sie besuchte mich – während der Therapie – zu Hause und sprach davon, daß wir später eine andere Beziehung aufbauen könnten. Mir wurde erst viel später klar, daß nichts unmöglicher ist als eine Freundschaft zur Therapeutin. Wir haben uns dann auch nie wieder gesehen."

Maria möchte die Therapie nicht missen, auch wenn sie nicht weiß, was sie ihr eigentlich gebracht hat. Die Entzugsphase beschreibt sie als sehr hart. Ihre Bilanz: „Während der Zeit meiner Therapie machten mehrere meiner Bekannten ebenfalls eine Therapie. Keine hatte das Gefühl, daß ihr auf Dauer geholfen wurde. Von denen, die keine Therapie machten, nahm sich eine einen Liebhaber, zwei gingen wieder in ihren Beruf zurück, alle drei haben damit ihre Probleme weitgehend gelöst. Das klingt vielleicht oberflächlich, ich habe aber den Eindruck, daß eine Veränderung der Lebenssituation oft mehr bringt als das Aufarbeiten der Vergangenheit."

Ihr Leben zu verändern, das fällt allerdings vor allem Depressiven außerordentlich schwer, deren Zustand bekanntermaßen durch Antriebsschwäche und Pessimismus gekennzeichnet ist. Auch heute lernen viele Frauen nicht, ihr Leben aktiv zu gestalten, selbst gesetzte Ziele gegen den Willen ihrer Umgebung anzustreben, auch heute noch ist das Verhalten vieler Frauen durch die Angst vor Zurückweisung oder dem Verlust von Liebe geleitet, sie denken nicht: Was will ich? sondern: Was wollen sie von mir? Maria hat das in ihrer Therapie erlebt. Sie konnte sich nicht wehren, als sie in die Rolle der Therapeutin gedrängt wurde, die sie als Mutter seit Jahren in ihrer Familie einnahm, und von der sie ja gerade entlastet werden wollte, als sie die Therapie begann.

„Laßt uns aus der Rolle fallen"

Da ich für diesen Artikel ausschließlich betroffene Frauen befragt habe und nicht ihre Therapeuten und Therapeutinnen, ist die Sicht auf das Problem gezwungenermaßen einseitig. Ich bin sicher, daß jeder Therapeut die Kritik an sich auf kompetenteste Art widerlegen würde und die Frau damit wieder zur Hilfebedürftigen machen würde, die nicht weiß, was für sie gut ist. Vielleicht wäre für Maria eine feministische Therapeutin hilfreicher gewesen, die ihre Selbstheilungskräfte aktiviert hätte, bei der sie auf den Tisch hätte hauen können, ohne ein schlechtes Gewissen zu bekommen. Schade, daß sie nicht in Hamburg wohnt. Ich würde ihr dann nämlich das Graffitti in Hamburg-Ottensen zeigen, das mich jeden Tag von neuem beflügelt: „Laßt uns aus der Rolle fallen, damit wir aus der Falle rollen".

Anke Roming

„Wie halten Sie das nur aus?"

Eine Erfahrung mit Paartherapie

Dies ist die Geschichte einer Therapieerfahrung. Es war meine erste Erfahrung dieser Art – und sie war zugleich meine letzte. Ich kann nicht sagen, ob diese Therapie gescheitert ist. Würde man meine Therapeutin fragen, dann hätte sie sicherlich eine gute Erklärung dafür, warum ich die Therapie abgebrochen habe: der Grund dafür würde ganz sicherlich bei mir liegen. Vielleicht war mein Widerstand zu groß, vielleicht wollte ich der Wahrheit nicht ins Auge sehen, vielleicht war ich sogar therapieunfähig? Wie auch immer: Ich hatte das Gefühl, bei dieser Therapeutin und dieser Therapie nicht „sicher" zu sein. Ich hatte Hilfe gesucht, ich brauchte jemanden, der auf meiner Seite stand. Das war solange der Fall, bis mein Partner mit in die Therapiestunde kam. *Sie* hatte dies vorgeschlagen, *ich* stimmte nur widerwillig zu. In dieser Stunde erkannte ich: Auch Therapeutinnen (und sicherlich Therapeuten) haben ihre Wertsysteme, auch Therapeutinnen sind in ihren Geschlechtsrollen gefangen, auch Therapeutinnen ergreifen Partei – nicht unbedingt für ihre Klientinnen. Deshalb erzähle ich meine Geschichte, die noch nicht einmal die Geschichte eines großen Therapiefehlers ist. Ich erzähle sie, um zu warnen und zugleich Mut zu machen. Die Sicht der Psycho-Experten ist nicht die einzig wahre. Frauen sollten dies immer im Hinterkopf behalten, wenn sie therapeutische Hilfe suchen. Und sie sollten sich auf ihr Gefühl verlassen und eine Therapie abbrechen (auch wenn die Therapeuten scheinbar einleuchtende Gegenargumente finden), wenn sie sich nicht mehr länger aufgehoben und sicher fühlen.

Die Vorgeschichte:
Wir lebten bereits neun Jahre zusammen als das passierte, was ich bis dahin für unmöglich gehalten hatte. Nach wochenlangem Mißtrauen, Fragen, Nachbohren gestand er mir endlich: „Ja, es gibt da eine andere". Nein, es kam für mich nicht aus heiterem Himmel, wie es so schön

heißt, schon lange hatte ich die Veränderungen registriert: Sein sonst sehr ausgeprägtes sexuelles Interesse an mir hatte drastisch nachgelassen, er wirkte zerstreut und sein Job erforderte immer mehr Einsatz – bis spät in die Nacht. Man kennt das. Und doch hatte ich lange gebraucht, bis aus der Irritation ein handfester Verdacht wurde. Nun war der Verdacht Gewißheit. Was danach passierte, kennen wir aus Filmen und Romanen. Nächtelange Gespräche – „Warum nur?“, „Wer ist sie?“, „Was hat sie, was ich nicht habe?“ – , massive Eßstörungen (ich magerte ab) und immer wieder die Frage: Wie geht es weiter?

Die Therapie erschien nur als letzte Rettung

Schließlich, nach Wochen vor die Alternative gestellt „sie oder ich“, entschied er sich für mich. Beschwingt und erleichtert wirkte er auf mich, als er an dem Abend nach Hause kam, an dem er mit „ihr“ Schluß gemacht hatte. Ich glaubte ihm, ich wollte ihm glauben. Ich wollte ihn nicht verlieren.

Es folgte eine glückliche Zeit. Wir entdeckten einander neu. Sicherlich nagte das Mißtrauen tief innen in mir, doch ich ließ es nicht hochkommen. Soviel wußte ich: Wenn unsere Beziehung eine Chance haben sollte, dann mußte ich verzeihen können. Doch dann kam der Tag, an dem das „neue Glück“ sich als massive Lebenslüge entpuppte. An diesem Tag erfuhr ich: Er hatte die Beziehung mit ihr nicht beendet, er hatte mich belogen. Und ich erfuhr noch mehr: „Sie ist schwanger.“ Aber: „Ich liebe euch beide, ich weiß nicht, was ich tun soll. Bitte, geh’ nicht weg von mir.“ Ich weiß heute nicht mehr, was er noch alles gesagt hat. Verstanden hatte ich nur: Er war zwar ein Schuft, aber er liebte mich. Daran klammert ich mich, denn auch ich liebte ihn, ich wollte ihn nicht verlieren.

Offensichtlich wollte das die andere auch nicht. Nun, da alles offen ausgesprochen war, lebte er sein Doppelleben weiter. Das Kind wurde geboren, und ich dachte, ich überlebe es nicht. Unsere Beziehung war ungewollt kinderlos geblieben, worunter ich ohnehin schon sehr litt. *Er* hatte nun sein Kind.

Mein Zustand verschlechterte sich zusehends. Immer, wenn er aus dem Haus ging und mir nicht sagte, was er vorhatte, wußte ich: Er ging zu ihr und seinem Kind. Doch darüber reden durfte ich mit ihm nicht. Er wich aus, schwieg oder verließ die Wohnung, wenn ich ihn auf sein Doppelleben ansprach. Immer wieder versuchte ich, ihm die Pistole auf die Brust zu setzen: Er sollte endgültig zurückkommen oder ich würde ihn verlassen. Als er sich eines Tages bei einem Streit in die Enge getrieben fühlte, schlug er zu.

Jetzt erst sah ich ein, daß wir uns selbst nicht mehr helfen konnten, und daß dieses Doppelleben uns alle langsam zerstörte. Über Therapie und ihre Möglichkeiten hatte ich bislang nur gelesen oder von Freunden gehört. Nun erschien sie mir als letzte Rettung. Eine Freundin empfahl mir eine Familientherapeutin – das erschien mir plausibel, schließlich hatten wir ja ein Familienproblem! Was nichts daran änderte, daß ich alleine Hilfe suchte. Ich hatte Vertrauen zu dieser Frau, sie wirkte stark auf mich, sie war die erste, mit der ich ehrlich über das Drama meines Lebens sprach.

Die Therapie:
Die ersten Stunden verbrachte ich damit zu weinen. Endlich konnte ich alles loswerden, endlich fand ich Worte für die Qualen der vergangenen Monate. Ich erkannte, daß mein enormer Anpassungswille ebenso „krankhaft" war wie seine Unfähigkeit, eine Entscheidung zu treffen. Eine Erkenntnis, die natürlich noch nicht sehr viel weiter half. Angesichts meines desolaten körperlichen und psychischen Zustandes – fast zwei Jahre hielt ich jetzt immerhin schon durch – kam die Sprache auf einen Aufenthalt in einer psychosomatischen Klinik. Drei Monate raus aus dem Ganzen, drei Monate nur für mich – es erschien mir zunächst verlockend, und dann wieder erschreckend. Drei Monate! Diese drei Monate hatte er doch dann auch für sich und seine „andere" Familie! Die Angst und die Eifersucht schüttelten mich. Nein, in eine Klinik wollte ich nicht. Da schlug die Therapeutin vor, daß doch endlich auch mal mein Partner mit in die Therapie kommen sollte. Die Idee fand ich zwar auch nicht besonders gut. Die Therapie war schließlich das einzige, was ich wirklich für mich hatte. Trotzdem stimmte ich zu.

Diese gemeinsame Therapiestunde war auch meine letzte. Ich hatte nicht erwartet, daß wir in dieser Stunde eine Lösung finden könnten, ich hatte auch nicht erwartet, daß meine Therapeutin ihm endlich sagt, daß er zu mir zurückkommen soll. Doch ich hatte auch nicht erwartet, daß *er* plötzlich das Opfer und *ich* die Täterin sein würde. Wie von allen anderen Stunden, habe ich auch die Tonbandaufnahme dieser Stunde von der Therapeutin am Ende der Sitzung ausgehändigt bekommen. „Zum Nacharbeiten". Ich habe nachgearbeitet – und die Therapie abgebrochen.

Das Protokoll der Therapiestunde
(A = Klientin, B = Partner,
Th = Therapeutin)

A: Ich weiß nicht genau, was es bringen soll, daß B. mit in die Therapie kommt. Sie haben angeregt, daß wir beide kommen sollen, weil ich einen Klinikaufenthalt für mich abgelehnt habe.

B: Das Stichwort „Klinik" war für mich gravierend genug, um zu sagen, ich komme mal mit. Daß es schwierig ist, das weiß ich, das wußte ich immer. Aber, daß Sie A. in die Klinik schicken wollen, das hat mich doch erschreckt.

Th: Ich will das erklären. Ich bin der Ansicht, daß Sie beide eine Kraftschöpfungspause nötig haben. Sie sollten sich Zeit geben, Lösungen zu finden und nicht die Schraube beim anderen immer enger drehen. Sie brauchen Zeit.

B: Ja, das verstehe ich schon. Daß wir beide Kraft und Erholung im ganz physischen Sinn brauchen, das ist schon klar. Wenn wir erholter wären, könnten wir sicher einiges leichter ertragen. Nur: Woher nehmen und nicht stehlen?

Th: Vielleicht könnten wir in diesem Gespräch feststellen, wie sie zumindest sich gegenseitig nicht behindern. Gibt es etwas, das Ihnen dazu einfällt? Wo werden Sie von A. behindert?

B: Behindert, so ein Wort würde ich nie wählen.

Th: Ich wähle es mal.

B: Ja, gut. (Lange Pause) Das ist eine wechselseitige Geschichte, von Behinderung würde ich da wirklich nicht reden. Wir haben ein geschärftes Bewußtsein dafür, was alles passieren kann und deshalb reagieren wir übersensibel. Deshalb ist der Rat, sich zu erholen, in der Theorie ganz richtig. Nur ..., selbst wenn wir das könnten, Kraft schöpfen, ich glaube, daß wir dann, wenn wir keine grundsätzliche Lösung finden, danach wieder sehr schnell an diesem gleichen Punkt wären. Nichts enthebt uns der Frage, wie wir das Grundproblem lösen können. Ich will nicht sagen, daß dieses Problem gar nicht lösbar ist, im Moment weiß ich allerdings nicht wie.

Th: Wenn Sie es wüßten, dann würde es Ihnen nicht so schlecht gehen?

B: Ja.

Th (wendet sich an A): Haben Sie sich überlegt, was für Sie heute wichtig ist anzusprechen?

A: Ich bin so ... ich sehe keinen Ansatzpunkt. Wir können einfach nicht miteinander reden. Es wäre schon ein unendlicher Fortschritt, wenn wir das wenigstens könnten. Wir werfen uns gegenseitig vor, daß wir es nicht können. Ich weiß, daß ich vieles verkehrt mache. Mir ist aber klar, daß es keine Lösung gibt. Er hat nunmal dieses Kind, und ich kann doch nicht verlangen, daß er die Verantwortung dafür aufgibt. Das macht mich wahnsinnig.

Th: Dann würde das Miteinander-Reden auch nicht viel Sinn machen, wenn Sie sich keine Lösung vorstellen können.

A: Ich würde mir erhoffen, daß – wenn wir die Angst vor dem Reden verlieren – wir eine Lösung finden könnten. So wie es jetzt ist ..., ein falsches Wort, zum Beispiel das Wort „Lösung"...

Th: Das denke ich mir, daß das ein Reizwort ist. Wenn man keine Lösung sieht, und der andere spricht von Lösung, dann ist das die wundeste Stelle, die es gibt.

A: Ich denke manchmal, Weglaufen wäre die einzige Lösung.

Th: Sie sind hin und hergerissen zwischen Nähe und Distanz?

A: Nein. Ich will soviel Nähe wie ich bekommen kann.

Th: Aber da gibt es noch die andere Frau und ein Kind.

A: Ja, das weiß ich. Deshalb denke ich ja, wenn ich gehe, dann ist das eine Lösung. Es löst seinen Konflikt. Und wir machen uns wenigstens nicht völlig kaputt.

Th: Wie würde es B. gehen, wenn Sie ihn verließen?

A: Erstmal schlecht.

Th: Und sie halten es trotzdem für eine Lösung?

A: Ich vermute, daß es ihm irgendwann wieder besser gehen würde.

Th: Und wie würde es Ihnen gehen?

A: Gar nicht gut (kämpft mit den

Tränen). Aber es geht mir ja jetzt auch nicht gut.

Th: Wie geht es Ihnen bei diesem Konflikt?

B: Ich will es mal als Ziel formulieren: Ich will A. nicht verlassen. Ich will mit ihr leben. Der Konflikt entsteht durch das Kind, das ich mit der anderen Frau habe und für das ich mich verantwortlich fühle.

Th: Wenn Sie sich auf A. zubewegen würden, würden Sie sich vom Kind wegbewegen. Wenn Sie sich auf das Kind zubewegen, würden Sie sich von A. wegbewegen. Wie halten Sie das aus?

B: Ich halte es aus, weil es gottseidank immer noch genug Positives zwischen A. und mir gibt. Es erscheint es mir wert, es auszuhalten. Aber schön ist es natürlich nicht. Vor allem, weil ich wie gesagt, keine Lösung sehe.

Th: Es gibt keine Lösung, jedenfalls nicht in dieser Konstellation. Es gilt also, keine Lösung mehr zu suchen. Es gibt keine Lösung.

– langes Schweigen –

B (sichtlich erschrocken): Und was heißt das?

Th: Ich habe nicht gesagt, daß es überhaupt keine Lösung gibt. Nur eben nicht in dieser Konstellation.

Was würde sich für Sie ändern (fragt A.), wenn sie akzeptieren, daß es keine Lösung gibt?

A: Ich habe doch schon gesagt, daß ich keine Lösung sehe.

Th: Aber wenn Sie daran denken, wegzugehen, dann wollen Sie doch eine Lösung finden? Innerhalb der Konstellation.

A: Heißt das, ich soll alles so hinnehmen und ertragen, wie es ist?

Th: Ja.

A (verzweifelt): Aber ich bin doch jetzt schon an dem Punkt, an dem ich es nicht mehr ertragen kann. Ich habe doch all die Jahre versucht, die Situation hinzunehmen. Ich habe mir gesagt: Lebe in diesen engen Grenzen dein Leben. Laß dich nicht verletzen. Nimm, was gut ist an der Beziehung zu B., schraube deine Erwartungen zurück. Doch ich schaffe das nicht mehr.

Th: Was würden Sie mit der Energie tun, die Sie übrig hätten, sobald Sie nicht mehr nach einer Lösung suchen würden?

A: Da bin ich ziemlich phantasielos.

Th: Ich frage Sie (wendet sich an B.). Was würden Sie tun, wenn Sie aufgegeben hätten, nach einer Lösung zu suchen?

B: Ich will gar nicht aufgeben, eine Lösung zu suchen. Ich habe die Aufgabe, meinen Teil zu tun, den ich tun muß.

Th: Das klingt schon wieder nach Lösung. Ich erzähle Ihnen ein Beispiel – von der indonesischen Affenfalle. Wenn man einen Affen fangen will, höhlt man eine Kokosnuß aus und steckt eine Banane hinein. Der Affe greift in die Kokosnuß – und bekommt seine Hand nicht mehr heraus. Will er der Falle entkommen, muß er die Banane loslossen. Ein Affe kommt nicht auf die Idee.

B: Wer ist der Affe, wer die Banane?

A: Jetzt verstehe ich gar nichts mehr. Wenn ich weggehe, dann lasse ich doch los? Und Sie sagen, daß wäre keine Lösung?

Th: Weggehen ist kein guter Weg.

Es gibt Gründe, warum Sie diesen Weg noch nicht gegangen sind.

Wenn ich soviel Macht hätte, Ihnen zusagen, was Sie tun sollen, würde ich Ihnen vorschlagen, für drei Monate das Lösungsuchen aufzugeben und sich stattdessen mit sich selbst zu beschäftigen. Machen Sie es sich mit sich selbst so behaglich, wie Sie können. Dazu aber gehört mehr Abstand. Ich weiß nicht, wie Sie überhaupt atmen können (wendet sich an B.).

B: Wie sähe denn das praktisch aus, dieses Abstand finden?

Th: Unterhalten Sie sich darüber, wie Sie es sich behaglich machen können. Unterhalten Sie sich darüber, ob Sie ins Kino gehen wollen, etwas lesen wollen, wie Sie sich Zeit für sich selbst nehmen können.

A: Die äußeren Bedingungen sind dermaßen schlecht, daß ich mir nicht vorstellen kann, wie wir es uns behaglich machen sollten. Immer mit dieser Angst im Nacken.

Th: Wichtig wäre, daß Sie in diesen drei Monaten überhaupt nichts verändern. A. geht nicht weg und Sie ziehen nicht zu dieser anderen Frau. Höchstens suchen Sie sich eine eigene Wohnung, das wäre sehr in Ordnung. Ansonsten müssen sie bereit sein, die Suche nach Lösungen für drei Monate aufzugeben. Wären Sie bereit dazu, A.?

A: Ich fühle mich überfordert. Ich will jetzt nicht so tun, als ob ich das könnte. Für mich heißt das: B. kann drei Monate lang tun, was er ohnehin schon tut, und ich muß es aushalten, ohne mich zu bewegen.

Th: Natürlich werden Sie weiterhin Angst haben und mißtrauisch sein. Er wird weiter weggehen und wird vielleicht nicht sagen, was er tut. Entscheidend ist, daß Sie akzeptieren, daß sich an Ihrer Situation die nächsten drei Monate nichts ändert.

B: Das ist ja schon Fatalismus.

A: Was mich jetzt so aufregt ist, daß ich mir einbilde, ich hätte das alles schon die ganzen Monate über versucht. Vielleicht irre ich mich. Aber ich habe doch versucht, die Situation zu akzeptieren. Es liegt also an mir, ich habe etwas falsch gemacht.

Th: Neu wäre die Idee, daß es keine Lösung gibt. Das ist neu. Ich habe nicht gesagt, daß dieser Weg leichter ist. Für heute will ich es dabei belassen.

B: Soll ich das nächste Mal wieder mitkommen? Ich habe das Gefühl, daß wenn A. alleine hierher kommt, daß es sozusagen an ihr hängt, die Probleme und Konflikte zu lösen. Sie tut aktiv etwas, sucht Hilfe, und ich fühle mich etwas komisch.

Th: Vielleicht. Sie werden merken, ob es Ihnen ein Anliegen ist. Sagen Sie mir Bescheid.

Wie therapeutisch sinnvoll und richtig sich die Therapeutin verhalten hat, das vermag ich nicht einzuschätzen. Ich bin nicht vom Fach. Ich weiß nur, wie B. und ich uns danach fühlten: elend.

Hängengeblieben ist von all den therapeutischen Worten die Aussage: Es gibt keine Lösung! Nicht in dieser Konstellation! Was das heißen sollte, war uns schleierhaft. Das wollten wir beide nicht akzeptieren, das konnten wir auch nicht akzeptieren. Allerdings war B. noch bereit, die Therapie fortzuführen, während mir klar war: Da gehe ich nicht mehr hin. In der Nachbearbeitung des Gespräches erkannte ich auch die Gründe für dieses Gefühl:

Von Anfang an hat sich die Therapeutin um B. und seine Gefühle gekümmert. Meinen Wunsch, die Angst vor dem Miteinander-Reden zu verlieren, hat sie überhaupt nicht wahrgenommen, wobei ich denke, daß dies ein guter Ansatzpunkt für die gemeinsame Therapiestunde gewesen wäre. Doch die Therapeutin hatte diesen Wunsch abgeschmettert („Dann würde das Miteinander-Reden auch nicht viel Sinn machen, wenn Sie sich keine Lösung vorstellen können"). Ihre einzigen einfühlsamen Fragen „Wie halten Sie das nur aus?" und „Ich weiß nicht, wie Sie überhaupt noch atmen können" richtete Sie an B. Ihm suggerierte sie auch, daß ich ihn behindern könnte. Obwohl er sich wehrte („Behindern, so ein Wort würde ich nicht wählen"), beharrte sie auf ihrer Sicht der Dinge („Ich wähle es mal."). Ihm gab sie auch die „Erlaubnis" zur Veränderung (eigene Wohnung), während sie von mir verlangte, daß ich erstmal alles hinnehmen und ertragen soll. Denn: Wenn ich B. verlassen würde, dann ginge es ihm ja schlecht („Und Sie halten das trotzdem für eine Lösung?").

Ich habe von dieser Therapiestunde die Botschaft mitgenommen, daß ich weiter aushalten soll, in einer Situation, die mich ganz erkennbar bereits krank gemacht hatte. Ich habe mich unverstanden und übergangen gefühlt und hatte den Eindruck, daß das Mitgefühl der Therapeutin mehr B. und seiner schlimmen Situation („Wie halten sie das aus?") galt. Der Eindruck, den ich auch in meiner Partnerschaft hatte, verstärkte sich: Eine Frau ohne Kind ist weniger wert als eine Frau mit Kind. Meine Depression war größer als zuvor.

Die indirekte Wirkung der Therapie

Dennoch hat diese Therapiestunde, so verheerend sie in ihren Auswirkungen zunächst war, etwas bewirkt. Ich erkannte, daß B. nicht bereit war, den „roten Teppich", den die Therapeutin für ihn ausgerollt hatte, zu begehen. Er hat ihre „Absolution" nicht angenommen, auch für ihn war der Gedanke schrecklich, die Situation weiter aushalten zu müssen. Bereits im Gespräch wurde deutlich, daß er die Koalitionsangebote der Therapeutin nicht aufgriff („Das grenzt ja an Fatalismus"). Das war mein Glück, denn so konnten wir nach der Therapiestunde uns über das Erlebte und unsere Gefühle austauschen. Ich fühlte mich von ihm nicht im Stich gelassen. Es war das erste wirkliche Gespräch, das wir nach Monaten miteinander führten. Ich will nicht behaupten, daß dies ein Durchbruch war. Doch es war ein kleiner Anfang. Heute, mehr als vier Jahre sind vergangen, leben wir immer noch zusammen. B. nimmt seine Verantwortung seinem Kind gegenüber wahr, aber er steht nicht mehr zwischen zwei Frauen (ein Thema, daß der Therapeutin keiner Erwähnung wert erschien). Wir haben es alleine geschafft, denn wir haben nicht aufgehört, nach Lösungen zu suchen.

Kapitel 3

FRAUEN IN THERAPIE: DIE RISKANTE CHANCE

Ursula Nuber

Therapie ohne Ende?

Die Angst vor einem „therapielosen" Leben

Viele Frauen haben Schwierigkeiten, „nein" zu sagen. In ihrer Partnerschaft, in der Familie, am Arbeitsplatz sind meist sie es, die bereitwillig die Bedürfnisse der anderen erfüllen. Selbst dann, wenn sie damit ihren eigenen Interessen zuwiderhandeln oder sich langfristig schaden. Um des lieben Friedens willen, um die Atmosphäre nicht zu zerstören und nicht selten aus Angst, die Zuneigung des anderen zu verlieren, stellen sie ihre eigenen Bedürfnisse zurück.

Hat diese Anpassungsbereitschaft im „normalen" Alltag für Frauen schon negative Konsequenzen, so kann sie sich bei Frauen in Therapie verheerend auswirken. Sie haben oftmals erhebliche Schwierigkeiten, sich aus einer Therapie zu lösen. Gleichgültig, ob sie mit ihrem Therapeuten oder ihrer Therapeutin unzufrieden sind oder ob sie das Gefühl haben, die Therapie eigentlich nicht mehr zu brauchen – es fällt ihnen schwer, ein Ende zu finden. (Auch Männern fällt es oft nicht leicht, sich aus einer therapeutischen Beziehung zu lösen, doch scheint für Frauen das Problem noch größer. Aus diesem Grund wird im folgenden von der Klientin die Rede sein.)

Normalerweise wäre es nicht Aufgabe der Klientin, die Therapie zu beenden. Im Idealfall sorgt der Therapeut oder die Therapeutin – gemeinsam mit der Klientin – für ein gutes Ende. Doch die große Zahl von Endlos-Therapien (fünf und mehr Jahre) oder auch die nicht seltenen Therapiekarrieren, bei denen ein Mensch von einem Therapeuten zum anderen, von einer Therapieform zur nächsten wandert, sind ein Signal dafür, daß es offensichtlich schwieriger ist, eine Therapie zu beenden als sie anzufangen. Die psychologische Literatur beschäftigt sich allerdings mehr mit letzterem: Ratschläge, wie man eine Therapeutin, einen Therapeuten finden kann, was beim Erstgespräch zu beachten ist, finden sich inzwischen in fast jedem guten Therapieführer. Doch Ratschläge, wie Klienten ein Ende finden können, sind noch rar. Die Psychotherapeuten Eckhard Giese und Dieter Kleiber fordern denn auch, daß „Psychotherapie-Karrieren verstärkt zum Thema der Forschung werden“ sollten.

Eine der wenigen Studien zum Thema wurde 1992 von dem Diplom-Psychologen Thomas Giernalczyk durchgeführt. Ihn interessierte die wachsende Gruppe der „Therapeutenkiller“, „Austherapierten“ oder „Psychoswinger“, wie Therapie-Dauerkunden in der Therapiebranche wenig freundlich bezeichnet werden. In einer Befragung von Therapieerfahrenen fand er drei Gruppen, denen es besonders schwer fällt, in ihren Therapien ein Ende zu finden:

– Die langfristig profitierende Patientin kommt mit schweren psychischen oder psychosomatischen Beschwerden zum Therapeuten. Ihr Zustand bessert sich nur langsam, wobei jede neue begonnene Therapie anscheinend einen Besserungsschub einleitet.

– Die Stützungsbedürftige erlebt in der Therapie eine schnelle Besserung, erleidet aber ebenso schnell einen Rückfall. Eine neue Therapie verhilft wieder zu einer positiven Erfahrung – der Teufelskreis beginnt.

– Die Sinnsucherin empfindet keinen Leidensdruck, für sie ist Therapie eine Orientierungshilfe und eine Möglichkeit, sich bei Alltagsproblemen Rat und Unterstützung zu holen.

Sigmund Freud nahm an, daß Therapeuten intuitiv wüßten, wann eine Therapie zu Ende sei. Doch scheint es nicht ratsam, sich auf diese Intuition zu verlassen. Weil es keine Regeln für das Ende einer Therapie gibt und auch Therapeuten wie Klienten häufig Schwierigkeiten haben loszulassen, hätten nach Ansicht der amerikanischen Therapeutin Catherine Johnson inzwischen viele Menschen eine Therapie nötig, um mit ihrem Therapeuten oder ihrer Psychogruppe Schluß zu machen zu können.

Therapie weckt den Wunsch nach Dauerhaftigkeit

Warum es so schwer ist, ein Ende zu finden, liegt in der Natur der Therapiesituation: Selbst wenn sie nicht besonders erfolgreich verläuft, weckt Therapie den Wunsch nach immer mehr davon und nach Dauerhaftigkeit. Denn die Hauptmerkmale der therapeutischen Beziehung – Vertrauen, Verläßlichkeit und Intimität – schaffen eine extreme Bindung.

So viel Vertrauen, wie eine Klientin ihrem Therapeuten entgegenbringt, hat sie selten zu einem anderen Menschen. Kein noch so einfühlsamer Lebenspartner, keine noch so enge Freundin können auf diesem Gebiet mit dem Therapeuten konkurrieren. In der Therapie brauchen Frauen sich nicht zu verstellen, sie können sicher sein, daß ihnen für die Dauer der Therapiestunde volle Aufmerksamkeit geschenkt wird, in der Therapie haben sie die Erlaubnis, sich wichtig zu nehmen und sich um sich selbst zu kümmern. Das Vertrauen, das Frauen ihrem Therapeuten/ihrer Therapeutin entgegenbringen, vergleicht Catherine Johnson mit dem Vertrauen, das Kleinkinder zu ihren Eltern haben: es ist ungetrübt und bedingungslos.

Das Vertrauen wird noch verstärkt durch die Verlässlichkeit und Beständigkeit des Therapeuten, der Therapeutin. Sie sind anders als die „normalen" Mitmenschen: Sie verspäten sich nicht, sie halten Verabredungen ein, sie sind nicht launisch. Frauen, die in ihrem Alltag mit stimmungsabhängigen Partnern, unzuverlässigen Kollegen oder anspruchsvollen Kindern zurechtkommen müssen, können oftmals am Anfang einer Therapie kaum glauben, daß ein Mensch nur für sie da ist – und das Woche für Woche, Monat für Monat, Jahr für Jahr.

Kein Wunder, daß die therapeutische Beziehung zu einer äußerst intimen Beziehung wird. Nicht von sexuellem Mißbrauch soll an dieser Stelle die Rede sein, sondern von dem beglückendem Gefühl, der Therapeutin/dem Therapeuten alles, wirklich alles erzählen zu können und sich geborgen zu fühlen. Frauen, gewohnt, daß selbst nahestehende Menschen ihnen kaum zuhören wollen, daß sie wenig Interesse und Verständnis für ihre Probleme aufbringen können, erleben in der Therapie ein Gefühl, das sie lange entbehrten: Endlich versteht sie jemand, endlich hört jemand zu.

Vertrauen, Verläßlichkeit und Geborgenheit – diese drei Komponenten sorgen dafür, daß die Beziehung zwischen Therapeut und Klientin eng und dauerhaft wird. Und noch etwas kommt hinzu: Die Erwartung der Hilfesuchenden. Anders als alltägliche Beziehungen, von denen wir wissen, daß sie unvollkommen sind, umgeben wir psychotherapeutische Beziehungen mit einem Glorienschein. Relativ unangefochten von Therapiekritik und der Diskussion um Erfolge und Mißerfolge der Therapie heben Menschen, die therapeutische Hilfe suchen, den Therapeuten/die Therapeutin auf ein Podest.

Wie Kinder ihre Eltern, idealisieren Klienten den Therapeuten

Wie der Psychotherapeut Hans Strupp beschrieben hat, begeben sich Klienten in die Rolle des hilflosen Kindes, das alle seine Hoffnungen in den machtvollen „Erwachsenen" setzt. Wie Kinder ihre Eltern, so idealisieren Klienten häufig ihre Therapeuten. Für Frauen, die nicht selten auch in ihren Partnerbeziehungen dieses Muster leben (müssen), eine fatale Situation. Der Therapeut wird zum Elternersatz, zum idealen Freund, ja, zum idealen Partner. Und das, so warnt Catherine Johnson, ist das größte Hindernis für die Beendigung einer Therapie. Für wen die Therapeutin oder der Therapeut zum idealen Partner geworden ist, für den kommt das Ende der Therapie einer ungewollten Scheidung gleich. So abhängig, wie man von einem Liebespartner werden kann, so abhängig sind sie nun von ihrem Therapeuten. Die abhängige Liebe kann sich dabei auf verschiedene Weise äußern. Nicht unbedingt steht der Wunsch nach sexuellem Kontakt im Vordergrund. Catherine Johnson schildert den Fall einer älteren verheirateten Frau, die sich in ihre sehr viel jüngere Therapeutin verliebte: sie schickte ihr selbstverfaßte Gedichte und Briefe, ihre Gedanken beschäftigten sich ständig mit der Therapeutin und sie führte im Geiste lange Gespräche mit ihr. Ihre Familie vernachlässigte sie immer mehr, Mann und Kind waren ihr nicht mehr wichtig.

Wie Thomas Giernalczyk in seiner Studie feststellen konnte, erschweren auch manche Therapeuten selbst eine Ablösung. Durch entsprechende Beziehungsangebote fördern sie geradezu die Abhängigkeit: sie sind jederzeit für die Patientin zu sprechen, gewähren ihr, wann immer sie es wünscht, Therapiestunden, nehmen ihr Alltagsentscheidungen ab. Auch private Kontaktangebote – wie Essengehen oder Kinobesuche – werden von einigen Therapeuten gemacht.

Therapie als Ersatz für reale Beziehungen

Außerdem, so Thomas Giernalczyk, „scheinen autoritäre Vergehensweisen, die die Macht des Therapeuten betonen, dazu geeignet, Autoritätskonflikte solange zu reproduzieren, bis es zu einem trotzigen Abbruch der Therapie und der anschließenden Suche nach einem neuen ‚Meister' kommt, mit dem gemeinsam die vorhergehende Therapie entwertet werden kann." Wie Studien zeigen, haben tatsächlich 60 bis 80 Prozent der Therapiesuchenden bereits eine oder mehrere Therapien hinter sich. Der „neue" Therapeut tappt dann meist blind für die Situation in die vom Therapieerfahrenen aufgestellte Falle und verspricht ihm, der sich bitter über seinen letzten Therapeuten beklagt, eine „bessere" Therapie.

Die Schwierigkeit, ein Ende zu finden, beschränkt sich jedoch nicht nur auf die therapeutische Zweierbeziehung. Auch der Schritt aus einer therapeutischen Gruppe heraus, fällt vielen äußerst schwer. „Eine Gruppe befriedigt unsere sozialen Bedürfnisse mehr als eine individuelle Therapie und von daher fällt es schwerer, sich daraus zu lösen. In einer Gruppentherapie gibt es nicht nur einen Therapeuten, der einem zuhört, sondern eine große Auswahl an Menschen, die man an seinem Leben teilhaben läßt", erklärt Catherine Johnson.

Auch der Therapeut Irvin D. Yalom betont das Außergewöhnliche von therapeutischen Gruppen: „Die Gruppe ist ein sozialer Mikrokosmos, der alle Möglichkeiten bietet, jedes grundlegende soziale Bedürfnis eines Menschen zu befriedigen." In der Gruppe trifft man auf die unterschiedlichsten Menschen. Ein Gruppenmitglied kann das Bedürfnis nach Bemutterung befriedigen, ein anderes ein sexuell begehrenswertes Objekt sein, und wieder ein anderes kann die Rolle des jüngeren Bruders übernehmen, den man sich immer schon gewünscht hat. Und was noch erschwerend hinzukommt: Die meisten Menschen wünschen sich ein Leben in einer harmonischen, wärmenden Gruppe, doch nur wenigen gelingt das. Sie haben sexuelle Beziehungen, sie sind erfolgreich im Beruf, aber nur wenige haben das Glück, Teil einer Gruppe von wohlwollenden Menschen zu sein. Wer in seiner Familie nur wenig Geborgenheit und Zusammengehörigkeit erfahren hat, wer keinen verläßlichen Freundeskreis hat und in einer instabilen Beziehung lebt, der ist besonders anfällig für psychotherapeutische Gruppen. Die Gruppenmitglieder werden dann schnell zum Ersatz für fehlende „reale" Beziehungen.

Starke Bindung an den Therapeuten oder die Therapiegruppe sind völlig normal im therapeutischen Prozeß. Doch jede Klientin, die sich seit längerem in Therapie befindet, sollte hellhörig werden, wenn

– eine Therapie länger als drei Jahre dauert;

– es keinen Fortschritt mehr gibt und eine Therapiestunde der anderen gleicht;

– das Therapieziel nicht klar formuliert oder überhaupt kein Thema mehr ist;

– Freunde und Partner an Bedeutung verlieren, weil der Therapeut (oder die Gruppe) alle Bedürfnisse nach Kontakt und Nähe befriedigt.

Diese Warnzeichen sind deshalb so ernst zu nehmen, weil Psychotherapien nur selten ein klares Ende nehmen. Aus Therapien wird man nicht als „geheilt" entlassen, im besten Fall hat man gelernt, mit seinen Problemen besser zu leben und sich von ihnen nicht unterkriegen zu lassen. Doch das ist ein sehr dehnbares Kriterium, das gerade von Therapie-Dauerkunden sehr großzügig interpretiert wird.

Um dieser Entwicklung vorzubeugen, strukturieren zunehmend mehr Therapeuten und Therapeutinnen ihre Behandlungen. Statt mit ihren Patienten und Patientinnen eine „Fahrt ins Blaue" zu unternehmen, was der Therapieforscher Hans H. Strupp zum Beispiel der traditionellen Psychoanalyse vorwirft (siehe Interview S. 130) setzen sie von Anfang an Grenzen. Die Therapiedauer sowie das vorrangige Therapieziel werden mit dem Patienten abgesprochen. In der Regel werden zunächst nur etwas 20 bis 25 Behandlungsstunden vereinbart. Dahinter steht die Erkenntnis, daß bislang nicht bewiesen werden konnte, ob Langzeittherapien wirksamer als kurze Behandlungen sind. Lieber öfter mal eine unterstützende Therapie als eine einzige Langzeittherapie ohne Ende, heißt die Devise jener Therapeuten, die unabhängig von ihrer jeweiligen methodischen Ausrichtung als „Kurzzeittherapeuten" bezeichnet werden. Selbst psychoanalytisch arbeitende Therapeuten sehen in befristeten Behandlungen inzwischen eine gute Möglichkeit, um ihren Patienten die Vorteile der Therapie zu bieten und ihnen die Nachteile zu ersparen.

Was aber kann eine Klientin tun, wenn sie merkt, daß sie sich heillos in die therapeutische Beziehung verstrickt hat? Zunächst einmal, meint die Therapeutin Catherine Johnson, ist es wichtig, sich den eigenen Ängsten zu stellen. Was befürchtet die Frau für das Leben nach der Therapie? Hat sie Angst, nicht auf eigenen Füßen stehen zu können? Glaubt sie, die alten Symptome kämen wieder? All diese Ängste sind verständlich, entbehren aber jeder Grundlage.

Langzeitstudien, in denen ehemalige Therapiepatienten zum Teil über zwanzig Jahre hinweg beobachtet wurden, bestätigen: Nur ganz, ganz wenige davon erlebten nach Beendigung ihrer Therapie eine Verschlechterung, bei der überwältigenden Mehrheit kam es nach dem Ende der Therapie sogar zu einem Heilungsschub. Um diese Chance der „Nachbesserung" bringen sich also all jene Klienten, die glauben, ohne Therapie nicht leben zu können.

Hat eine Klientin die eigenen Ängste erkannt, dann sollte sie versuchen, mit ihrem Therapeuten/ihrer Therapeutin oder ihrer Gruppe über ein mögliches Ende der Behandlung zu sprechen und auch ihre Ängste zum Thema der Therapie zu machen. Sie sollte an ihren Therapeuten den Anspruch stellen, daß er sie auf das Leben „danach" vorbereitet. Kein seriöser Therapeut wird dieses Anliegen blockieren oder seine Hilfe verweigern. Tut er es doch, oder meint er gar, die Klientin wäre noch gar nicht so weit, an ein Ende zu denken, dann stellt womöglich der Therapeut seine eigenen Interessen über das Interesse seiner Klientin. In solchen Fällen kann es durchaus sinnvoll sein, sich von Freunden oder anderen Experten (z. B. Beratern in psychosozialen Beratungsstellen) in der eigenen Wahrnehmung unterstützen zu lassen.

„Kürzere Therapien können erfolgreich sein"

Ein Gespräch mit dem Psychotherapieforscher und Therapeuten Professor Dr. Hans H. Strupp

Herr Professor Strupp, Sie haben zusammen mit Jeffrey L. Binder ein Buch über psychoanalytische Kurzpsychotherapie geschrieben. Rühren Sie damit nicht an einem Dogma der Psychoanalyse?

Die Kurzbehandlung ist für die Psychoanalyse nicht so ganz ungewöhnlich, wie es scheinen mag. Bereits Freud hat einige Patienten kurz behandelt, wie zum Beispiel Gustav Mahler, den Dirigenten Bruno Walter und andere Fälle. Freud hat sich sogar für die Länge seiner Analysen entschuldigt, selbst wenn diese nur etwa neun Monate dauerten.

Dennoch war die Kurztherapie wenig populär, und besonders unter Analytikern hat die Angst bestanden, daß man nur oberflächliche Erfolge erzielen könnte und die Kurztherapie nicht viel wert sei. Das hat sich geändert, besonders nachdem David Malan und andere in den 60er Jahren in ihren Untersuchungen zeigen konnten, daß es möglich ist, psychoanalytische Konzepte auch in Kurztherapien einzuführen und daß Veränderungen stattfinden.

Sind es denn nicht auch vor allem ökonomische Gründe, daß in den letzten Jahren die Kurztherapie immer populärer wird und Sie sie in Ihrem Buch sogar als „Therapieform der Zukunft" bezeichnen?

Natürlich sprechen auch wirtschaftliche Gründe für die Kurztherapie. Doch insgesamt wächst das Interesse an begrenzter Therapie, weil es bisher keinen überzeugenden Beleg dafür gibt, daß längere Therapien erfolgreicher sind als kürzere. Das gilt auch für die Psychoanalyse. Die klassische Psychoanalyse ist in Amerika und sicherlich auch in anderen Ländern ein „Auslaufmodell", weil die Kosten und der Zeitaufwand so hoch sind, daß nur die wenigsten Leute davon Gebrauch machen könnten. Deshalb wird die klassische Analyse häufig nur noch zur Ausbildung benutzt. Die Sekten der Psychoanalyse, für die diese Therapie mehr eine Religion als eine Wissenschaft ist, sind in den Hintergrund getreten. Selbst analytisch ausgebildete Therapeuten sehen immer mehr Sinn in kürzeren Therapien und praktizieren sie auch.

Ich bin aufgrund unserer Forschungen überzeugt davon, daß kürzere Therapien erfolgreich sein können. Wenn ein Patient in 20 oder 30 Stunden eine gute Erfahrung mit einem Psychotherapeuten machen kann, wenn der Patient sich verstanden fühlt, dann wird er vielleicht auch bereit sein, weiter von der Therapie Gebrauch zu machen. Im Gegensatz dazu hört man häufig, daß ein Mensch erzählt: „Ich bin einmal zu einem Psychiater gegangen, der saß da drei oder vier Stunden und hat den Mund nicht aufgemacht. Da hab' ich gedacht, was hat das für einen Sinn und ich bin nicht mehr hingegangen." Diese Leute sind der Psychotherapie verlorengegangen, weil sie eine schlechte Erfahrung gemacht haben. Hinzu kommt, daß viele Patienten eine kurze Therapie wollen. Sie fürchten sich, wenn der Arzt ihnen eine Psychoanalyse vorschlägt, denn sie wissen: das dauert Jahre und kostet Tausende von Mark. Doch wenn man sagt, man trifft sich für 20, 25 Stunden, dann wird das überschaubar.

Kann jeder Therapeut einfach von Langzeit- auf Kurzzeittherapie umstellen, oder stellt eine kürzere Therapie auch andere Anforderungen an den Therapeuten?

Wie jede andere Therapie will auch die Kurztherapie gelernt sein. Kurztherapie ist nicht nur einfach eine Therapie, die kürzere Zeit in Anspruch nimmt, sondern es müssen auch bestimmte Kriterien erfüllt sein.

Wichtiges Kennzeichen der Kurztherapie ist die Abgrenzung eines Problems. Der Therapeut muß mit dem Patienten eine Übereinstimmung erreichen, daß ein bestimmtes Thema in der Therapie bearbeitet wird. Das kann sich natürlich im Lauf der Therapie verändern, auch das ist möglich, doch in kürzeren Therapien muß man auf bestimmte Probleme hinarbeiten. Der Therapeut muß also feststellen, was das Kernproblem des Patienten ist, anstatt eine Persönlichkeitsveränderung als Therapieziel anzustreben. Denn das ist ein zweifelhaftes Ziel, das selbst in langjähriger Psychoanalyse nur selten erreicht werden kann.

Ich benutze gerne folgende Analogie, um dies zu verdeutlichen: Wenn sie eine Autofahrt machen und von einem Punkt A abfahren und ihr Ziel B kennen, dann haben Sie eine Richtung. Das ist die Kurztherapie. Bei der Psychoanalyse dagegen wird nicht selten einfach ins Blaue gefahren – und das kann jahrelang dauern. Bei der kürzeren Therapie gibt es also eine Richtung, eine Zielsetzung, und der Therapeut ist auch aktiver.

Das heißt, er ist direktiver?

Nicht unbedingt direktiver. Aber aktiver. Natürlich gibt es Unterschiede zwischen den Therapeuten. Ich selbst bin zum Beispiel nicht sonderlich aktiv, aber ich achte darauf, daß der Patient oder die Patientin nicht stundenlang zum Beispiel von Träumen erzählt. Alles, was für die traditionelle Psychoanalyse das Non plus ultra ist, wird in der Kurztherapie vermieden.

Ist die psychoanalytische Kurztherapie nicht auch Ausdruck einer Ernüchterung, weil die Glücks- und Heilsversprechungen, die die Psychotherapie durchaus gemacht hat, nicht eingelöst werden konnten?

Die Ziele der Kurzpsychotherapie sind weniger ideal. Wir wollen keinen Idealmenschen – das war eine falsche Versprechung der Psychoanalyse, das ist nie gelungen, selbst wenn ein Mensch 15 Jahre behandelt wurde. Die Idee, daß eine ganze Persönlichkeit grundlegend verändert werden kann, ist falsch. Das ist nicht möglich, und wenn es möglich wäre, wäre es vermutlich nicht viel wert. Wir sind alle, was wir sind. Wir haben unsere Vergangenheit und unsere Probleme, wir haben unsere besonderen Eltern und besonderen Umstände, in denen wir aufgewachsen sind. Wie man so sagt: Wie der Zweig sich gebogen hat, so wächst er auch. Das heißt nicht, daß Psychotherapie keine Veränderungen erzielen könnte.

Welche Veränderungen können denn in einer Kurzpsychotherapie erreicht werden?

In unseren empirischen Studien haben wir Klienten befragt, was sich durch die Kurztherapie für sie geändert hat. Sie sagen häufig, daß Probleme, mit denen sie in die Psychotherapie kamen, nicht voll und ganz verschwunden sind, daß sie ihnen aber weniger zu schaffen machen.

Wir helfen den Patienten also, sich mehr in ihren menschlichen Beziehungen zurechtzufinden, ohne daß wir darauf abzielen, daß sie Einsicht gewinnen. Das ist ein sehr ungenauer Begriff, von dem niemand genau weiß, was er bedeutet.

Meiner Meinung nach erreicht Therapie folgendes: Der Patient und der Therapeut treten in eine Beziehung zueinander ein, der Patient faßt Vertrauen zum Therapeuten, der Therapeut gibt sich Mühe, dem Patienten behilflich zu sein, der Therapeut ist empathisch und verständnisvoll und hört zu. Unter diesen Umständen hat der Patient ein neues Erlebnis, eine neue Erfahrung von einer zwischenmenschlichen Beziehung. In diesem Kontext kann der Patient Fortschritte machen und mehr Vertrauen entwickeln, was sich dann in seiner Beziehung zum Partner, den Kindern oder anderen Menschen auswirkt. Das Wesentliche ist: Die Therapie ist weniger eine Behandlung als vielmehr ein Erleben. Das ist natürlich auch ein Ideal, denn die Therapeuten sind häufig dieser Aufgabe nicht gewachsen, sie sind nicht genügend ausgebildet. Das ist meiner Ansicht nach eine der größten Gefahren in der Psychotherapie, daß wir eine große Anzahl von praktizierenden Therapeuten ohne ausreichende Ausbildung haben.

Wie müßte diese Ausbildung denn aussehen?

Die Therapeuten müssen über Psyhopathologie Bescheid wissen, sie müssen regelmäßige Supervision haben, sie müssen lernen, zuzuhören, sie müssen sich ständig fortbilden, sie müssen eigene Lebenserfahrung und Therapieerfahrung haben. Ich bin davon überzeugt, daß wir besser ausgebildete Therapeuten brauchen. Wenn uns das gelingen würde, dann wäre die Öffentlichkeit auch weniger mißtrauisch den Therapeuten gegenüber.

Ein Beispiel: Der sexuelle Mißbrauch meist männlicher Therapeuten an ihren weiblichen Klienten ist ein deutliches Indiz dafür, daß die Therapeuten nicht ausreichend ausgebildet sind.

Auch die Therapierisiken und -mißerfolge, über die zunehmend berichtet wird, tragen nicht unbedingt dazu bei, den Ruf der Psychotherapie zu verbessern.

Wie unsere Wirkungsstudien zeigen, verschlechtern sich etwa zehn Prozent aller Patienten durch die Therapie. Und das ist meist auf die Unzulänglichkeit des Therapeuten zurückzuführen.

Wobei gerade die Psychoanalytiker im Fall eines Therapiemißerfolges gerne vom Widerstand des Patienten sprechen, an dem die Therapie scheitert ...

Wann immer etwas schiefging, dann war für die Psychoanalytiker der Patient schuld. Heute geht man davon aus, daß der Patient Recht und der Therapeut Unrecht hat.

Es ist ein relativ neues Phänomen, daß Therapeuten wie Sie Kritik an der eigenen Zunft üben und sich nicht abschotten, um sich zu schützen.

Die Ergebnisse der Psychotherapieforschung machen diese Kritik möglich. Wir halten die Lupe auf das, was in der Therapie vorgeht, während die Analytiker früher niemandem Einblick gewährten.

Wo liegen die Grenzen der Kurztherapie? Für welche Probleme ist sie nicht geeignet?

Da gibt es eine ganz lange Liste. Wir haben in unseren Studien die Patienten sehr sorgfältig ausgewählt. Grundsätzlich kann man sagen: Je schwerer die psychische Störung eines Menschen ist, umso schlechter sind die Chancen. Besonders Persönlichkeitsstörungen, psychotische Zustände, Süchte, alle Arten von asozialem Verhalten und narzißtische Störungen sind schwer zu behandeln. Ängste und Depressionen, also chronische neurotische Störungen dagegen können sehr gut erfolgreich mit kürzerer Therapie behandelt werden. Das heißt nicht, daß nach 25 Therapiestunden alle Probleme verschwinden, aber es kann ein Fortschritt erzielt werden, der den Klienten das Leben erleichtert. Wenn sie dann nach drei, vier Jahren nochmal Unterstützung brauchen, dann nehmen sie vielleicht wieder Therapie in Anspruch.

Das war übrigens auch ein Irrtum der Psychoanalytiker, daß die Psychoanalyse ein für allemal heilen soll, das ist reiner Unsinn. Die meisten medizinischen Behandlungen sind nicht auf völlige Genesung ausgerichtet, sondern sollen es dem Patienten erleichtern, mit seinen Beschwerden zu leben. Dasselbe gilt auch für die Therapie. Und dann gibt es noch die Tatsache, daß wir einer großen Anzahl von Menschen weder mit der Kurz- noch mit der Langtherapie wirklich helfen können.

Sie haben einmal gesagt: Therapie scheint am besten zu wirken, wenn sie am wenigsten gebraucht wird. Ist das nicht ein Armutszeugnis für die Therapie?

In Amerika wird etwas abschätzig von den „worried well" gesprochen, also von den Menschen, die zwar gesund sind, aber ständig Sorgen haben. Man ist der Ansicht, daß sich die öffentliche Gesundheitsfürsorge mit diesen Menschen nicht abzugeben hat. Das ist eine Haltung, die ich mißbillige. Häufig haben diese Menschen Probleme in ihren Ehen, mit ihren Kindern, es gibt prügelnde Ehepartner, Kindesmißbrauch – und die gesellschaftlichen Kosten für all das sind enorm. Wenn die Psychotherapie prophylaktischer wirken könnte, also vorbeugend tätig werden würde, wäre das viel wert. Doch die Gesundheitspflege nimmt davon kaum Kenntnis. Wir behandeln erst, wenn ein ernstes Problem besteht.

In Ihren Wirkungsforschungen sind Sie zu dem Ergebnis gekommen, daß ein Therapieerfolg vor allem auf die Qualität der Therapeut-Klient-Beziehung zurückzuführen ist und weniger auf die Methode. Die deutschen Wirkungsstudien dagegen zielen auf die Methodik ab und haben eine Art „Hierarchie" erstellt, wonach die verhaltenstheoretisch orientierten Methoden am meisten Wirkung zeigen. Stehen Sie mit Ihren Forschungsarbeiten also im Widerspruch zu den deutschen?

Dieser Widerspruch ist nur scheinbar und hat vor allem politische Gründe. Wenn man sagt, Psychotherapie ist im Grunde eine besondere menschliche Beziehung, dann kommt es auf die Persönlichkeit des Therapeuten an. Andererseits wollen Regierungen – in Amerika, aber auch in Deutschland – die Psychotherapie als eine Behandlungsmethode sehen und sagen: Um ein Problem X behandeln zu können, brauchen wir Methode Y, und wir sind wenig an der Person des Therapeuten interessiert, denn das kann man nicht standardisieren. Nach wie vor bestehen die Regierungen und die Krankenversicherungen darauf, daß Psychotherapie eine *medizinische* Behandlung ist und keine *psychologische* (was sie meiner Meinung nach ist). Aus diesem Grund hat es keinen Sinn von „Beziehung" zu sprechen. Unsere Gesellschaft hat dafür wenig Verständnis, denn die logische Forderung davon wäre, daß die Psychotherapie eben eine menschliche Beziehung ist und keine medizinische Behandlung.

Das Gespräch führte
Ursula Nuber

Ursula Wirtz

Die Therapie – kein sicherer Ort?

Sexueller Mißbrauch in der Therapie und der Verrat am Eros

Die innerfamiliäre Gewalt und der sexuelle Mißbrauch von Kindern sind längst kein tabuisierter Forschungsgegenstand mehr. Hochgradig tabuisiert dagegen, im Sinne des Schweigegebotes, nicht etwa des Handlungsverbots ist das, was sich in Psychotherapien und Beratungen abspielt zwischen denen, die Hilfe suchen und denen, die zu heilen versprechen. Obwohl „sexuelle Übergriffe“, wie es so unanstößig umschrieben wird, Geschichte haben, in der Psychoanalyse, am Arbeitsplatz, beim Arztbesuch und da so gar nichts mehr heilig ist, auch beim Beichtvater und Seelsorger, obwohl also die sexuelle Ausbeutung von Frauen Tradition hat, wird das Thema unter den Professionellen verleugnet, verdrängt, verschwiegen. In den ethischen Richtlinien vieler Standesorganisationen und im deutschen und schweizerischen Strafrecht ist der sexuelle Mißbrauch in der Therapie immer noch tabu.

Was sich als psychotherapeutische Verschwörung im Schweigen gegenüber diesem Schattenaspekt unseres Berufes manifestiert, hat große Ähnlichkeit mit dem Grundmuster in unserer Gesellschaft. Es besteht eine Art Männerbündnis, welches prinzipiell das Verhalten von Männern gegenüber Frauen legitimiert. Die zuverlässige Parteinahme für ihresgleichen bildet, bis auf wenige erfreuliche Ausnahmen, die Grundstruktur des rechtlichen und standespolitischen Umgangs mit diesem Thema.

Es wäre für alle Betroffenen hilfreich, wenn sich die Berufsverbände um mehr Transparenz für dieses „Delikt ohne Namen“ bemühen würden, damit der analytische Inzest, der sexuelle Mißbrauch in der Beratung als das erkannt wird, was er ist: ein Trauma, ein Szenario der Destruktivität, ein Mißbrauch von Macht, eine Ausnutzung von Abhängigkeit. Nicht um „Romanzen in Weiß“ (Medwelt) geht es, nicht um „Liebe auf der Couch“, und auch nicht darum: „Sex macht die Couch zum Lotterbett“ (Medical Tribune).

Und ganz gewiß sind die bagatellisierenden Einschätzungen des Sexualtherapeuten A. Blaser – „Als undogmatischer Wissenschaftler muß man sich der Vorstellung offen halten, daß sexuelle Handlungen in der Therapie auch einen indifferenten und positiven Ausgang haben könnten" – überhaupt nicht dazu angetan, die sexuelle Ausbeutung in der Therapie besser zu verstehen.

In den USA hat sich empirisch erweisen lassen, daß die verharmlosenden Beurteilungen des sexuellen Mißbrauchs häufig auf Kollegen zurückgehen, die selbst in sexuelle Beziehungen verstrickt waren.

Das Risiko ist für Frauen größer

Seit die Frauenbewegung an einer Neufassung des Gewaltbegriffs gearbeitet hat, haben wir gelernt, die Gewalt nicht länger als *individuelle* schädigende Handlung aufzufassen, sondern die strukturelle Verankerung der Gewalt gegen Frauen – und es sind vor allem Frauen, die in Abhängigkeitsbeziehungen sexuell ausgebeutet werden – mit in unser Blickfeld zu nehmen.

Wir Frauen sind auch nicht mehr in einem Verständnis von Gewalt befangen, das sich auf die Anwendung roher körperlicher Gewalt reduziert. Dieses verkürzte Gewaltverständnis bleibt Monopol juristischer, patriarchaler Instanzen, für die der sexuelle Mißbrauch in Beratung und Therapie kein Strafbestand ist, weil kein körperlicher Widerstand gebrochen wurde und damit im juristischen Sinn weder Gewalt noch Widerstandsfähigkeit vorliegt.

Wir sind als Frauen an den subtileren, aber nicht weniger zerstörerischen Gewaltverhältnissen zwischen Männern und Frauen interessiert, die es möglich machen, daß eine Frau gerade an dem Ort, an dem sie ihre Verwundungen zeigt und sich vertrauensvoll öffnet, erneut verwundet und verraten wird. „Kein sicherer Ort" heißt eine Wanderausstellung zum Thema der sexuellen Ausbeutung von Kindern und Jugendlichen durch ihre Bezugspersonen. Kein sicherer Ort ist auch die Psychotherapie, wenn Therapeuten ihr Ziel aus dem Auge verlieren, das Verborgenste dem Bewußtsein und damit der Beherrschung zuzuführen" (Freud) und sexuell agieren, statt zu verstehen helfen.

Die Gewalt zwischen den Geschlechtern darf nicht reduziert werden auf Geschlagen- und Vergewaltigtwerden. Auch die Entmündigungen, Rollenzwänge und alltäglichen Entmachtungen von Frauen sind Ausdruck von Gewalt. Unsere geschlechtsspezifische Sozialisierung, die den Mann als Bemächtiger heranbildet, der seine Ansprüche notfalls mit Gewalt durchsetzen kann und Frauen auf Schwäche zurichtet, spiegelt sich auch im Mikrokosmos der therapeutischen Dyade wider. Das Risiko Therapie ist für Frauen größer. Sie erweisen sich in der therapeutischen Situation als verunsicherbarer, gefügiger, abhängiger. Die Anpassungsdressur zeigt sich auch hier: Klientinnen sind bereiter, Schuld auf sich zu nehmen und sich für Schwächen zuerst einmal selbst verantwortlich zu fühlen.

Auch Therapie und Beratung sind nicht frei von geschlechtsrollenspezifischen Einstellungen, die sich auf den Prozeß der Heilung oder Befreiung auswirken. Die Reduzierung der Frau auf ein Sexualobjekt ist nicht nur die Domäne der Werbung, auch im medizinischen, besonders im gynäkologischen Berufsstand, ebenso wie unter den Therapeuten ist Sexismus eine subtile Form von Gewalt.

In jeder Beratungsituation, in jeder Psychotherapie sind die Werte und Bewertungen unserer Kultur anwesend. Dabei geht es nicht nur um die Einschätzungen von Gesundheit und Krankheit, es geht auch darum, wer im Besitz der Definitionsmacht ist. Besonders in Therapie und Psychiatrie wird überdeutlich, daß männliche Expertenmacht und männliche Werte die Meßlatte für die seelische Gesundheit der Frau liefern und festsetzen, was in unserer Gesellschaft als sozial erwünschtes weibliches Verhalten gilt. Ich halte es für wichtig, daß wir uns auch diesen Mißbrauch von Macht bewußt machen und als strukturelle Gewalt enttabuisieren.

„Austragungsort der Macht" (Foucault) ist der Körper und das bedeutet in einer patriarchal strukturierten Gesellschaft eine sehr spezifische Erfahrung für Frauen, denn ihr Körper, ausgebeutet, vergewaltigt und fremdbestimmt, gerät vorzugsweise zum Austragungsort männlicher Macht.

Über die Bilder von Weiblichkeit, die in den patriarchalen Diskursen der Psychoanalyse entwickelt worden sind, werden ebenso wie in den Weiblichkeitsentwürfen anderer therapeutischer Schulen sehr subtil Werthierarchien vermittelt, die den Sexismus der einzelnen therapeutischen Schulen enthüllen und verschiedensten Formen des Mißbrauchs Vorschub leisten. Hierarchisch strukturierte Abhängigkeitsverhältnisse auch in den Ausbildungssituationen begüstigen die sexuelle Beherrschung und Ausbeutung von Frauen.

Eros in der Psychotherapie

Männerphantasien über die Frauen, die nein sagen, aber ja meinen, geistern auch in Therapeutenköpfen und die Mythen über die Frau als verführerische, verderbenbringende Lulu hat nicht nur Freud in seiner defensiven analytischen Abstinenzhaltung beeinflußt und zu der Forderung geführt: „Die Kur muß in der Abstinenz durchgeführt werden".

Auch ich halte sexuelle Abstinenz für notwendig. Aber nicht auf dem Hintergrund eines historischen, defensiven Abstinenzkonzeptes, das von der Angst der Analytiker vor Verführung und Verführtwerden geprägt ist, sondern aufgrund der Überzeugung, daß sexuelle Beziehungen mit den Menschen, die wir begleiten, mit psychotherapeutischer Ethik und psychotherapeutischem Eros nicht vereinbar sind.

Von Eros zu sprechen ist zwar bei uns fast aus der Mode gekommen, lediglich die Eros-Zentren stehen in unserer Gesellschaft hoch im Kurs. Wenn ich von Eros in der Psychotherapie spreche, meine ich damit ein Energiepotential, ein menschliches Universale, das als integratives, zwischenmenschliches Prinzip wirksam ist. Eros hat mit Verbinden zu tun, mit Zusammenfügen des Getrennten. Psychotherapeutischer Eros verkörpert Bezogenheit und vermag die Fragmentierung der Spaltung zu heilen.

Den Griechen galt Eros als Gott der Liebe, eine kosmogonische Urkraft, die das Chaos in eine geordnete Welt zu verwandeln vermochte. Als kosmisches Prinzip war Eros ein Zwischenwesen, der Mittler zwischen den Menschen und den Göttern. Mit dieser besonderen Stellung des Eros hat es zu tun, daß seine Kultivierung als Möglichkeit verstanden wurde, spirituelle Erfahrungen zu machen. Eros war ein Seelenführer, der nach dem Schönen und Guten und Wahren strebt.

Bei Sokrates bezeichnet Eros die Hingabe an die Ausformung der Seele und des Geistes. Er drängt danach, den zu vervollkommnen, den er berührt und ist orientiert an der Sorge für den anderen.

Sorge um den anderen Menschen und seine Eros-Entwicklung – das ist auch die zentrale therapeutische Aufgabe, denn Therapie im Sinne der ursprünglichen Wortbedeutung meint Sorge um jemand. *Therapeuo* bedeutet einen Menschen so zu umsorgen, daß er heil, wieder ganz wird.

Mich hat immer wieder beeindruckt, welche Haltung Martin Buber in der Erziehung als notwendig erachtet, denn in der Therapie brauchen wir auch diese innere Einstellung zu den Menschen, die wir begleiten: „Wesentlich ist, daß es eine wirkliche, von dem Angerufenen mit der Seele erfahrene Menschenbeziehung ist; aber sowie der Helfer von der Lust angewandelt wird, seinen Pflegling – in noch so subtiler Weise – zu beherrschen oder zu genießen, oder auch dessen Wunsch, von ihm beherrscht oder genossen zu werden, anders denn als einen der Heilung bedürftigen Fehlzustand zu behandeln, tut sich die Gefahr einer Verfälschung auf, der verglichen alle Kurpfuscherei harmlos erscheint."

Der Verrat am Eros

Wenn auch unsere condition humaine uns immer wieder hinter Berufs- und Lebensideale zurückfallen läßt, so gehört doch der Verzicht auf die Befriedigung eigener Bedürfnisse, seien sie sexuell oder narzißtisch motiviert, in das Ethos und die Verantwortung der Therapeuten. Wir dürfen unsere Klienten weder beherrschen noch „genießen", sonst zerstören wir und verwunden, statt zu heilen.

Eros kann der Schlüssel sein, um auf einer tieferen Ebene zu verstehen, worum es in der Therapie geht, um Wachstum und Reifen, um Entwicklung und Autonomie, um Identität und den je eigenen Weg. Es geht darum, dem anderen Menschen zu begegnen, ohne sich selbst zu verlieren, es geht um die Anerkennung des Soseins des anderen, nicht um Beherrschung und Bemächtigung. „Wo die Liebe herrscht, da gibt es keinen Machtwillen und wo die Macht den Vorrang hat, da fehlt die Liebe.“ C. G. Jung macht sehr deutlich, daß der Wille zur Macht der psychologische Gegensatz zum Eros ist.

Sexueller Mißbrauch in der Psychotherapie bedeutet Verrat am Eros. Verrat heißt, etwas preisgeben, einen Treubruch an einer Sache oder an jemandem zu begehen, Verrat bedeutet die Preisgabe einer Ordnung. Im Verlassen dieser Ordnung, in der der Mensch einen Platz eingenommen hat, liegt die symbolische Funktion des Verrats. Beim Mißbrauch in der Psychotherapie wird nicht nur der leidende Mensch in seinem Heilungswunsch verraten, sondern der Analytiker verrät auch das analytische Ritual, und damit auch das Heilungspotential, das in einem Ritual wurzelt. Er verläßt die symbolische Ordnung, in die ihn seine Funktion als Therapeut stellt. Sexuelle Verstrickungen mit Klientinnen bedeutet die Preisgabe der helfenden analytischen Beziehung.

Beim sexuellen Mißbrauch in Therapien geht es um den Verlust des analytischen Bezugs zum Eros, um mehr also als um die bedauerliche Tatsache, die Gegenübertragung „nicht fest im Griff“ zu haben, oder um „verfehlten Umgang mit Aspekten der Übertragung“. Dort aber, wo die lebendige Verbindung zum Eros abhanden kommt, wird der Macht und Ausbeutung das Tor geöffnet. Freuds Ratschlag, sich in der notwendigen „Indifferenz“ zu üben und sich „eine harte Haut“ wachsen zu lassen, löst dieses Problem der fehlenden Verankerung im Eros, löst das Machtproblem nicht.

Wir brauchen Eros für den verantwortungsvollen Umgang mit den Grenzen, für die verläßliche Verbindung von Nähe und Distanz. Heilsame und angstfreie Intimität ist in der Therapie nur möglich, wo auch verläßliche und verantwortungsvolle Distanz gesichert ist, ohne daß die Analytiker zur „sprechenden Attrappe“ (Moser) verkommen müssen.

Sichtbar werden im Schutz der Therapie

Wir brauchen Eros, um zu verstehen, was Frauen bewegt, die von ihren Therapeuten „berührt“ werden wollen, wie es in der Diskussion um die sogenannten Verführungen von Patientinnen immer heißt. Sie wollen endlich sichtbar werden im Schutz der Therapie, sie wollen „erkannt“, gesehen und bestätigt werden in ihrem Sosein. Erst auf dem Hintergrund gesellschaftlicher Rollenzuschreibungen wird begreifbar, warum viele Klientinnen in Beratung und Therapie ihren Körper funktionalisieren, um sich via Sexualität der Anerkennung und Akzeptanz des Helfers zu versichern. Im traditionellen Rollenverständnis garantiert ja die „Ware“ Körper die Beziehung zum Mann. Es gehört zu den frühen weiblichen Sozialisationserfahrungen, daß der Körper oft der Preis für Nähe und Zuwendung ist.

Nicht zufälligerweise wird gerade jenen Patientinnen die größte „Schuld“ als „Verführerin“ angelastet, die als „Borderline“ oder „Hysterikerin" gelten. Wir wissen auch, daß gerade diese Frauen oft schon als Kind mißbraucht worden sind, sei es physisch mißhandelt oder sexuell ausgebeutet. Die kindliche Erfahrung des Benutztwerdens und der Grenzüberschreitung hat meist zu einer zunehmenden Entfremdung des Körpers und einem Verlust des Bewußtseins um die eigenen Grenzen geführt. Frauen, die keine verläßlichen Erfahrungen ihrer eigenen Grenzen machen konnten, sind in der therapeutischen Situation ganz besonders gefährdet, erneut Übergriffe zu erfahren oder Verhaltensweisen zu zeigen, die von den Therapeuten als grenzverletzend und damit als verführerisch und provozierend gedeutet werden.

Das körperliche Angebot dieser Frauen, von den Therapeuten oft als Einladung zu einer sexuellen Beziehung verstanden, maskiert in der Regel, worum es ihnen wirklich geht: um Schutz und Geborgenheit, um „den Glanz im Auge des Analytikers", weil der Glanz im Auge des Vaters oft schmerzlich vermißt wurde.

Wir brauchen ein tieferes Verständnis für dieses „andere Begehren" (Hoppe), das nicht in erster Linie sexuelles Begehren ist. Wir brauchen Eros, um zu verstehen, daß in der Liebe und Sehnsucht nach Vereinigung mit dem Therapeuten eine archetypische Dimension aufleuchtet, die zur Chance oder zur Selbstzerstörung von Therapeut und Klientin werden kann, wenn persönlich ausgelebt wird, was überpersönlich gemeint ist. Im mythologischen Verständnis war die Gabe des Heilens immer als ein Geschenk der Götter begriffen worden, das den Heiler in eine besondere Verantwortung stellte. Der Mißbrauch dieser besonderen Gabe stellte den Frevel gegen die Götter dar, den diese mit einer Verfluchung rächten. Auch im heutigen Selbstverständnis der Therapeuten sollte die Reflexion der besonderen Vertrauens- und Machtposition, das Bewußtsein um die zentrale Asymmetrie der Beziehung und die tiefreichende Abhängigkeit der Patientinnen einen festen Platz haben.

Überväter mit göttlicher Unfehlbarkeit

Die Ursehnsüchte von Frauen, die sich in der Therapie konstellieren und auf den Therapeuten projiziert werden, schaffen Abhängigkeit. Der Therapeut erscheint ihnen als ihr Seelenführer, in ihm wird das geliebt, wonach die Seele immer schon auf der Suche war, er wird zur Fleischwerdung eines Ideals. Oft verkörpert der geliebte Therapeut die noch nicht erfahrbare eigene Ganzheit, in ihm und mit ihm wird die Begegnung mit der eigenen Seele gesucht. Das verschärft die Abhängigkeit, die Therapeuten zu Übervätern macht, mit göttlicher Unfehlbarkeit ausgestattet.

Ohne Eros sind die Therapeuten verführt, mit den Bildern, die auf sie projiziert werden zu verschmelzen und die eigenen Omnipotenzphantasien inflationär auszuleben. Ohne Eros fühlen sich diese Männer geschmeichelt, weil Großes von ihnen erwartet wird. Dort, wo Therapeuten die Sehnsucht nach Befreiung zum Eigenen mißverstehen und sich selbst in Fleisch und Blut anbieten, dort wird Eros verraten und letztlich verunmöglicht, worum es in der Therapie geht: die Erfahrung der Selbstwerdung. Sexuelle Beziehungen mit Klientinnen haben nichts mit therapeutischer Sorge zu tun. An diesen Begegnungen können die Frauen nicht wachsen und zu sich selbst finden, denn hier geht es nicht um Reifung, sondern um Zerstörung.

Wir brauchen den schützenden Eros

Die Folgen für die Frauen sind erschütternd. Dort, wo sie ihre verletzte Seele gezeigt haben, um Wachstumserfahrungen zu machen, dort wo die alten Wunden gepflegt und versorgt werden sollten, werden sie fixiert und die Frauen retraumatisiert. Die existentielle Verunsicherung, die massive Erschütterung im Selbstwerterleben und der Verlust der Liebes- und Vertrauensfähigkeit hat viele Betroffene in psychotische Zustände oder in den Suizid getrieben.

Die seelische Not der in Therapien ausgebeuteten Frauen hat große Ähnlichkeit mit dem Erleben von Inzestopfern. Die Dynamik ist ähnlich und auch die Abwehrmechanismen, die wir typischerweise „am Ort der Herrschaft" finden: Idealisierung dessen, der die Macht hat, Identifizierung mit dem Aggressor, Selbstentwertung und Umlenken der Aggression auf die eigene Person (Rohde-Dachser). Diese Abwehrmechanismen sind immer wieder beobachtet worden bei Frauen, die Opfer sexueller Ausbeutung geworden sind. Sie schützen ihre Väter und ihre Therapeuten und geben sich selbst die Schuld für die entgleiste Beziehung.

Es gehört zu den erschütternden und beschämenden Wahrheiten in der helfenden Profession, daß Frauen, die bereits als Kind sexuell mißbraucht worden sind, in den Beratungen und Therapien oft erneut sexuell ausgebeutet werden.

– Gewohnt zu schweigen und Fremdbestimmung hilflos zu ertragen,

– gewohnt an Rollenkonfusion: der Therapeut als Helfender, als guter Vater, als sexuell interessierter Partner, als hilfsbedürftiges Kind,

– gewohnt, alle Rollen einzunehmen, die Klientin, die Geliebte, die Mutter, das Kind,

– gewohnt an den Vorwurf der Verführung,

– gewohnt an das Gefühl des Ausgeliefertseins,

– gewohnt, sich an die Bedürfnisse der anderen anzupassen,

sind diese Frauen leicht manipulierbar, weil sie in besonderem Maße auf Trost und Nähe angewiesen sind, weil sie aufgrund ihrer Symptome oft in sozialer Isolation leben und selbst noch die destruktive Nähe der totalen Einsamkeit vorziehen.

Welcher Haltung also bedarf es, um denen, die Hilfe suchen, wirklich als Helfende zu begegnen? Ich bin der Meinung, daß wir eine Einstellung brauchen, die psychotherapeutischer Eros genannt werden kann. Wir brauchen den schützenden

Eros, der auf das schöpferische gerichtet ist, eine fürsorgliche Einstellung des behutsamen Begleitens. Wir brauchen den Therapeuten als „Gefährten des Leidens“ (Petersen), der hilft, die Verbindung herzustellen zwischen dem Ich und dem Unbewußten, den Therapeuten, der mit seinem Eros wie ein Geburtshelfer beim Geborenwerden in das eigentliche Menschsein begleitet und sich ganz in den Dienst des Selbst stellt.

Hilfreich ist eine Atmosphäre des Gewährens und der Akzeptanz, in der sich die Menschen unverhüllt zeigen dürfen und riskieren können, ganz sie selbst zu werden. Wenn wir als Therapeuten mit uns selbst in Fühlung sind, dann können wir uns auch berühren und betreffen lassen, dann können wir auch mit dem anderen Menschen in Fühlung kommen. Wir müssen uns des eigenen Teilhabens am Ganzen bewußt werden, uns der „Geschwisterschaft aller Wesen“ (Scharfetter) gewahr sein, damit wir uns aus dieser inneren Verbundenheit mit allem, uns selbst und den anderen gegenüber Verantwortung übernehmen können. Schon Plato wies darauf hin: „Was einer selbst nicht hat oder nicht weiß, das kann er auch keinem andern geben, kann er keinen andern lehren.“ Das gilt auch für uns Helfende; wenn wir selbst nicht vom Eros berührt sind, vermögen wir auch nicht, durch ihn zu wirken. Wir brauchen wieder Eros, den großen Daimon, die schöpferische Liebe, im Umgang mit uns selbst, den Mitmenschen und im Umgang mit der Natur. Ganz besonders aber brauchen wir Eros in der Therapie, damit dieser Ort der Wandlung und Integration ein sicherer Ort ist.

Gabriele Freytag

Partei ergreifen für die Frau

Feminismus und Psychotherapie

In den Selbsterfahrungsgruppen der Frauenbewegung konnten Frauen ab Anfang der siebziger Jahre zu einer meistenteils umwerfenden Erkenntnis gelangen: Das, was sie bislang für ihr individuelles Problem und Versagen gehalten hatten – zum Beispiel Unzufriedenheit mit dem eigenen Körper, Unlust an gängigen heterosexuellen Sexualpraktiken und Beziehungsformen, Schwierigkeiten und Kränkungen im Verhältnis zur Mutter, berufliches „Versagen" – all das stellte sich im Gespräch mit anderen Frauen als kollektive Erfahrung heraus und konnte als Ausdruck patriarchaler Verhältnisse interpretiert werden. Das Persönliche war nicht mehr nur privat und individuell, sondern Ausdruck politischer Herrschaft, und es würde sich erst dann grundlegend ändern, wenn die Verhältnisse, insbesondere die Verhältnisse zwischen den Geschlechtern, verändert worden sind.

Auf dieser Erde leben nicht einfach Frauen und Männer als zwei gleichberechtigte Geschlechter, sondern unser Leben ist durchgehend geprägt von dem, was von Feministinnen als „Patriarchat" bezeichnet wird. In diesem System leben Frauen und Männer, und sie halten es, solange sie nicht explizit damit brechen, für das einzig existente und einzig wahre. Ein Teil der Menschheit, nämlich der Mann als Kategorie, gipfelt sich zum Absoluten auf und verweist die Frau auf den zweiten Platz.

Frauen werden abgewertet, beschränkt, übergangen, mißverstanden, lächerlich gemacht und eingeschüchtert. Sie bezahlen bestimmte frauenfeindliche (das heißt von Haß auf das weibliche Geschlecht bestimmte, letztlich auf Vernichtung des Weiblichen abzielende) Praktiken mit ihrem Leben, mit ihrer körperlichen Unversehrtheit und physischen sowie psychischen Gesundheit. Ihre Unterdrückung und ihr Opferstatus sind gesellschaftliche Realität.

Frauen werden von klein auf an ihre gesellschaftliche Minderwertigkeit gewöhnt und übernehmen diese Sichtweise für sich und ihresgleichen. Für diesen Vorgang – die „innere Kolonisierung", den Erwerb der „Weiblichkeit" – brauchen Frauen viel Zeit und Energie, zunächst, um ihren Part zu erlernen, das heißt den Erwartungen an eine „richtige Frau" zu entsprechen, und dann, lebenslang, um ihre Verstrickung in die patriarchalen Verhältnisse aufrechtzuerhalten. Mit anderen Worten: Das Patriarchat existiert nicht außerhalb und getrennt von uns, sondern Frauen sind auf vielfältige Art und Weise darin verwoben, sie stützen und verteidigen es. Ihre „Mittäterschaft" (Thürmer-Rohr) läßt sie ein System tolerieren, das ihre Interessen denen der Männer unterordnet, und verschafft ihnen den Vorteil eines begrenzten Aufenthaltsrecht in der patriarchalen Kultur.

Was Frauen zu Frauen macht

Dieser Vorgang der Verinnerlichung patriarchaler Vorstellungen muß für Frauen schmerzhafte Widersprüche und Konflikte erzeugen: Er entfernt sie von ihrer Lebendigkeit, ihrem Körper und ihren Bedürfnissen, wie auch von der Verständigung und Solidarität mit anderen Frauen, und letztlich vom wirklichen Kontakt mit allem Lebendigen – im schlimmsten Fall macht er sie verrückt und/oder krank.

Feministische Theorien beschäftigen sich mit der Frage, wie patriarchale Herrschaftsverhältnisse in der Psyche von Frauen verankert werden. Dabei geht es einerseits darum, Erziehungsstile, Einstellungen, Botschaften und Rollenmodelle zu identifizieren, die Frauen zu Frauen zu machen und Männer zu Männern. Darüber hinaus bedarf die kulturelle Zweigeschlechtlichkeit unserer gesamten Lebenswelt einer Analyse, die aufzeigt, wie jedem menschlichen Verhalten geschlechtsspezifische Bedeutung zugeordnet wird, und wie diese im Laufe der Entwicklung verinnerlicht wird.

Die Gesellschaftskritik Feministischer Therapie setzt an allen Bereichen an, die den Ausschluß und/oder die Zurücksetzung von Frauen organisieren:

– an der gesellschaftlichen Arbeitsteilung, die dem Mann die Sphäre des öffentlichen Sprechens und Handelns vorbehält, der Frau die private, unsichtbare Reproduktionsarbeit zuweist;

– an der sozialen Organisation der Mutterschaft, die Frauen eine bestimmte „Mütterlichkeit" abfordert, bei deren Nicht-Erreichen sie zwangsläufig mit Schuldgefühlen auf der Strecke bleiben, und die gering bewertete und sozial unabgesicherte Dienstleistungen für mindestens zwanzig Jahre ihres Lebens als selbstverständlich erachtet;

– an der Institution Ehe und Kleinfamilie, die die Liebe und Sexualität der Frauen in einer Art und Weise organisiert, daß Frauen Selbstverleugnung, Dasein für andere und das Gefühl, gebraucht zu werden, für Liebe halten;

– an der Institution „Heterosexualität", die die Ausrichtung der Frau auf den Mann als naturgegeben postuliert und mystifiziert, die die intensiven Frauenbezüge der meisten Frauen nicht zur Kenntnis nimmt oder abwertet und alleinlebende Frauen, Frauenpaare und Frauengemeinschaften als unvollständig abstempelt;

– an Vermittlungsinstanzen für Vorstellungen von Männlichkeit und Weiblichkeit: geschlechtsspezifische Sozialisation in Elternhaus und Schule, Medien, Wissenschaft, Rechtsprechung, Religion, Kunst, Psychotherapie etc.;

– an einer Politik der sexuellen Beherrschung, in der Gewalt gegenüber Frauen und Mädchen Bestandteil der Kultur ist, sei es sexuelle Belästigung, körperliche Mißhandlung, Vergewaltigung, sexueller Mißbrauch, Pornographie, Frauen- und Mädchenhandel. Feministinnen heben hervor, daß alle Frauen von den vielfältigen Formen sexueller Gewalt betroffen sind, auch wenn sie sie nicht unmittelbar erleiden;

– an einer Denk- und Handlungsweise, die Rationalität, Machbarkeit und Beherrschbarkeit an erste Stelle setzt, und uns alle und den Planeten an den Rand einer selbstgemachten Katastrophe gebracht hat.

Feministische Therapie bezieht hier ausdrücklich Stellung gegen die Normalität der Verhältnisse.

Es wird als ein Zeichen von Gesundheit begriffen, wenn Frauen Probleme mit dem herrschenden Geschlechterverhältnis haben, wenn sie sich nicht anpassen, sondern widersetzen.

Die Gesellschaftskritik der Feministischen Therapie macht vor der Psychotherapie nicht halt – sondern bezieht sie ausdrücklich ein.

Wenn Psychotherapien vom Menschen reden, dann meinen sie damit den Mann – das Erleben von Frauen findet sich nicht repräsentiert und/oder wird als defizitär bewertet.

Psychotherapien geben zwar vor, Frauen wie Männern gleichermaßen Linderung von Leiden und Wachstumsmöglichkeiten zu bieten, sie lösen diese Versprechen jedoch nicht ein.

„Menscheln" zum Schaden der Frau

Solange sich eine psychotherapeutische Richtung nicht zu einem gesellschaftskritischen Verständnis in bezug auf das Geschlechterverhältnis bekennt und sich dies auch in ihrer Theorie und Praxis niederschlägt, reproduziert sie gesellschaftliche Normalität, das heißt die Verhältnisse werden unhinterfragt als Selbstverständlichkeiten in den therapeutischen Prozeß übernommen.

Eine vorgebliche Geschlechtsneutralität ist immer ein „Menscheln" zuungunsten der Frau. So hat die inzwischen schon klassisch zu nennende Broverman-Studie deutlich gemacht, daß für Psychotherapeuten der gesunde Mensch der gesunde Mann ist und Charakteristika aufweisen soll wie Aggressivität, Rationalität, Unabhängigkleit, Gelassenheit u. ä.; wohingegen die gesunde Frau niemals ein gesunder Mensch sein kann, weil sie gefühlvoll, nachgiebig und weniger aggressiv sein soll. Eine Frau hat also die „Wahl" zwischen zwei Übeln: Entweder sie ist die richtige, reife Frau, dann ist sie kein ernstzunehmender Mensch mehr – oder sie ist ein gesunder Mensch, dann ist sie ein „Mannweib“ oder eine „Lesbe“ und hat ihre Weiblichkeit verwirkt. Dieser Umstand wird auch als „Doppelstandard seelischer Gesundheit“ bezeichnet.

Mit derartigen Vorannahmen über Weiblichkeit kann Autonomie von Frauen im Sinne von Selbstdefinition nicht wirklich gefördert werden, sondern wird im Gegenteil behindert. Frauen befinden sich in einer widersprüchlichen Situation: Einerseits sollen sie selbständig und frei werden, andererseits ist ihr Wachstumsprozeß von vornherein begrenzt auf das gesellschaftlich Erwünschte.

Die besonderen Gefahren für Frauen in der Psychotherapie

Feministische Kritik benennt besondere Gefahren für Frauen in der Psychotherapie:

– Frauen sind traditionell zuständig für Gefühle und Beziehungen. In der Psychotherapie dürfen sie dieses Expertentum perfektionieren und ausleben – und bleiben weiterhin vom Einfluß auf gesellschaftliche Macht ausgeschlossen. Sie werden sozusagen therapeutisch „ersatzbeschäftigt“.

– Die grundsätzlich ungleiche Machtverteilung in der Therapie ist für Frauen ein wohlbekanntes Muster. Der Therapeut/die Therapeutin kann auf die Bereitschaft von Frauen zurückgreifen, sich Erwartungen und Forderungen anderer anpassen. So besteht die Gefahr, daß in der Therapie Frauen einmal mehr vermittelt wird, wie sie zu sein haben, damit sie richtig sind.

– Therapie setzt an der individuellen Problematik an, am Leiden der einzelnen und verspricht, bei richtiger Therapie und genügend Therapie, Heilung oder zumindest Linderung. Diese Einstellung fördert im Umkehrschluß die übermäßige Bereitschaft von Frauen zur Übernahme von Verantwortung und Schuld: „Wenn ich (immer noch) leide, kann das nur daran liegen, daß ich mich nicht genügend anstrenge, nicht richtig Therapie mache.“ Die gesellschaftlichen Grenzen und Hindernisse werden auf diese Weise ausgeblendet.

– Frauen sind zunehmend unzufrieden mit den gesellschaftlichen Verhältnissen, die sie benachteiligen, wie auch mit dem konkreten Verhalten zum Beispiel ihrer Ehemänner, Chefs und Freunde. In der Therapie wird ihnen ein Raum angeboten, wo sie, unsichtbar für die eigentlichen Adressaten, ihre Wut, Verzweiflung und Trauer ausdrücken dürfen. Nicht die Abwehr, Gewalt und Skrupellosigkeit von Männern wird behandelt, sondern der Zorn, die Angst und die Depression der Frauen.

– Solange Therapie die Vorurteile und Begrenzungen der herrschenden Kultur übernimmt, werden Erfahrungen von Frauen nicht wirklich verstanden – im Extremfall wird ihnen nicht geglaubt. So geschieht es zum Beispiel, daß Berichte von Frauen, als Kind vom Vater sexuell mißbraucht worden zu sein, umgedeutet werden als Wunschphantasie, mit dem Vater geschlechtlichen Kontakt haben zu wollen. Anstatt Frauen Unterstützung zu geben, die Wahrheit ihrer Geschichte herauszufinden, werden sie verwirrt und verrückt gemacht.

– Therapeutisches Geschehen bildet gesellschaftliche Wirklichkeit ab. Dies zeigt sich besonders krass in der Gefahr für Frauen, innerhalb einer Therapie Opfer von sexuellen und/oder emotionalem Mißbrauch durch den Therapeuten zu werden, dies um so mehr, wenn sie eine solche Erfahrung bereits erlitten haben.

Hier wird deutlich, daß Therapie nicht nur entgegen ihrem immer wieder reklamierten emanzipatorischen Auftrag die Herrschaftsverhältnisse stützt, sondern auch, daß das psychotherapeutische Arrangement selber eine fatale Ähnlichkeit zum Geschlechterarrangement aufweist. Die klassische Vorstellung vom männlichen Therapeuten, aufrecht, unbeteiligt, wissend, mit allen Insignien der Macht ausgestattet, und seiner Klientin, womöglich liegend, sich vertrauensvoll in seine Hände begebend, leidend, ihr Gefühlsleben erforschend, weinend, schreiend, zitternd, in unendlicher Therapie und Abhängigkeit – ist eben nicht nur eine Vorstellung.

Frauen haben Grund zur Vorsicht und zum Mißtrauen.

Der Parteilichkeit von Psychotherapie für patriarchale Verhältnisse setzt Feministische Therapie die ausgesprochene *Parteilichkeit für Frauen* entgegen.

Parteilichkeit bedeutet hier nicht ein unkritisches Paktieren mit wie auch immer gearteten subjektiven Interessen von Frauen: sondern bezeichnet eine reflektierte Haltung, die aufgrund einer feministischen Analyse ihre gesellschaftliche Herrschaftsverhältnisse entlarvt und auf der Seite derjenigen Anteile der Klientin steht, die „Mittäterschaft" aufkündigen und sich aus den Zwängen des Geschlechterarrangements befreien will.

Die Kritik an der traditionellen Psychologie

Parteilichkeit ist weder ein Gefühl noch ein Zustand, der mittels eines Willensaktes erreicht werden kann, sondern das Resultat von Erfahrung und Wissen. Um parteilich sein zu können, muß sich die Therapeutin ihrer eigenen Verstrickung in das patriarchale System bewußt sein und sich mit eigener verinnerlichter Frauenfeindlichkeit und Abwertung von Liebe zwischen Frauen auseinandergesetzt haben. Parteilichkeit wird von der Therapeutin immer wieder neu hergestellt, indem sie ihr Wissen darüber, wie sich Herrschaftsverhältnisse in die Psyche einschreiben, mit der Kenntnis der Lebensgeschichte, der Situation und den Äußerungen der Klientin verknüpft.

Feministische Kritik beschränkt sich keineswegs darauf, Konzepte, in denen die Erfahrung von Frauen nicht vorkommen, um „den frauenspezifischen Beitrag" zu ergänzen. Sie geht vielmehr davon aus, daß jeder Aspekt einer Theorie den Stempel patriarchalen Denkens trägt und damit zum Fokus der Überprüfung werden kann und muß.

Im folgenden sollen zentrale Kritikpunkte an bestimmten Konzepten der Psychologie dargestellt werden:

1. Schuldzuweisung an die Mütter: Nahezu unisono stimmen Psychologie und Psychotherapie das Lied von der ewigen Schuld der Mutter an. Immer hat sie versagt, und die Bandbreite zwischen der „durchschnittlich guten Mutter" und der „zu guten Mutter" ist schmal und fallenreich. Die Forschung hat uns sowohl die „schizophrenogene Mutter" beschert, als auch die fressende, die kalte, die gleichgültige und die überbehütende Mutter.

Das Reden über die Mutter ist bestimmt von der Perspektive des kleinen Kindes, besonders des kleinen Jungen, der um seine Autonomie kämpft und sich nicht mit der Mutter identifizieren darf, wenn er ein Mann werden will. Das kleine Mädchen weiß, daß es das gleiche Geschlecht hat wie die Mutter, und es entwickelt sich daher sowohl durch Abgrenzung, aber auch durch Identifikation.

Frauen – doppelt benachteiligt

Die latente Mutterfeindlichkeit betrifft alle Frauen, denn alle Frauen identifizieren sich, bewußt oder unbewußt, mit dem Bild der Mutter, und vor allem werden sie damit identifiziert.

Gleichzeitig wird die tatsächliche Praxis, die gesellschaftliche Machtlosigkeit, Mühe und emotionale Unterversorgtheit der Mütter wenig thematisiert. So erfahren Frauen hier eine doppelte Benachteiligung: ihre Lebensrealität wird nicht wahrgenommen, und sie werden mit negativen Bildern von Mütterlichkeit befrachtet.

2. Väter werden aus der Verantwortung entlassen: Wenn die Mutter-Kind-Beziehung ins Zentrum der Aufmerksamkeit gerückt wird, droht der Vater aus dem Blickfeld zu verschwinden. Wie in der gesellschaftlichen Realität entwischt er gleichsam durch die Tür aus dem privaten Raum nach draußen, er kann nicht mehr zur Verantwortung gezogen werden. Er ist quasi „durch Abwesenheit entschuldigt". Das Vertrackte ist jedoch, daß es sich nicht um eine wirkliche Abwesenheit, sondern um eine komplizierte „anwesende Abwesenheit" handelt.

Besonders kraß wird die Entlastung des Vaters betrieben, wenn der Vater die Tochter sexuell mißbraucht hat und sich der Blick überwiegend auf Mutter und Tochter richtet. Die Auswirkungen von Gewalt, Drohung, Verantwortungslosigkeit und mangelnde Fürsorge werden auf diese Weise bagatellisiert.

Der Wunsch nach einem anderen, „besseren" Vater wird ins Reich der Unmöglichkeit verbannt. Bilder von guter Väterlichkeit werden kaum entworfen – der „hinreichend gute Vater" ist eine unbekannte Größe in der psychologischen Theorie.

Gleichzeitig wird immer wieder hervorgehoben, wie wichtig der Vater für die kindliche Entwicklung ist, besonders für die Ablösung von der Mutter. Es entsteht dabei der Eindruck, daß sein bloßes Vorhandensein bereits ausreicht, daß es also weniger um eine reale Beziehung zu seiner Frau und seinen Kindern und demnach um eine Beziehungsbereitschaft und aktive Verantwortung des Vaters geht, als vielmehr um die formale Erfüllung der heterosexuellen Norm.

Der Feind der Mutter kann kein guter Vater sein

Die Soziologinnen Cheryl Benard und Edit Schlaffer bezeichnen die Abwesenheit des Vaters als Mittäterschaft an späteren Fehlentwicklungen seiner Kinder. Sie beschreiben, wie der abwesende Vater die Leistungen der Mutter behindert, und daß Väter nach wie vor Mütter in der Verantwortung für die Kinder alleinelassen. Sie nennen den Beitrag der Väter „Assistenz" – im Gegensatz zu einem wünschenswerten und notwendigen Teilen der Belastung und Verantwortlichkeit. Sie nehmen auch den „neuen Vater" und die militante Vaterbewegung aufs Korn. Der Vaterbewegung wird der Wunsch nach Rache an der Frau nachgewiesen – als Feind der Mutter kann der Mann jedoch kein guter Vater sein. Es ist illusorisch, das Verhältnis zur Mutter strikt von dem zu den Kindern trennen zu wollen – die Kinder geraten dadurch in schwere Konflikte.

3. Androgynie – die vorgetäuschte Versöhnung der Geschlechter: Überall da, wo von Androgynität oder grundsätzlicher Bisexualität des Menschen die Rede ist, ohne die Geschlechterhierarchie zu benennen, ist für Frauen Vorsicht geboten. In der Regel wird hier ein Prozeß eingeleitet, in dem Frauen verlieren: Männer eignen sich „weibliche" Anteile und Bereiche an und verfeinern unter Umständen ihre Strategien – aber Frauen dürfen auch nach ihrer „Androgynisierung" noch lange nicht in die Bereiche vordringen, die Männer für sich beanspruchen. Die Machtverhältnisse bleiben unangetastet.

4. Das Konzept vom „weiblichen Masochismus" legitimiert Männergewalt: Feministinnen leugnen nicht das Vorhandensein von selbstschädigenden Verhaltensweisen und Bereitschaft zur Unterwerfung bei Frauen. Die Frage ist nur, ob ein solches Phänomen als Ausdruck einer weiblichen Charaktereigentümlichkeit interpretiert wird oder als Folge von Gewaltverhältnissen: Birgit Rommelspacher analysiert den „Mythos vom weiblichen Masochismus" auf dem Hintergrund des Lustverbots, des Aggressionsverbots und des Autonomieverbots für Frauen. Sie zeigt auf, wie Frauen ihre Unterwerfung libidinös besetzen und schließlich die Verantwortung für die Geschlechterhierarchie übernehmen, indem sie die Schuldzuweisung („Du hast es ja so gewollt") annehmen. Sie kritisiert die weibliche Nachsicht gegenüber Männern und die Bereitschaft, die Schuld immer bei sich selber zu suchen, die unter patriarchalen Bedingungen einer Selbstentmachtung gleichkommt. „Die Frau spricht über keinen ein Urteil, läßt alles zu, nur sich selbst verurteilt sie, und zwar sehr hart."

Roswitha Burgard untersucht in ihrem Buch „Mut zur Wut" die Frage, warum Frauen oft jahrelang bei dem Mißhandler bleiben. In Gesprächen mit Frauen fällt deren Realitätsleugnung auf, und zwar gleichermaßen bei Frauen, die physischer Gewalt ausgesetzt waren, wie auch bei Frauen, die lediglich die „normalen" Formen von Grenzübertritt, Herabsetzung und Nicht-Anerkennung erfahren. Die Leugnung der Realität von Gewalt im Geschlechterverhältnis speist sich einerseits aus der gesellschaftlichen Tabuisierung von Männergewalt und andererseits aus der inneren Verpflichtung von Frauen zu Friedfertigkeit, Sanftheit und Versöhnung. Solange Frauen sich nicht das Recht herausnehmen, wütend zu sein, und solange Männergewalt gesellschaftliche Normalität ist, sind Frauen dazu angehalten, ihre aggressiven Gefühle gegen sich selber zu wenden anstatt gegen ihre Mißhandler.

Es gibt ein Leben ohne Mann

5. Der Zwang zur heterosexuellen „Normalität": Die weibliche Bezogenheit auf den Mann wird als natürlich, anstrebenswert oder als einzige Möglichkeit angenommen, und damit werden sowohl die Frauenfreundschaften der meisten heterosexuellen Frauen geleugnet als auch diejenigen Lebensweisen, in denen Frauen Männer an den Rand ihres Lebens verweisen, sei es, daß sie alleine oder mit ihren Kindern leben oder mit anderen Frauen.

Christa Mulack führt aus, daß das patriarchale Weltbild wie ein Schleier über Frauenbeziehungen liegt und ihre wahre Bedeutung verhüllt, und daß es wie eine Mauer Frauen voneinander isoliert und ihre Bezogenheit aufeinander vergiftet. Es gilt, diese Hindernisse wahrzunehmen, zu benennen und an ihrer Überwindung zu arbeiten.

Erst wenn lesbische und zölibatäre Lebensweisen wertgeschätzt werden, sind Frauen frei, ihr Potential zu leben und ihrem eigenen Entwurf zu folgen.

6. Autonomie – alleiniges Ziel der menschlichen Entwicklung: Die einseitige Wertschätzung von Autonomie als Abgrenzung mit Tendenz zur Beziehungslosigkeit entspricht der Wirklichkeit des Mannes in der patriarchalen Gesellschaft: Der kleine Junge muß sich von der Verbundenheit mit der Mutter losreißen, um ein Mann werden zu können, und der Mann muß sich immer wieder seiner Männlichkeit im Sinne einer Freiheit von Bindung beweisen.

Doch muß der Weg zum Selbst, wie in der abendländischen Tradition angenommen, über die Trennung führen? Frauen entsprachen und entsprechen nicht der Norm, die eine von Abgrenzung geprägte Gesellschaft aufgestellt hat. Gleichzeitig hat ihre „Abweichung" eine wichtige Funktion: Sie polstern durch ihre Beziehungsarbeit die harten Kanten der Gesellschaft ab. Es kann für Frauen jedoch nicht um eine Rückkehr zum klassisch Weiblichen gehen, auch nicht um eine Negation von Individualität und Abgrenzungswünschen, aber um neue

Formen der Bezogenheit, die es erlauben, innerhalb der Verbundenheit zu differenzieren.

7. Betonung der frühkindlichen Entwicklung: In Erinnerungen von Frauen wird immer wieder deutlich, daß die Pubertät eine äußerst wichtige Zeit ihres Lebens ist. Hier wird ein Großteil der Vorstellungen von Frausein in der Gesellschaft erlernt. Das Erleben des Körpers und der Sexualität verändert sich und wird meist stärker von außen reglementiert – der „Ernst des Frauenlebens“ beginnt. Es gilt, die Welt von Mädchenfreundschaften und Frauenbezügen zu verlassen und sich auf den Mann hin zu orientieren. War es bis dahin noch möglich, sich in der Zwischenzone der „jungenhaften Mädchen“, Wildfangs und Spätentwicklerin zu bewegen, so ist nun Weiblichkeit gefragt: Jede Frau, die nicht anfängt, selbige durch Äußeres und Verhalten zu demonstrieren, gerät in den Verdacht, eine Lesbe oder ein Blaustrumpf, also „unnormal“ zu sein. Diese Veränderungen gehen nicht einfach „natürlich“ vonstatten, sondern sie werden eingeleitet und begleitet von Vorschriften, Zwang und dramatischen Auseinandersetzungen, letztere meist mit der Mutter als der gesellschaftlich Zuständigen für die ordnungsgemäße Anpassung.

Wenn diese Lebensphase in der psychologischen Theorie und therapeutischen Arbeit vernachlässigt oder ignoriert wird, wird Frauen ein wichtiger Schlüssel zum Verständnis ihrer Geschichte vorenthalten. Vieles deutet darauf hin, daß die Konzentration auf die frühe Kindheit wieder einmal der männlichen Entwicklung nachempfunden ist und das Erleben von Frauen nicht widerspiegelt. Feministische Theorien zum Problem der Eßstörungen haben die Bedeutung der Pubertät und vorpubertären Phase für das Selbstbild und Körpergefühl der Frau herausgearbeitet und zeigen auf, durch welch tiefe und unter Umständen lebensbedrohliche Konflikte Frauen auf dem Weg zum Frausein gehen müssen.

8. Einseitiger Begriff von psychischer Gesundheit: Männer haben in dieser Gesellschaft größere Handlungsspielräume und eine breitere Palette kulturell erlaubter Abwehrmechanismen zur Verfügung: Ob sie saufen oder randalieren, emotional völlig unzugänglich sind oder ständig im Mittelpunkt stehen müssen – sie sind allenfalls ein soziales Problem, geraten jedoch nicht so schnell in Gefahr, als psychisch krank angesehen zu werden.

Mit Selbstverständlichkeiten brechen

Anders die Frauen: So ist zum Beispiel der Unterschied zwischen der normalen angepaßten Frau und der hysterischen Persönlichkeit äußerst gering, wenn nicht sogar gar nicht vorhanden.

Die Stärke der Feministischen Psychotherapie liegt darin, daß sie der weiblichen Erfahrung einen Ort gibt, wo patriarchale Zuschreibungen hinterfragt und überwunden werden können, wo Frauen sich auf die Suche begeben nach einer neuen, eigenen Bedeutung ihrer Erfahrung.

Insofern ist die bisher beschriebene Kritik immer auch als „positiver“ und praktischer Bestandteil Feministischer Therapie zu verstehen: Indem wir etwas nicht tun, nämlich nicht die Schuld bei den Müttern zu belassen, nicht die Kleinkindperspektive mit der erwachsenen Realität verwechseln, nicht den „gesunden Menschenverstand“ bemühen und auch nicht den Glauben an die Natürlichkeit von Geschlechterarrangements, nicht die Geschlechterhierarchie verleugnen, nicht die Männer entlasten, nicht die gesellschaftliche Wirkung für die Ursache halten und so weiter – tun wir etwas Entscheidendes: Wir brechen mit Selbstverständlichkeiten und eröffnen neue Bedeutungszusammenhänge, Seh- und Handlungsperspektiven.

Die Gemeinsamkeiten zwischen Feminismus und Psychotherapie

Feminismus und Psychotherapie haben etwas Wichtiges, vielleicht das Wichtigste, gemeinsam: das Sehen.

Während feministisches Denken den Schleier patriarchaler Ideologie über der Wirklichkeit von Frauen identifiziert und den Blick für die Erfahrung und Interessen von Frauen freimacht, ist der Psychotherapie daran gelegen, Menschen zu einer differenzierten, eigenen Wahrnehmung ihres Lebens zu verhelfen, die nicht länger durch gelernte und unbewußt übernommene Interpretationen verstellt ist.

Beiden geht es um radikales, klares Sehen, ungetrübt von Vorurteilen, Mystifizierung und Tabus.

Feminismus und Therapie sind an dieser Stelle hervorragend geeignet zu kooperieren.

Der Feminismus braucht die Abarbeitung an Theorien und Methoden der Psychotherapie, um Frauen in seelischer Not, bei Konfliktbewältigung und persönlichem Wachstum wirksam helfen zu können. Die Psychotherapie braucht die Konfrontation mit dem Feminismus, um nicht in Kurzsichtigkeit oder Einäugigkeit patriarchalen Denkens steckenzubleiben.

Ich möchte letzteres an einem Beispiel verdeutlichen:

Es war möglich, hundert Jahre lang Frauen zu therapieren und die Tatsache, daß Männer, besonders aus dem engeren familiären Bereich, Mädchen sexuell mißbrauchen, in den Bereich der Phantasie zu verweisen. Den Äußerungen der betroffenen Frauen wurde nicht geglaubt; die Mystifikation des Mannes als einer, der so etwas nicht tut, die Tabuisierung männlicher Gewalt und eine Reihe von Vorurteilen über Glaubwürdigkeit, Phantasietätigkeit und (sexuelle) Wunschvorstellungen von Frauen verhinderten ein Erkennen der Wirklichkeit.

Es ist das Verdienst der Frauenbewegung, ab Mitte der achtziger Jahre die Realität des sexuellen Mißbrauchs ins öffentliche Bewußtsein gebracht zu haben, so daß es inzwischen, Anfang der neunziger Jahre, für einen Therapeuten oder eine Therapeutin schwierig sein dürfte, den Bericht einer betroffenen Frau als Phantasie und Wunschvorstellung abzutun.

Therapie kann hier, mit Hilfe des Feminismus, wieder ihrem eigentlichen und wichtigsten Auftrag nachkommen: aufzuklären anstatt zu vertuschen.

Ich frage mich manchmal, was wohl in zehn Jahren aufgedeckt werden wird, was wir heute noch nicht sehen, allenfalls ahnen, hier und da als Irritation wahrnehmen.

Dazu ist eine Haltung vonnöten, die Offenheit bewahrt, die bereit ist, Fragen, Schwanken und Konfusion zuzulassen, die nicht vorher schon die Antwort weiß: eine Haltung der Neugier auf Frauen.

Ann Koellreuter

Die Wiederkehr des Verdrängten

Bei einer Frau in Analyse

Seit längerem beschäftigt mich die Frage, was in Analysen mit Frauen anders abläuft als in Analysen mit Männern. Ich beobachte, daß es im Analysenprozeß mit Frauen häufig zu stagnierenden und lähmenden Momenten kommt als im Analysenprozeß mit Männern. Stagnationen in Beziehungen zwischen zwei Menschen entstehen bekanntlich dann, wenn etwas drängend im Raume steht, das nicht gesagt werden darf, weil es Angst auslöst.

In der Analyse zwischen zwei Frauen geht es, wie in jeder Analyse, um die Übertragung der Analysandin und die Gegenübertragung der Analytikerin. Das bedeutet, die Analysandin überträgt ihre inneren Gefühle auf die Analytikerin und die Analytikerin reagiert in der Gegenübertragung bewußt oder unbewußt darauf. Übertragungen stellen sich in allen menschlichen Beziehungen ein, und zwar spontan. Dieses Faktum bildet die Grundlage des wichtigsten psychoanalytischen Instrumentes, des Übertragungsphänomens, welches die Beziehung der Analysandin zur Analytikerin konstituiert.

Die Gegenübertragung, als Antwort auf die Übertragung, beinhaltet eigene Ängste und damit verbundene Emotionen der Analytikerin, die durch die Analysandin aktiviert werden. Wenn die Ängste der Analytikerin bewußt werden, kann sie mit ihnen im therapeutischen Prozeß kreativ umgehen. Bleiben sie jedoch verdrängt oder unbewußt als „blinde Flecken" bestehen, dann hat die Analytikerin keine Möglichkeit, oder nur eine sehr beschränkte, bestimmte Situationen wahrzunehmen, und dadurch zu verstehen.

Irritationen, Lähmungen oder Sprachlosigkeit entstehen durch die unbewußte Gegenübertragung der Analytikerin, das heißt sie ist in die Übertragung der Analysandin verwickelt und so nicht mehr imstande zu deuten. Es entsteht eine gemeinsame Angstabwehr. Dies geschieht in jeder Praxis und immer wieder. Das Problem besteht nicht darin, daß das geschehen kann, als vielmehr darin, daß sich Situationen von gemeinsamer Angstabwehr häufen können.

Die Dynamik zwischen zwei Frauen ist anders als zwischen Mann und Frau. Weil beide gleichgeschlechtlich sind, kann sich etwas Angstmachendes zwischen den Frauen potenzieren, was in gegengeschlechtlichen Analysen weniger der Fall ist. Was aber kann derart angstmachend sein, daß darüber nicht gesprochen werden darf?

Ich denke, es geht um die spezifisch weibliche Triebverdrängung, die in der gleichgeschlechtlichen Analysesituation zwischen zwei Frauen wiederkehrt. Was das heißen soll, wird im folgenden erläutert.

Der gesellschaftliche Ort von Frauen ist gekennzeichnet durch Unterdrückung, durch Zweitrangigkeit nach dem Mann, was von den Frauen weit mehr verdrängt wird als sie dies im allgemeinen wahrhaben wollen. Die Folge davon ist die Unterdrückung ihrer Vitalität, ihres Triebhaften und ihrer Potenz! Dieser Nicht-Ort der Frau wird von der Mutter unbewußt an die Tochter weiter übertragen und damit auch die Triebverdrängung. Was sie sich selbst nicht zugestehen kann, gesteht sie auch ihrer Tochter nicht zu. Diese Triebverdrängung beginnt in den ersten Lebensjahren und kann sich in der Adoleszenz fortsetzen als Folge der Beziehung zur Mutter.

Ich möchte hier betonen, daß es mir nicht darum geht, die Mütter anzuprangern, diese haben wiederum ihre eigene Geschichte. Es geht mir vielmehr um das Verstehen der Situation so wie sie ist, um so zu Veränderungen zu gelangen.

Die Analyse dreht sich um die Wechselwirkung der Triebverdrängung, welche einerseits in gesellschaftlichen Zusammenhängen stattfindet, also auch unter Frauen, was andererseits eine Folge der frühen Mutter-Tochter-Beziehung ist, oder umgekehrt.

Um nun zu verstehen, was sich inbezug auf die Triebverdrängung zwischen Analysandin und Analytikerin abspielt, möchte ich erstens das Triebhafte und seine Eliminierung erläutern, die sich auch im feministischen Gedankengut zeigen. Zweitens sollen die Beziehung zwischen Mutter und Tochter unter diesem Aspekt untersucht werden, das heißt die Bedeutung des „mütterlichen Körpers“, um am Ende auf die psychoanalytische Situation zwischen Analysandin und Analytikerin zu kommen.

Das Fremde, das Triebhafte

Was ist das Fremde? Fremd ist, was nicht vertraut ist und uns deshalb Angst macht. Fremd sind andere Kulturen und das andere Geschlecht. Und fremd ist das Unbewußte des Andern, sowie das eigene Unbewußte.

Als ich jemand fragte: „Was bedeutet für Dich das Wort fremd?“, war die Antwort: „Etwas, das mir nicht vertraut ist, wovor ich mich instinktiv zurückziehe, weil ich es nicht kenne, aus Vorsicht oder Angst.“

Das Fremde löst eine instinktive Reaktion oder Angstreaktion aus und ist somit triebhaft. Denn fremd sind die unbekannten Triebe oder die im Unbewußten verankerten Triebe.

Der Triebbegriff erscheint in den Freudschen Texten erst 1905 (in: Drei Abhandlungen zur Sexualtheorie). Aber der Triebbegriff als energetischer ist bereits in der Unterscheidung enthalten, die Freud zwischen inneren und äußeren Reizen vornimmt, denen das Individuum unterworfen ist. Vor den äußeren Reizen kann das Subjekt entfliehen oder sich vor ihnen schützen. Hingegen sind es die inneren Quellen, die eine konstante Reizüberflutung bewirken, denen der Organismus nicht ausweichen kann und die die Triebfeder für das Funktionieren des psychischen Apparates sind.

Im Zentrum von Freuds Aufmerksamkeit steht der Trieb als somatische Reizquelle und seiner psychischen Auswirkungen, das heißt der Wünsche nach Triebbefriedigung bis hin zum Konflikt, der diese Befriedigung einschränkt oder behindert. Aufgrund dieses triebtheoretischen Konzepts vertritt Freud die Auffassung, daß es zwischen Jungen und Mädchen hinsichtlich ihrer Triebausstattung keine Unterschiede gibt.

Trotz dieses emanzipatorischen Gedankens von Freud wird triebhaft mit dem männlichen Prinzip verbunden und die Männlichkeit wird als Vergleichsmaßstab für die weitere Theoriebildung benutzt. Das androzentrische Mißverständnis besteht folglich darin, daß das Wesen des Menschen nun in seinem männlichen, statt in seinem triebhaften Kern angesiedelt wird. Wird zum Beispiel eine der bekanntesten klischeehaften Analogien „männlich =aktiv“ versus „weiblich=passiv“ untersucht, dann verschwindet das Triebhafte allmählich aus dem Weiblichen, da es ja ein „aktives“ Geschehen, und somit männlich, ist. Daraus wurden die bekannten psychoanalytischen triebtheoretischen Entwicklungsbegriffe wie Kastrationsangst, Penisneid, Ödipuskomplex abgeleitet, wobei das Mädchen immer als Pendant zum Knaben begriffen wird und nicht mehr als eigenständiges Wesen mit eigener Triebhaftigkeit.

Das Verschwinden des Triebbegriffes oder „die Verflüchtigung des Sexuellen in der Psychoanalyse“, wie Paul Parin dies formulierte, ist nicht nur in bezug auf das Weibliche, sondern auch in der weiteren psychoanalytischen Theoriebildung festzustellen. Zudem erscheint sich diese Triebverdrängung auch in den feministischen psychoanalytischen Konzeptionen fortzusetzen, auf die ich hier im Detail aus Platzgründen nicht eingehen kann.

Ist die Beziehung zur Mutter asexuell?

In bezug auf die Frau und die Weiblichkeit begann Freud gegen Ende seines Lebens umzudenken und spricht in zwei Artikeln („Über die weibliche Sexualität“, 1931 und „Die Weiblichkeit“, 1933) über jene Aspekte der Frauenentwicklung, die sie von den Männern unterscheiden.

Auch wenn er den Mann weiterhin als das Maß aller Dinge benutzt, beschreibt er doch, wie sich die Persönlichkeit des Mädchens durch die intensive Mutterbindung entwickelt. Das präödipale Stadium, beinahe ausschließlich eine Beziehung zwischen Mutter und Kind, ist von größerer Bedeutung als er ursprünglich dachte, und dauert bei Mädchen länger.

Die Objektbeziehungstheorie als eine der psychoanalytischen Theorierichtungen, hat dieses Studium der frühen Mutter-Kind-Beziehung fortgeführt. Manche Theoretikerinnen und Theoretiker bauten ihre Objektbeziehungstheorie in die klassische psychoanalytische Triebtheorie ein oder fügten sie dieser dazu. Andere wichen erheblich davon ab. Aber für alle ist die frühe Mutter-Kind-Beziehung von entscheidender Bedeutung für die weiteren Entwicklungsschritte, das heißt auch wichtiger als die nachfolgende psychosexuelle Entwicklung.

Man kann sich fragen, warum das Sexuelle und oft auch das Unbewußte, sowie die Triebtheorie, in der feministischen psychoanalytischen Literatur eine derart untergeordnete Rolle spielt. Ist die Suche nach weiblicher Identität, nach weiblichem Begehren, nach weiblicher Potenz überhaupt möglich ohne die Grundlage der psychoanalytischen Triebkonzeption?

Die Triebkonzeption miteinzubeziehen würde für Frauen und Analytikerinnen bedeuten, daß sie sich an alle sexuellen und erotischen Aspekte der Mutter-Tochter-Beziehung heranwagen müßten.

Stattdessen beschreiben Autorinnen wie Chodorow, Benjamin, Mitchell u. a., die Mutter-Tochter-Beziehung als eine empathische und zärtliche, jedoch als nicht-sexualisierte. Der abwesende Vater wird so zum Träger des Erotischen und Lustvollen für das kleine Mädchen. Solche Konzeptionen führen zur Fortbildung der Elimination des weiblichen Trieblebens. Das zeigt sich auch in manchen Ideen der Feministischen Psychoanalyse und der Feministischen Psychotherapie, auf die ich nun kurz eingehe.

Angst vor dem Sexuellen

In den 70er Jahren entstanden durch die Diskussion über Themen wie Gewalt und weibliche Sexualität in der Frauenbefreiungsbewegung die Feministische Therapie und die Feministische Psychoanalyse. Der Grundgedanke war, daß Frauen Frauen besser verstehen können, sind sie doch alle Töchter von Müttern und haben demzufolge ähnlich-vertraute Geschichten.

Ist aber Gleichgeschlechtlichkeit wirklich eine Garantie dafür, sich freier und besser über Gewalt und Sexualität auseinandersetzen zu können oder ist nicht gerade das Gegenteil der Fall, nämlich, daß sich das Angstmachende zwischen den zwei Frauen potenziert?

Wenn in Analysen zwischen zwei Frauen Themen wie Aggression und Sexualität auftauchen, kann der Prozeß ins Stocken geraten. Über Sexualität können sich Frauen gut austauschen, sie tun es offen seit zwanzig Jahren. Gelöst ist jedoch nichts. Denn was sich dahinter verbirgt, ist viel schwerer zu fassen. Es ist die Angst vor dem Sexuellen, dem Triebhaften. Wie oben formuliert, ist Sexualität eine Folgeerscheinung des Begehrens, des Triebhaften und deshalb schwer in Worte zu fassen.

Trotzdem: Begehren bedeutet Lust. Lust am Sexuellen, Lust an der Erotik, Lust an der eigenen Körperlichkeit, Lebenslust. So ist Begehren auch Vitalität, was beinhaltet, sich selber lieben zu können, den eigenen Körper mit der großen Palette von Gefühlen besetzen zu können wie Freude, Verliebtsein, Zufriedenheit, Glück, aber auch Angst, Trauer, Verwirrtsein.

Die Frage ist nun, warum das Begehren, das Triebhafte, im Leben und oft auch in der Analyse ausgeklammert und dadurch fremd bleiben muß.

Der mütterliche Körper

Ich komme nun zur Beziehung zwischen Mutter und Tochter, welche für die Entwicklung der weiblichen Sexualität von besonderer Bedeutung ist.

Das Mädchen gelangt über den Vergleich mit der Mutter, dem mütterlichen Körper, zur Homo-Sexualität. Homo-Sexualität ist nicht zu verwechseln mit Homosexualität (gleichgeschlechtliche Liebe), sondern bedeutet: Das Mädchen entwikkelt das Bewußtsein, die gleiche Sexualität wie die Mutter zu haben. Der Prozeß dieser Bewußtseinsbildung ist für die weibliche Identitätsfindung zentral.

Die weibliche Sexualität steht mit der Homosexualität im doppelten Sinne im Zusammenhang. Das heißt, die Bindung an die Mutter ist, nach Hendrika C. Halberstadt-Freud, eine zweifache: Erstens ist es eine homosexuelle Objektbeziehung, mit welcher die Frau ihr Leben beginnt. Zweitens steht diese in Verbindung mit der Identifikation mit der Mutter und dem mütterlichen Körper – und so des Weiblichen. Folglich hat die kleine Tochter auch zwei Entwicklungsaufgaben zu erfüllen: Einerseits muß sie sich von der verinnerlichten Mutterimago lösen, um eine selbständige Frau zu werden; andererseits muß sie ihre eigene Sexualität entdecken und annehmen.

Die entscheidenden Entwicklungsphasen spielen sich in den ersten fünf Lebensjahren ab. Das bedeutet, daß die Haltung der Mutter dem kleinen Mädchen gegenüber für dessen Sexualität und Verhalten prägend ist. Denn in dieser Zeit entwickelt sich der Bezug zur eigenen Körperlichkeit und Weiblichkeit. Fragen tauchen auf. Das Mädchen will wissen, was es „hat“ und was es „nicht hat“, und was später, wenn es „groß sein wird“, zu erwarten ist, beschreibt Luce Irigaray. Schweigt die Mutter, dann lebt das Mädchen in Träumen: Es ist nicht, „was es ist“, sondern es wartet darauf, was „es sein wird“. Und was „es sein wird“, sind die im weiblichen Unbewußten verankerten Begriffe wie „Partnerin des Ehemannes“, „Familie gründen“, „Kinder gebären“, etc.

Dem Mädchen fehlt aber die Erfahrung, „gut" zu sein, so wie es ist. Aus dieser mangelnden Erfahrung entstehen die Gefühle des ewigen „Nicht-Genügens" der Frauen. Die großen Brüste und das dichte Schamhaar der Mutter stehen der Plattheit und dem nackten Venushügel des Mädchens gegenüber. Die Mutter hat „alles", das Mädchen „nichts". Werden die diesbezüglichen Fragen an die Mutter nicht klar von ihr beantwortet, fühlt sich das Mädchen zurückgestoßen. Es fühlt sich benachteiligt durch die Überlegenheit des mütterlichen Körpers und kann sich nicht als gleichartig erleben, wie Christiane Olivier ausführt.

Das ist die eine Seite der psychosexuellen Entwicklung: Sich mit dem Körper der Mutter vergleichen und dadurch ein Gefühl für den eigenen Körper entwickeln können.

Die andere Seite ist der Triebaspekt, der in der Konzeption der Autorinnen Halberstadt-Freud, Irigaray und Olivier fehlt. Zwar erklären sie diese erste Objektbeziehung als eine homosexuelle, lassen aber die erotischen und sexuellen Komponenten dieser homosexuellen Mutter-Tochter-Beziehung verschwinden oder gar nicht aufkommen. Dadurch bleibt die Tochter erneut nur im Status eines narzißtischen Anhängsels der Mutter, von der sie sich kaum lösen kann, oder die Mutter behält weiterhin die Stellung der phallischen, mächtigen Mutter, von der sich die Tochter nur in Wut abwenden kann. Die Erotik, das Sexuelle, das Triebhafte bleiben somit ausgeklammert.

Wie oben erwähnt, verstehen auch Autorinnen wie Jessica Benjamin oder Nancy Chodorow die Mutter-Tochter-Beziehung als empathische, zärtliche, aber entsexualisierte. Und der fehlende Vater mit seiner aufregenden Außenwelt wird dann der Ort, wo sich das Mädchen begehrt fühlen kann.

Die Frage stellt sich dann, welche Konsequenzen die Verdrängung dieser frühkindlichen homosexuellen Wünsche der Tochter an die Mutter hat. Oder wie sich das fehlende Begehrtwerden durch die Mutter auswirken wird. Die Mutter körperlich begehren zu dürfen – nicht nur sinnlich-zärtlich – und umgekehrt auch den verliebten Blick der Mutter spüren zu können, würde zu eigenen Konturen führen, zum Gefühl: Ich bin wichtig.

Die Verhinderung der Lust

Einleitend war vom Nicht-Ort der Frau, der gekennzeichnet ist durch Unterdrückung und Zweitrangigkeit, die Rede. Dieser Nicht-Ort oder das Nicht-Existieren zeigt sich auch in den Fehlbenennungen der weiblichen Genitalien, wie verschiedene Autorinnen belegen. So sagt Karin Bell: „Die Theorie, daß etwas ohnehin nicht Sichtbares, nur durch Berührung zu Erfahrenes sehr schlecht ins Körperbild integriert werden kann, wenn es zusätzlich unbenannt bleibt oder falsch benannt wird, schien mir einleuchtend."

Diese Nicht- oder Fehlbenennungen der weiblichen Genitalien sind

Folge des frühen Masturbationsverbotes. Wie Karin Flaake in ihrer Arbeit beschreibt, hängt die sexuelle und erotische Besetzung eng mit der Anerkennung der Mutter zusammen, welche sie der kleinen Tochter bei deren sexueller Selbsterforschung entgegenbringt. Diese ersten wichtigen Lusterlebnisse werden jedoch häufig unterbunden und verhindern, daß das Mädchen ein inneres Bild seiner Genitalien entwikkeln kann. Flaake schreibt: „So bleibt anstelle der empfundenen Lust und der Orte der Lust oft eine ‚Leerstelle', ein Bereich, der als ‚unbesetztes', das heißt vom kleinen Mädchen innerlich nicht geeignetes Gebiet erscheint."

Im weiteren beschreibt Ruth Waldeck in ihrer spannenden Arbeit „Die Frau ohne Hände" den Zusammenhang zwischen lustvoller Masturbation und weiblicher Potenz, bzw. Masturbationsverbot und Abhängigkeit, eben ohne Hände zu sein, diese nicht gebrauchen zu dürfen und schließlich nicht mehr zu können. Sie formuliert: „Auch wenn heutige Mütter nicht mehr der Überzeugung sind, daß Onanie gesundheitsschädigend und deshalb zu unterbinden sei, führt ihr Verhalten doch zuweilen dazu, daß die Tochter die Onanie aufgibt. Sind Onanie und Homosexualität für die Mutter angstbesetzt oder tauchen bei den Eltern angesichts der kindlichen Sexualität Mißbrauchs- und Gewaltphantasien oder Verletzungsängste auf, dann können sie der sexuellen Neugier und Lust der Tochter nicht mit offenem Blick begegnen." In der Folge unterdrückt das Mädchen seine sexuellen Wünsche und verliert dadurch an weiblicher Eigenständigkeit und Potenz. Die Macht und Kontrolle, welche die Mutter über den Körper und die Sexualität des Mädchens hatte, wird von diesem dann zuerst in der Phantasie, später oft in der Realität einem Mann zugeschrieben.

Die zweite Ablösung von der Mutter findet in der Pubertät statt. Das Mädchen hat in der Adoleszenz nochmals die Möglichkeit, den eigenen Körper sexuell zu erforschen. Wenn jedoch das Masturbationsverbot der Mutter in der frühen Kindheit die Erforschung der Sexualität verhinderte, wird sich die dadurch entstandene Sprachlosigkeit zwischen Mutter und Tochter erneut wiederholen, im wichtigen Moment der erstmals auftretenden Mens.

Dazu ein Beispiel aus meiner Praxis: Die Mutter einer meiner Analysandinnen legte dieser ein Paket Binden auf das Bett und daneben „Die vollkommene Ehe" von Van de Velde, ohne ein Wort darüber zu verlieren. Für die Analysandin war die Menstruation über Jahre hinweg eine eklige und gefährliche Sache, mit der sie alleine war, worüber man nicht sprach, begleitet von Bauchkrämpfen. Erst viel später, in den Selbstuntersuchungsgruppen, welche von Frauen durchgeführt wurden, konnte sie ihre Ängste vor dem Inneren des Bauches etwas bewältigen. Die anderen Frauen boten ihr den nötigen schützenden Raum zur Erforschung ihrer Gebärmutter. Zugleich konnte sie sich mit anderen Frauen vergleichen, Fragen stellen, die Gebärmutter anderer Frauen betrachten. Seither nahmen ihre Bauchkrämpfe kontinuierlich ab.

Die Abwendung von der Mutter

In der Adoleszenz werden die anderen Mädchen gleichen Alters besonders wichtig. Eine Freundin im gleichen Alter, welche die gleichen körperlichen Veränderungen erfährt, wird zur wichtigsten Gesprächspartnerin. Die Beziehung zur Mutter war, und ist es erneut, zu ungleich, als daß sich das Mädchen als die „gleiche" empfinden könnte. Mit einer anderen Heranwachsenden können die Körper gezeigt, verglichen, gestreichelt werden. Es können sinnlich-zärtliche Beziehungen entstehen, ohne echte Sexualität, die komme später. Es ist ein Sich-vertraut-Machen mit dem Körper der anderen, was mit der Mutter nicht möglich war. Das Mädchen wendet sich von der Mutter ab.

Die Abwendung von der Mutter ist so betrachtet nicht eine Folge der enttäuschten Liebe, das heißt des fehlenden Begehrtwerdens durch die Mutter, sondern ein Akt von narzißischer Wut. Die Ablösung ist echt.

Weibliche Symbiose- und Abhängigkeitswünsche stehen im Zusammenhang mit der Mutterbeziehung, und zwar, weil beide dasselbe Geschlecht haben. Mütter, denen die Ablösung von ihren eigenen Müttern schlecht oder ungenügend gelungen ist, welche ihrerseits kein Begehrtwerden durch ihre Mutter erlebt haben, suchen narzißtische Befriedigung in ihren Töchtern. Eine derart bedürftige Mutter kann eine im Verhalten unersetzliche Mutter bleiben. Sie wird ihrer Tochter eine Ablösung, ein Eigenleben, nicht erlauben, denn dann käme sie sich wertlos vor. Das Mädchen fühlt sich schuldbeladen und spürt zuwenig Raum, um seine Selbständigkeit zu entwickeln. Es entwickelt sich eine unterschwellige Wut, die sich in der späteren Analyse in der Übertragung zeigt.

Bei meiner oben erwähnten Analysandin äußerte sich diese Wut in Form von Phantasien und Träumen, ich könnte verunfallen, wobei sie sich schuldig fühlte. Das Deuten ihres Sich-schuldig-Fühlens ließ sie ihre Abhängigkeit von mir erkennen, die ihr zu schaffen machte und erhellte in der Folge ihre symbiotische Bindung an die Mutter, welche bei der leisesten Abgrenzung der Analysandin jeweils kleinere Unfälle und Selbstunfälle produziert hatte.

In Analysen von Frauen können Wut und Haß vorhanden sein, die sich viel archaischer und absoluter zeigen, als bei Männern. Wut und Haß von Analysandinnen beinhalten etwas Destruktives für beide Teile: In den auftauchenden Phantasien kommen weder Mutter noch Tochter, weder Analytikerin noch Analysandin heil davon. In den Phantasien von Männern hingegen überlebe ich oder er, die Mutter oder er.

Zusammenfassend kann man sagen, daß die Ent-Sexualisierung der Beziehung zwischen Mutter und Tochter den Nicht-Ort der Frau konstituiert. Anstelle einer spannungsvollen, vitalen Beziehung, in welcher eigene Wünsche ihren Raum finden, entsteht eine symbiotische Bindung zwischen Mutter und Tochter, die Eigenleben verunmöglicht. Oft wird aus eben diesem Grund der Entscheid für eine eigene Analyse bei einer Analytikerin gefällt.

Analysandin und Analytikerin

Zur Situation zwischen Analysandin und Analytikerin möchte ich mit einem ethnopsychoanalytischen Exkurs beginnen.

Wie zu Beginn formuliert, sind die Triebe im Unbewußten verankert und uns deshalb fremd. Naheliegend ist es, vom Begriff des „Fremden“ zu fremden Kulturen zu gelangen und damit auch auf die Ethnopsychoanalyse. Mario Erdheim formuliert das so: Wenn wir das Fremde als das Unbewußte der anderen sowie als das eigene Unbewußte betrachten, können wir sagen: Indem wir uns der Analysandin zuwenden, oder der fremden Kultur, werden wir als Psychoanalytikerin oder Ethnopsychoanalytikerin auf uns selber zurückgeworfen. Das Fremde in der anderen berührt das eigene Fremde oder Unbewußte.

In der Analysensituation wäre die Analysandin die fremde Kultur, auf die sich die Analytikerin einzulassen hat. Ich bleibe in der Analogie „Analysandin=Fremdes Land“. Das Fremde, das Unbekannte löst nicht nur Angst aus, es löst auch Neugierde aus. Ein dialektischer Prozeß, eine Wechselwirkung zwischen den zwei Polen Angst und Neugier wird eingeleitet.

Die Überwindung des Kulturschocks in einem fremden Land ist ein Sich-einlassen-Können auf die Angst, bedeutet, diese psychisch und physisch zuzulassen und damit faßbar zu machen. Die Angst wird so nicht verbannt. Aber sie ist bewußt geworden. In der Folge ist eine entspanntere Auseinandersetzung mit sich selbst und in der fremden Kultur möglich.

Der „Kulturschock“ mit dem anderen Geschlecht geschieht in der Adoleszenz oder in der ersten Liebesbeziehung. Das heißt, daß für mich als Frau und Analytikerin die Erfahrung eines unüberwindlichen Grabens oder eben des Fremden inbezug auf das andere Geschlecht schon lange da ist. Ebenso die Erfahrung, daß ich als Frau letztlich etwas grundsätzlich nie verstehen werde vom Mann. Dies ermöglicht mir, mich auf die Situation einzulassen, so wie sie ist.

In der Analysensituation mit einem männlichen Analysanden kann ich hellhörig sein wie in einer fremden Kultur. Paradoxerweise ist es gerade das Bewußtsein, daß ich kein Mann bin, daß also unüberwindbare Schranken da sind, die es mir ermöglichen, mich auf ein emotionales Geschehen einzulassen. Ich werde auf meine eigene Beschränktheit, meine eigenen Grenzen zurückgeworfen, die es zu akzeptieren gilt. Das bedeutet, neu auftauchende Angstmomente nicht auszuschließen, sondern in der dauernden Konfrontation mit dem Fremden im anderen und mit meinem eigenen Fremden anzunehmen.

Wie verhält es sich nun mit dem Fremden beim gleichen Geschlecht? Was geschieht in der gleichgeschlechtlichen Beziehung anders als in der gegengeschlechtlichen? Bei Frauen verschleiert die Tatsache des gleichen Geschlechts, der gleichen Geschichte, daß auch hier etwas Fremdes, ein Graben besteht. Die Distanz fehlt. Es gibt keinen äußeren Anlaß für einen Kulturschock bei Frauen. Damit fehlt auch das Bewußtsein der eigenen Grenzen oder Beschränktheit und der Grenzen der anderen. Das Fremde wird so ausgeklammert. Überfallartig macht sich das Fremde, oder eben Triebhafte, auf einer anderen, unbewußten Ebene bemerkbar und löst Angst und Hilflosigkeit aus, die zu den erwähnten Lähmungen führen können. Das eigene Fremde oder Unbewußte der Analytikerin wird mit Frauen diffuser berührt als mit Männern und kann sich mit dem Unbewußten der Analysandinnen vermischen, oder anders gesagt: Mit Analysandinnen wird das eigene Fremde oder Triebhafte verdrängt.

Die andere Kultur, das andere Geschlecht konfrontiert die Analytikerin mit der Einsamkeit, den eigenen Grenzen. Umgekehrt kann die eigene Kultur, das eigene Geschlecht der Analytikerin die Illusion vermitteln, weniger einsam zu sein. Die eigenen Grenzen zwischen Frauen, dem gleichen Geschlecht, sind schwerer zu erkennen. Die Versuchung, diese Grenzen zu übersehen, entspringt der frühen Mutter-Tochter-Beziehung, die ich beschrieb. Alte Symbiosewünsche werden in gleichgeschlechtlichen Beziehungen reaktiviert, welche das Triebhafte, Sexuelle – und damit Angstmachende – zudecken sollen.

Begehren umfaßt als Begriff Erotik, Sinnlichkeit, Lebenslust, Vitalität und kommt in der Begegnung mit Frau oder mit Mann zum Tragen, wobei der Wunsch, sexuell aktiv zu werden vorhanden sein kann, aber keinesfalls muß! Eine intensive, spannungsvolle Beziehung ist immer erotisch besetzt, das heißt, löst eigenes Begehren wie das Begehren der andern aus. Auch in der Analyse. Die Frage ist nur, weshalb in gleichgeschlechtlichen Analysen eine Gegenübertragungsangst auftaucht, die Begehren verunmöglicht, das Triebhafte verdrängt und zu Sprachlosigkeit und Deutungsunvermögen führen kann.

Die Analytikerin als die Andere

Freud sagte in seiner Arbeit „Die zukünftigen Chancen der psychoanalytischen Therapie“: „Jeder Psychoanalytiker kommt nur soweit, als seine eigenen Komplexe und inneren Widerstände es erlauben.“

Die Kompetenz der Psychoanalytikerin ist jedoch nicht daran zu messen, daß sie möglichst wenig Widerstände entwickelt, sondern vielmehr daran, ob sie ihre Widerstände in sich wahrnehmen und anerkennen kann, und dadurch deren Bedeutung für den Analysenprozeß zu erschließen vermag. Auf dieser Grundlage sind ihr Deutungen möglich, welche den Prozeß vorantreiben.

In der psychoanalytischen Situation zwischen den zwei Frauen kommt es zur Wiederkehr des Verdrängten aus der frühen Mutter-Tochter-Beziehung – und zwar auf beiden Seiten.

Denn der Umgang mit der Homo-Sexualität, also mit der vergleichenden Körperlichkeit und die homosexuelle Objektbeziehung zeigen sich in der Übertragung der Analysandin und den Gegenübertragungsreaktionen der Analytikerin. Frauen, welche in Analyse kommen, erleben ihren Körper meistens negativ oder spüren ihn zum Teil gar nicht. Die sexuelle und sinnliche Besetzung des Körpers fehlt. Ob eine nachholende und dadurch korrigierende Erfahrung in der Analyse möglich ist, wird von der Analytikerin und ihrer eigenen Bewältigung dieser Problematik abhängen. Erfahrungen mit der eigenen Mutter werden aktualisiert und können die Empathie gegenüber der Analysandin bereichern oder umgekehrt Abwehrprozesse mobilisieren. Das Ziel der Analyse ist die Aneignung des eigenen Körpers sowie die Ablösung von der verinnerlichten Mutterimago, um zu einer eigenständigen Vitalität zu gelangen.

Übertragungsangebote betreffen die weibliche Körperlichkeit, also Homo-Sexualität, wie auch homosexuelle Inhalte, das heißt Liebesangebote. Die Frage ist, wie die Analytikerin darauf reagieren kann. Die Antwort ist offen. Homosexuelle Übertragungsangebote können Angst auslösen. Ein homosexuelles Übertragungsangebot wirft die Analytikerin im wahrsten Sinne des Wortes auf ihr eigenes Geschlecht zurück, auf die Frage nach ihrer eigenen gesicherten Identität. Sie wird sich mit ihrer Angst vor unterdrückten homosexuellen Phantasien und Wünschen befassen müssen, mit ihrer Körperlichkeit. Selbstverständlich wird sie Lücken finden in ihrer Geschichte, trotz absolvierter eigener Analyse!

Begehren und Lust finden in Abhängigkeitsverhältnissen keinen Raum, sondern entfalten sich nur in der wechselseitigen Beziehung zum anderen. Deshalb dreht sich die Auseinandersetzung um die Ablösung und Abgrenzung von der inneren Mutter, die jede und jeder in sich trägt. Gelingt diese Abgrenzung nicht oder nur ungenügend, kommen Abwehr- und Spaltungsmechanismen zum Zuge, die eine offene Auseinandersetzung zwischen Analytikerin und Analysandin erschweren.

Die wichtige Erfahrung, die eine Frau in der Analyse macht, ist, nicht länger Spiegel der anderen sein zu müssen, sondern mit eigenen Wünschen im Leben zu stehen. Das ist nur möglich, wenn sich die Analytikerin der Analysandin als die ANDERE gegenüberstellt. Das heißt, die Analytikerin ist sich der eigenen Abhängigkeitswünsche bewußt und braucht diese deshalb nicht an der Analysandin unbewußt auszuleben. Das Ziel ist nicht, angst- und konfliktfrei zu sein. Hingegen ist für die Analytikerin unumgänglich, sich mit der angstbesetzten Gegenübertragung auseinanderzusetzen, und zu akzeptieren, daß manche Anteile des „Fremden in sich" fremd und geheimnisvoll bleiben werden!

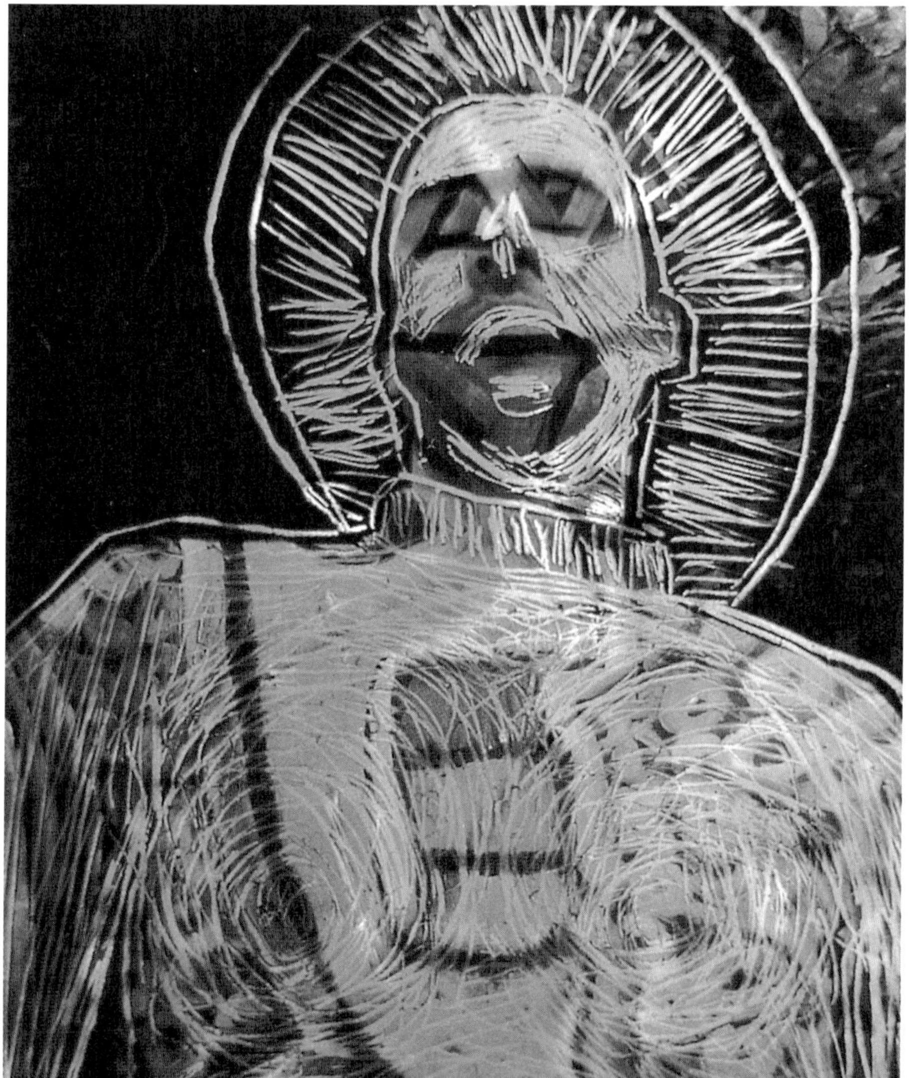

Fay Weldon

Die Hohepriester der richtigen Gefühle

Eine sehr persönliche Warnung vor Psychotherapie

Wenn ich nur ein wenig skrupelloser wäre, und wenn ich dringend einen reichen Mann bräuchte, dann täte ich folgendes: Ich würde meine Haare streng nach hinten kämmen, jede Spur von Make up aus meinem Gesicht entfernen, flache Schuhe tragen, einen „praktischen" Rock und eine Strickjacke anziehen, ein paar Wochenend-Seminare besuchen (und sei es nur, um den richtigen Jargon zu lernen), sodann würde ich mir selbst auf meinem Computer die entsprechenden Zertifikate und Diplome entwerfen – und schon wäre ich als Streßberaterin im Geschäft.

„Streß" wäre sicher das beste Arbeitsgebiet für mich, denn dort bekäme ich eine ganze Menge männlicher Klienten, vorwiegend mit Typ A-Persönlichkeiten (also die leistungsversessenen Workaholics, mit anderen Worten, die reichen Kerle), deren Frauen zwar unglücklich, aber finanziell mehr als abgesichert sind. Und weil ich so brav und bieder aussähe, so vertrauenserweckend, deshalb würden mir auch beide – Ehemänner und ihre Frauen – vertrauen.

Wenn ich ein Mann wäre und weibliche Patienten haben wollte – entweder ihr Geld oder ihre Körper – dann würde ich nicht als „Streß-Therapeut" arbeiten. Nein, dann würde ich mich beispielsweise zum „Transformativen Traumberater" weiterbilden – und ich würde meinen Klientinnen anbieten, ihnen dabei zu helfen, wie sie „mutig ihre Gewohnheiten und Grenzen überwinden könnten, die sie hemmen, wie sie den Energiefluß und das Mysterium der Frau tief in ihnen herauslassen können."

Oder – als Humanistischer Psychotherapeut – würde ich sie „sanft ermutigen, ihrer eigenen, tiefen weiblichen Weisheit zu folgen, sich mit ihrem Körper zu versöhnen und seine Verbindungen zur Lebensgeschichte zu entdecken".

Aber ich bin eben nicht ein solcher skrupelloser *touchie-feelie* Mann mit sanften, verständnisvollen Augen. Ich bin eine skrupellose Frau mit strenger Frisur, ohne Make up, auf der Jagd nach einem reichen Ehemann oder einem zärtlichen Liebhaber. Vielleicht kommt ja Ihrer zu mir in die Praxis!

„Ich kenne die Geheimnisse des Universums"

Also: Ich habe mein Sprechzimmer eingerichtet. Indirekte Beleuchtung, bequemes Sofa, ein Bücherregal voller Fachbücher, darunter etwas Freud, Jung und Melanie Klein, und schließlich ist die Tür des Zimmers leicht zu verriegeln. Nun muß ich nur noch auf die richtigen Parties gehen, wo ich mir die zukünftigen Kunden angeln kann, entweder indem ich sie direkt angehe oder ein Gespräch mit der Ehefrau suche. Ich würde leise und sanft sprechen, sehr klug und geschlechtsneutral aussehen. Mein weißer, matronenhafter Kragen und das ungeschminkte Gesicht würden eine Aura verströmen, die signalisiert: „Vertrau' mir. Ich kenne die Geheimnisse des Universums. Ich würde ja gar kein Geld von dir nehmen, um dir zu sagen, wer du bist, aber ich muß leider meine Miete bezahlen." Und dann würde ich ein bißchen über meine Arbeit erzählen, würde nebenbei einfließen lassen, wie sehr Streß die sexuellen Energien eines Mannes erschöpfen kann. Dann bräuchte ich nur noch in meinem Büro darauf zu warten, daß dieser Ehemann bei mir auftaucht. Vielleicht macht sogar seine Frau den Termin mit mir aus.

Nun beginne ich damit, diese Ehe zu unterminieren. Es wäre ein leichtes Spiel. Denn keine Ehe ist perfekt, und nur wenige Beziehungen vertragen es, daß man sie sehr genau unter die Lupe nimmt.

„Wir haben so jung geheiratet", würde er sagen. Das war einmal sein ganzer Stolz – aber nicht mehr, wenn ich mit ihm fertig bin. Denn mit sanfter, hypnotischer Stimme sage ich ihm: „Zu jung!" „Armer Kerl. Du hast all die Jahre dein Bestes gegeben, aber jetzt ist die Zeit für eine Veränderung gekommen. Seit du geheiratet hast, bist du spirituell und intellektuell gewachsen. Deine Werte sind nicht länger die deiner Frau. Sie blieb zurück. Ich glaube sogar, daß sie die Veränderungen in dir gar nicht gerne sieht. Ja, ich bin überzeugt davon, daß sie etwas dagegen hat, wenn du zu mir kommst."

„Sie haben ja so recht", wird er sagen. „Sie sieht es nicht gern. Nicht mehr." Die Therapeutin erhält zehn Punkte, die Ehefrau verliert zehn Punkte. Und so geht das immer weiter. Oh ja, ich wäre gut darin, ihm seine Eheprobleme und seine Unzufriedenheit bewußt zu machen. Ich wäre diejenige, die ihn gut versteht, der er alles erzählen kann, die bedingungslos mitfühlend und verständnisvoll ist, die immer geduldig zuhört, niemals unterbricht, die sanft, freundlich, angenehm ist. Zwei oder drei Stunden lang jede Woche wäre er nur mit mir zusammen, ohne Unterbrechung, in entspannter Atmosphäre, Stunden, auf die er sich freuen wird, weil ihm da immer nur Gutes widerführe. Mit jedem Besuch würde er mich ein bißchen attraktiver finden, ein bißchen sexier, eine Spur verfügbarer: Ein Hauch von Parfüm, ein bißchen Rouge, ein etwas engerer Rock. Und dann, eines Tages, würde ich die Tür abschließen, und seine Lippen würden meine finden, aus der emotionalen Intimität würde eine physische, sexuelle werden, und – eins, zwei, drei – hätte ich einen Mann, zumindest aber einen Liebhaber. Nämlich Ihren.

Und wenn jemand meint, er müsste deshalb die Stirn runzeln, dann würde ich ihm sagen: „Oh, das ist nur eine positive Übertragung. Das kommt einfach vor." Oder: „Das ist ganz normal für eine Ehefrau, sich unwohl zu fühlen, wenn der Mann in Behandlung ist."

Natürlich gibt es auch Therapeuten und Berater, die „richtig" ausgebildet sind und nur durch ihren Wunsch zu helfen motiviert werden. Die – wie Priester – ganz fest daran glauben, daß sie den einen wahren Weg ins Paradies, ins Nirwana des persönlichen Glücks und der Erfüllung gefunden haben, den wir alle suchen. Die – wie Priester – ein überzeugendes Evangelium predigen, aus dem sie ihre Glaubensartikel abgeleitet haben (sei es die Bibel, der Koran, die Traumdeutung oder „Ich bin o.k., Du bist o.k.") und die einen Meister haben (Jesus, Mohammed, Freud, Eric Berne), dem sie vertrauen und dem sie dienen. Und die wie Priester eine ganze Menge tun können, um die Belastungen von Schuld und Verzweiflung zu lindern. Durch nie ermüdende Freundlichkeit und Anteilnahme beweisen sie, daß sie die Weltsicht eines – sagen wir: mißbrauchten Kindes – die Welt sei ein schrecklicher Ort voller Schmerzen und Ungerechtigkeit, widerlegen können. Sie sind der lebende Beweis dafür, daß es zumindest einige Inseln des guten Willens in diesem Meer der Qualen gibt, und sie verdienen das Vertrauen auch, das wir ihnen entgegenbringen. Das sind die Therapeuten und Berater, die nur widerstrebend ihre Hände ausstrecken, um ihr Honorar zu kassieren, aber sie müssen doch alle ihre Miete bezahlen und Essen und Kleidung kaufen. Sie sind wie die Ärzte, außer daß sie eben die Psyche heilen, nicht den Körper. Das tun sie, indem sie sie erlösen von einem ganzen Wust vager Beschwerden, unpräzise und nicht klar definierbar, das reicht von „Stimmen im Kopf" über „Depressionen", „psychopathischem Verhalten" bis hin zur „Unfähigkeit, eine Beziehung aufrecht zu erhalten."

Sie versuchen, eines der letzten großen ungelösten Probleme der Menschheit zu lösen: Ihre Neigung, unglücklich zu sein.

Wir sollen vertrauen und pünktlich bezahlen

Die „Heilung" ist genauso undefinierbar wie die Beschwerde, denn die Therapeuten unterliegen in ihrer Mehrheit keinen strengen Regeln. Ihre Akademien und Lehreinrichtungen sind in hohem Maße undurchschaubar und halbseiden, und die Mythen, mit denen sich diese Therapeuten umgeben, sind so geheimnisvoll, wie die anderer Priesterschaften. Wir sollen nicht daran herumrätseln, wir sollen nicht kritisch sein – wir sollen nur ihrem verborgenen Wissen vertrauen und sie pünktlich bezahlen, wenn sie uns unaufhaltsam zur „emotional correctness" führen – dem therapeutischen Gegenstück zur „political correctness" (PC). Das heißt nichts anderes, als daß sie eine Welt erschaffen möchten, in der wir alle gleich fühlen – freundlich, höflich und ohne Leidenschaften – und nicht nur gleich denken. Eine Welt, in der Sprache nur dazu dient, Fühlen und Denken einzugrenzen und zu dämpfen. In dieser Welt ist ein Satz wie: „Es tut mir aber leid, daß du dich heute so deprimiert fühlst" die angemessene und allzeit verwendbare Antwort – sei es für jemandem, der gerade versucht hat, sich selbst umzubringen, sei es für einen Klienten, der mit zwei verschiedenen Socken in die Therapiestunde gekommen ist.

Ob es Therapie mit LSD ist (eine Lieblingsmethode in den 60er Jahren) oder Ur-Schrei (70er Jahre) oder Beratung („Betrachte mich als Freund, und wenn du mich dafür bezahlst, dann wirst du bald so denken wie ich") – immer ist das Vorgehen das gleiche: Einer weiß alles, hat auf alles eine Antwort, und er hilft einem anderen, der nichts weiß und vertraut und bezahlt.

Deshalb ist es kein Wunder, daß Psychotherapie – die Heilung der Seele – ein Eldorado für Ausbeuter ist. Heute genauso wie im Mittelalter, ja wie in der Steinzeit – immer gab es Scharlatane, die genau wußten, wie leicht der Rest der Menschheit reinzulegen ist, und die die Naivität ihrer Zeitgenossen meisterhaft ausnutzten. Nur liegt heute die Betonung darauf, daß wir alle „glücklich" sein müßten, und wenn wir es nicht sind, dann ist irgend jemand daran schuld. Das ist ein neuer Aspekt.

Ich treffe heute viele Frauen, die ich trösten muß, und die die Ursachen für ihr Unglücklichsein oder für ihre Eßprobleme in ihrer Vergangenheit suchen, und sie finden nur eine einzige mögliche Erklärung für ihren Zustand: „Mißbrauch", der aber praktischerweise vergessen wurde. Es muß also eine Ursache geben, und wenn es nur deshalb ist, weil die vielen Therapeuten und Berater uns davon überzeugen, daß Unglück, Unzufriedenheit und innere Unruhe abnormale Zustände sind und nicht etwa das Schicksal der Menschheit, die *condition humaine*.

Wir sind nicht geschaffen, glücklich zu sein

Wenn man zwei dazu braucht (Vater und Mutter) um eines zu machen (das Kind), wenn aber gleichzeitig die Zweisamkeit das höchste Glück und die Kleinfamilie nur Streß ist, wie können wir da glücklich sein? Wie können wir uns da nicht irgendwie betrogen fühlen? Ja, wir fühlen uns als Frauen sogar betrogen, wenn jemand vom gleichen Geschlecht uns gebärt – wo soll da der Spaß sein? Die Männer haben es da etwas besser, weil sie von Frauen geboren werden, und den Rest ihres Lebens können sie damit herumprahlen und sich wichtig damit tun – was soll daran fair sein?

Es scheint ganz so, als ob die Natur uns nicht dazu geschaffen hat, glücklich zu sein, uns gut zu fühlen, sondern nur dazu, bis zum fortpflanzungsfähigen Alter zu überleben.

Unsere Gedanken und Gefühle auf dem Weg dorthin sind ihr gleichgültig. Aber wir wollen das nicht akzeptieren: Lieber suchen wir „Selbstverwirklichung“, „Empowerment“ (was immer das heißen mag) und „Erfüllung“, indem wir uns Meditation, Bewußtheitstraining, persönliche Transformation, Streßmanagement und viele andere Dinge, die gerade á la mode sind, verkaufen lassen. Wir konsumieren das alles, um unsere „Ganzheitlichkeit“, oder wie sonst gerade das Modewort lauten mag, zu erreichen, und wir geben viel Geld dafür aus, in der Hoffnung, eines Tages aufzuwachen und uns wirklich gut zu fühlen.

Im Mittelalter haben wir die Ablaßhändler bezahlt, damit sie uns Rabatt auf unsere Sünden geben und wir die Zeit im Fegefeuer um Wochen, Monate oder Jahre verkürzen können (in diesem Warteraum zum Himmel würden uns milde Strafen erwarten, wenn wir gestorben sind, durch die wir unsere läßlichen Sünden abbüßen, im Gegensatz zur ewigen Qual, die uns in der Hölle erwarten würde.)

Heute verleihen wir diese Macht, Sünden zu vergeben, unseren Therapeuten, weil wir ihnen zutrauen, daß sie besser Bescheid wissen als wir und aus den chaotischen Ereignissen unseres Lebens eine einigermaßen zusammenhängende Geschichte konstruieren können. Sie unterscheiden aber nicht zwischen „gut“ und „böse“, sondern nur zwischen „gesund“ (das heißt egozentrisch) und „ungesund“ (das heißt, so fürchte ich, altruistisch). Für sie gibt es nur reif (nicht emotional) und unreif (spontan). Wie bereitwillig sie uns unsere Sünden vergeben! Und wie schnell sie uns beibringen, daß Schuldgefühle irrational sind und sexuelles Verlangen neurotisch ist! Nur allzu gerne listen sie uns die tausend subtilen und verwirrenden Gefühle auf, die unter der Überschrift „Negative Emotionen“ zusammengefaßt werden können. Sie wollen nicht, daß wir trauern, schlechte Laune haben, mürrisch sind, oder leiden. Sie wollen uns zu einer neutralen, mittleren und positiven Grundstimmung bewegen (mit der Ausnahme von Ärger – aus irgendeinem Grunde ermutigen sie uns, dieses Gefühl zu zeigen.)

Wir sind Zeuge, wie die Gesetze der „emotional correctness“ aufgestellt werden und wir alle einer neuen, subtilen, und schrecklichen Zwangsherrschaft unterworfen werden – zusammen mit der „political correctness“ die schon jetzt unsere Denkgewohnheiten einengt und uns daran hindert, neue und wahrscheinlich bessere Formen der Gesellschaft zu entwickeln.

Therapie: Die größte Trickbetrügerei?

Verstehen Sie mich ja nicht falsch. Ich sage (noch) nicht, daß die therapeutische Bewegung die größte Trickbetrügerei aller Zeiten ist. Ich verleugne nicht die gewaltigen Fortschritte, die wir in bezug auf unser Selbst-Verständnis in den letzten hundert Jahren gemacht haben, und ich streite nicht ab, daß sich zwischen den verschiedenen Gruppen der Gesellschaft das Klima wesentlich verbessert hat, als Folge der großen psychotherapeutischen Erkenntnisse von Freud über Jung bis Klein und Berne.

Es stimmt – manchmal erhellen diese Werke unser Leben blitzartig, und wir können einfache und große Wahrheiten erkennen. Und natürlich streite ich nicht ab, daß es unter uns hervorragende und weise Menschen gibt, die uns auf individueller Ebene helfen können – die einem stotternden Kind die Angst nehmen, die einem Kindesmißhandler in den Arm fallen, die Erwachsene dazu bringen, endlich mit dem Rauchen aufzuhören, die Alpträume beenden, vielleicht sogar eine Ehe retten und so weiter (wobei ich bei letzterem keinen Zweifel daran lassen möchte, daß Psychotherapie wahrscheinlich mehr Beziehungen ruiniert als gerettet hat). Und Therapie hilft uns dann dabei, über Scheidungen und Trennungen und Trauerfälle schneller hinwegzukommen.

Ich sage niemandem, der Hilfe braucht: „Um Himmels willen, reiß' dich doch endlich einmal zusammen!“. Ich sage nur, daß es da draußen einen ganzen Haufen verkommener und skrupelloser Leute gibt, die auf einem Gebiet arbeiten, wo Vertrauen zwischen den Menschen das Wichtigste ist und der Mißbrauch dieses Vertrauens das Verheerendste.

Also – seien Sie vorsichtig!

Dieser Beitrag erschien in der Zeitschrift Allure (11/93) unter dem Titel „Final Analysis. Does Psychotherapy breed emotional conformity?“

Die Autorinnen

Dr. Dörthe Binkert lebt als Lektorin und Autorin in Zürich. Veröffentlichungen u. a.:„Ein Gesicht, das zu mir paßt" (Kreuz Verlag 1990), „Frauen, die mit Frauen leben" (Hoffmann u. Campe 1993).

Dr. Roswitha Burgard, arbeitet als Psychotherapeutin im TUBFF Berlin (Therapie und Beratung für Frauen). Sie ist unter anderem Autorin von „Wie Frauen verrückt gemacht werden" (Orlanda Verlag 1980, überarbeitete Neuausgabe: Heyne 1993), „Mut zur Wut. Befreiung aus Gewaltbeziehungen" (Orlanda Verlag 1988) und zusammen mit Birgit Rommelspacher „LeideUnLust" (Orlanda Verlag 1989).

Christa Damkowski studierte Französisch und Spanisch am Dolmetscher Institut Heidelberg und in Paris sowie Soziologie und Psychologie. Sie lebt als freie Journalistin und Autorin in Hamburg.

Gabriele Freytag, Diplom-Psychologin, Psychotherapeutin, Mitbegründerin des Feministischen Frauentherapiezentrums Hamburg, seit 1980 dort tätig, seit 1991 auch in eigener Praxis in Horneburg (bei Stade). Seminarleiterin, Referentin und Autorin zu Themen der Feministischen Therapie und der Zusammenarbeit und Ethik zwischen Frauen.

Dr. Ann Koellreuther arbeitete einige Jahre als Psychotherapeutin an psychiatrischen Polikliniken. Seit 10 Jahren ist sie als Psychoanalytikerin in eigener Praxis tätig. Zum Thema „Die frauenspezifische Situation im analytischen Geschehen" hält sie Seminare am Psychoanalytischen Seminar in Zürich und Bern.

Dr. Anne Maria Leimkühler, Diplom-Sozialwissenschaftlerin, arbeitet in der Forschungsstelle für Psychiatrische Soziologie der Rheinischen Landes- und Hochschulklinik Düsseldorf. Derzeitiger Forschungsschwerpunkt: äthiologische Bedeutung der Geschlechtsrollenidentitäten für die Entwicklung psychischer Störungen.

Ursula Nuber, geboren 1954, ist Diplom-Psychologin und Autorin. Seit 1983 arbeitet sie als Redakteurin bei der Zeitschrift PSYCHOLOGIE HEUTE. Im Kreuz Verlag sind von ihr folgende Bücher erschienen: „Depression – Die verkannte Krankheit" (1991), „Die Egoismus-Falle. Warum Selbstverwirklichung so oft einsam macht" (1993), sowie der von ihr herausgegebene Band „Wir wollten alles, was haben wir nun? Eine Zwischenbilanz der Frauenbewegung" (1993).

Anke Roming, Jahrgang 1951, studierte Germanistik und Politikwissenschaften. Sie ist als Lektorin in einem Wissenschaftsverlag tätig.

Dr. Dorothee Schmitz-Köster ist 43 Jahre alt. Sie hat Germanistik, Philosophie und Sozialwissenschaften studiert und arbeitet als freie Autorin und Journalistin in Bremen. Veröffentlichungen: „Frauen ohne Kinder" (1987), „Liebe auf Distanz" (1990), „Frauensolo" (1993).

Dr. Monika Sieverding ist Diplom-Psychologin und Wissenschaftliche Assistentin an der FU Berlin, Institut für Medizinische Psychologie.

Professor Dr. Hans H. Strupp lehrt an der Vanderbilt University in Nashville/Tennessee und ist dort am Zentrum für Psychotherapieforschung tätig. In seinen Studien hat er sich vor allem mit der Frage beschäftigt, welche Faktoren in der Psychotherapie wirksam sind und wie diese Faktoren effektiv eingesetzt werden können. Zusammen mit Jeffrey L. Binder hat er das Buch „Kurzpsychotherapie“ verfaßt, das 1991 im Klett-Cotta Verlag erschienen ist.

Dr. Angela Waiblinger-Seifert, geboren 1938, arbeitet als Psychotherapeutin und Transaktionsanalytikerin in eigener Praxis; Weiterbildung in verschiedenen Therapieverfahren, vorzugsweise Analytische Psychologie; Lehrtätigkeit in Transaktionsanalyse. Geschäftsführende Vorsitzende des Eric Berne Instituts Stuttgart; Vortragstätigkeit; verschiedene Veröffentlichungen, unter anderem „Rumpelstilzchen“ (Zürich 1983), „Große Mutter und göttliches Kind“ (Zürich 1986), „Dornröschen“ (Zürich 1988).

Dr. Bärbel Wardetzki, geboren 1952, ist Diplom-Psychologin und ausgebildete Gestalt- und Familientherapeutin. Sie arbeitet als Psychotherapeutin an der Psychosomatischen Klinik in Grönenbach, sowie in eigener Praxis in München. Ihre Schwerpunkte: Arbeit mit Abhängigen, speziell Eßgestörten. Aus dieser Arbeit entstand ihr Buch „Weiblicher Narzißmus – Der Hunger nach Anerkennung“, in dem sie die Selbstwert- und Beziehungsstörung von Frauen beschreibt, wie sie in der Regel auch bei Eßgestörten auftritt.

Fay Weldon wurde 1933 in Alvechurch (Worcestershire) geboren. Sie verbrachte ihre Kindheit in Neuseeland, kehrte mit der Mutter nach London zurück, bekam mit 20 ihr erstes Kind (sie hat vier), verdiente sich ihren Lebensunterhalt als Werbetexterin, studierte Psychologie und Ökonomie und veröffentlichte mit 30 das erste Buch. In deutscher Sprache erschienene Werke: „Die Decke des Glücks“ (1983), „Das Haus auf dem Lande“ (1984), „Briefe an Alice“, „Das Kind des Präsidenten“ (1987), „Herzenswünsche“, „Lebensregeln“ (1988), „Kein Wunder, daß Harry sündigte“ (1989), „Die Klone der Johanna May“ (1990), „Trio in Twinset“ (1991). Ihr Roman „Die Teufelin“ (1987) wurde mit Meryl Streep in einer der Hauptrollen verfilmt.

Dr. Ursula Wirtz, geboren 1946, studierte nach Abschluß ihres Philosophie-, Literatur- und Theaterwissenschaft-Studiums in München und Wien in Zürich Psychologie und ließ sich am C. G. Jung-Institut in Küsnacht bei Zürich zur analytischen Psychologin ausbilden. Sie führt heute eine psychotherapeutische Praxis in Zürich und ist Dozentin am C. G. Jung-Institut.

Literatur und Anmerkungen

KAPITEL 1

Frauen und psychische Gesundheit

Antonovsky, A.: Health, stress and coping. Jossey-Bass: San Francisco 1979

Antonovsky, A.: Unraveling the mystery of health: How people manage stress and stay well. Jossey-Bass: San Francisco 1987

Bakan, D.: The duality of human existence. Rand McNally: Chicago 1966

Beck, A. T.: Depression: Clinical, experimental and theoretical aspects. Harper und Row: New York 1967

Becker, P.: Psychologie der seelischen Gesundheit. Theorien, Modelle, Diagnostik (Band 1). Hogrefe: Göttingen 1982

Becker, P.: Geschlecht und seelische Gesundheit. In: Becker, P.; Minsel, B.: Psychologie der seelischen Gesundheit. Persönlichkeitspsychologische Grundlagen, Bedingungsanalysen und Förderungsmöglichkeiten (Band 2). Hogrefe: Göttingen 1986

Becker, P.; Minsel, B.: Psychologie der seelischen Gesundheit. Persönlichkeitspsychologische Grundlagen, Bedingungsanalysen und Förderungsmöglichkeiten (Band 2). Hogrefe: Göttingen 1986

Beckmann, D.: Paardynamik und Gesundheitsverhalten – Einige Ergebnisse einer repräsentativen Erhebung. In: Richter, H.-E.; Strotzka, H.; Willi, J. (Hrsg) Familie und seelische Krankheit – eine neue Perspektive der psychologischen Medizin und der Sozialtherapie. Rowohlt: Reinbek 1976

Beckmann, D.; Brähler, E.; Richter, H.-E.: Der Gießen-Test. 3., überarbeitete Auflage mit Neustandardisierung. Huber: Bern 1983

Beckmann, D.; Brähler, E.; Richter, H.-E.: Der Gießen-Test. 4., überarbeitete Auflage mit II. Neustandardisierung. Huber: Bern 1991

Belle, D.: The stress of caring: Women as providers of social support. In: Goldberger, L.; Breznitz, S. (eds): Handbook of stress. Theoretical and clinical aspects. Free Press: New York 1982

Bem, S. L.: The measurement of psychological androgyny. Journal of Consulting and Clinical Psychology 42, 155-162, 1974

Bem, S. L.: Die Harten und die Zarten. Psychologie Heute 2, 1976

Bierhoff-Alfermann, D.: Androgynie. Westdeutscher Verlag: Opladen 1989

Broverman, I. K.; Broverman, D. M.; Clarkson, F. E.; Rosenkrantz, P. S.; Vogel, S. R.: Sex-role stereotypes and clinical judgement of mental health. Journal of Consulting and Clinical Psychology 34, 1-7, 1970

Dohrenwend, B. P.; Dohrenwend, B. S.: Sex differences and psychiatric disorders. American Journal of Sociology 81, 1976

Erler, G.; Jaeckel, M.; Pettinger, R.; Sass, J.: Kind? Beruf? Oder Beides? Eine repräsentative Studie über die Lebenssituation und Lebensplanung junger Paare zwischen 18 und 33 Jahren in der Bundesrepublik Deutschland im Auftrag der Zeitschrift Brigitte. DJI: München 1988

Jones, W. H.; Chernovetz, M. E.; Hannson, R. O.: The enigma of androgyny: Differential implications for males and females? Journal of Consulting and Clinical Psychology 46, 1978

Jourard, S. M.; Landsman, T.: Healthy personality: An approach from the viewpoint of humanistic psychology (4th ed.). Macmillan: New York 1980

Junker, R.: Die Lage der Mütter in der Bundesrepublik Deutschland. Ein Forschungsbericht. Eigenverlag des Deutschen Vereins für öffentliche und private Fürsorge: Frankfurt/M. 1965

Komarowsky, M.: Cultural contradictions and sex roles. American Journal of Sociology 52, 1946

Krüger, D.: Trends und Tendenzen in der häuslichen Arbeitsteilung unter rollentheoretischer Perspektive. In: Nave-Herz, R. (Hrsg), Familiäre Veränderungen seit 1950 – eine empirische Studie. Abschlußbericht, Universität Oldenburg, 1984

Liebherz, K.: Was schützt uns vor der Neurose? Ergebnisse einer Vergleichsuntersuchung an hochrisikobelasteten Neurotikern und Gesunden. Zeitschrift für psychosomatische Medizin und Psychoanalyse 34, 1988

Merz, F.: Geschlechterunterschiede und ihre Entwicklung. Hogrefe: Göttingen 1979

Moss, P.; Plewis, I.: Mental distress in mothers of preschool children in inner London. Psychological Medicine 7, 1977
Nauck, B.: Erwerbstätigkeit und Familienstruktur. Juventa: Weinheim 1987
Parsons, T.; Bales, R. F.: Family. Socialization and interaction process. Routledge und Kegan: London 1955
Phillips, R. D.; Gilroy, F. D.: Sex-role stereotypes and clinical judgements of mental health: the Broverman's findings reexamined. Sex Roles 12, 1985
Richter, H. E.: Konflikte und Krankheiten der Frau. In: Claessens, D.; Milhoffer, P. (Hrsg): Familiensoziologie. Fischer: Frankfurt/M. 1973
Richter, H. E: Lernziel Solidarität. Rowohlt: Reinbek 1974
Rogers, C. G.: Client centered therapy. Houghton Mifflin: Boston 1951
Rogers, C. G.; Dymond, R. F. (ed): Psychotherapy and Personality Change. University Press: Chicago 1954
Rohde-Dachser, C.: Unbewußte Phantasie und Mythenbildung in psychoanalytischen Theorien über die Differenz der Geschlechter. Psyche 43, 1989
Roos, P. E; Cohen, L. H.: Sex roles and social support as moderators of life stress adjustment. Journal of Personality and Social Psychology 52, 1987
Rosenberg, M.: Society and the adolescent self-image. University Press: Princeton 1965
Rudolf, G.; Stratmann, H: Psychogene Störungen bei Männern und Frauen. Zeitschrift für psychosomatische Medizin und Psychoanalyse 35, 1989
Runge, T. E.; Frey, D.; Gollwitzer, P. M.; Helmreich, R. L.; Spence, J. T.: Masculine (instrumental) and feminine (expressive) traits. A comparison between students in the United States and West Germany. Journal of Cross-Cultural Psychology 12, 1981
Scheier, M. F; Carver, C. S.: Optimism, coping, and health: Assessment and implications of generalized outcome expectancies. Health Psychology 4, 1985
Scheier, M. F.; Carver, C. S.: Dispositional optimism and physical well-being: The influence of generalized expectancies on health. Journal of Personality 55, 1987
Schepank, H.: Epidemiologie psychogener Störungen. In: Kisker, K. P.; Lauter, H.; Meyer, J.-E.; Müller, C.; Strömgren, E. (Hrsg): Neurosen, psychosomatische Erkrankungen, Psychotherapie (Psychiatrie der Gegenwart Bd. 1, S. 1-27) Springer: Berlin 1986
Schepank, H.: Psychogene Erkrankungen der Stadtbevölkerung. Eine tiefenpsychologisch-epidemiologische Feldstudie in Mannheim. Springer: Berlin 1987
Sieverding, M.: Attraktion und Partnerwahl. Geschlechtsrollenstereotype bei der Partnerwahl. Report Psychologie 7, 1988
Sieverding, M.: Psychologische Barrieren in der beruflichen Entwicklung von Frauen. Das Beispiel der Medizinerinnen. Enke: Stuttgart 1990
Sieverding, M.; Alfermann, D.: Instrumentelles (maskulines) und expressives (feminines) Selbstkonzept: ihre Bedeutung für die Geschlechtsrollenforschung. Zeitschrift für Sozialpsychologie (im Druck), 1992
Sommer, G.; Ernst, H. (Hrsg): Gemeindepsychologie. Therapie und Prävention in der sozialen Umwelt. Urban und Schwarzenberg: München 1977
Spence, J. T.: Comment on Lubinski, Tellegen, and Butcher's „Masculinity, femininity, and androgyny viewed and assessed as distinct concepts". Journal of Personality and Social Psychology 44, 1983
Spence, J. T.; Helmreich, R. L.: Masculinity & femininity. Their psychological dimensions, correlates & antecedents. University of Texas Press: Austin 1978
Spence, J. T.; Helmreich, R. L.; Stapp, J.: The Personal Attributes Questionaire: A measure of sex role stereotypes and masculinity-femininity. Journal Supplement Abstract Service Catalog of Selected Documents in Psychology 1974, 4, 1974
Spence, J. T.; Helmreich, R. L.; Stapp, J.: Ratings of self and peers on sex role attributes and their relation to self-esteem and conceptions of masculinity and femininity. Journal of Personality and Social Psychology 32, 1975
Spence, J. T.; Sawin, L. L.: Images of masculinity and femininity: A reconceptualization. In: O'Leary, V. E.; Unger, R. K.; Wallston, B. S. (eds): Women, gender, and social psychology. Lawrence Associates: Hillsdale 1985
Spence, J. T.; Helmreich, R. L.; Holahan, C. K.: Negative and positive components of psychological masculinity and femininity. Journal of Personality and Social Psychology 37, 1979
Schwarzer, Ralf u. a.: Psychologie des Gesundheitsverhaltens. Hogrefe: Göttingen 1992
Taylor, S. E.; Brown, J. D.: Illusion and well-being: A social psychological perspective on mental health. Psychological Bulletin 103, 1988
Towbes, L. D.; Cohen, L. H.; Glyshaw, K.: Instrumentality as a life-stress moderator for early versus middle adolescents. Journal of Personality and Social Psychology 57, 1989
Tress, W.: Das Rätsel der seelischen Gesundheit. Verlag für Medizinische Psychologie, Vandenhoeck und Ruprecht: Göttingen 1986

Tress, W.; Schepank, H.: Grundlagenwissenschaft Epidemiologie: Ergebnisse zur Häufigkeit, zur Verteilung und zum Verlauf psychogener Erkrankungen in der Bevölkerung. Zeitschrift für psychosomatische Medizin und Psychoanalyse 35, 1989
Warr, P.; Parry, G.: Paid employment and women's psychological well-being. Psychological Bulletin 91, 1982
Whitley, B. E.: Sex roles and psychotherapy: A current appraisal. Psychological Bulletin 86, 1979
Whitley, B. E.: Sex role orientation and self-esteem: A critical meta-analytic review. Journal of Personality and Social Psychology 44, 1983
Zevon, M. A.; Tellegen, A.: The structure of mood change: An idiographic/nomothetic analysis: Journal of Personality and Social Psychology 43, 1982

„... so eine Art Lebensangst, die ich in mir habe“

Beck-Gernsheim, E.: Von der Liebe zur Beziehung? in: J. Berger (Hrsg.), Die Moderne – Kontinuität und Zäsuren, Sonderband 4 der Sozialen Welt, Göttingen 1986
Bilden, H.: Geschlechtsspezifische Sozialisation, in: K. Hurrelmann, D. Ulich (Hrsg.), Handbuch der Sozialisationsforschung, Weinheim u. Basel 1982
Bourdon, K. H. et al.: Gender Differences in Phobias: Results of the ECA Community Survey, in: Journal of Anxiety Disorders, 2, 1988
Hagemann-White, C.: Sozialisation: weiblich – männlich? Opladen 1984
IES-Bericht 205.91, Hannover 1991
Vogt, I.: Für alle Leiden gibt es eine Pille. Beiträge zur psychologischen Forschung, Bd. 4, Opladen 1987

Die perfekte Maske des Narzißmus

Asper, K.: Verlassenheit und Selbstentfremdung. Neue Zugänge zum therapeutischen Verständnis, Olten 1987
Battegay, R.: Narzißmus und Objektbeziehungen, Bern 1979
ders.: Die Hungerkrankheiten, Bern 1987
Beaumont, H.: Prozesse des Selbst in der Paartherapie 1, 1987
ders.: Ein Beitrag zur Gestalttherapie und -theorie und zur Behandlung schizoider Prozesse. Gestalttherapie, Zeitschr. d. DVG 2, 1988
Boskind-Lohdahl, M., Sirlin, J.: Frauen zwischen Freß- und Magersucht, Psychologie Heute 3, 1979
Bruch, H.: Eating disorders. Obesity, Anorexia Nervosa and the Person within, New York 1973
Dowling, C.: Perfekte Frauen. Die Flucht in die Selbstdarstellung, Frankfurt 1989
EMMA Sonderheft: Durch Dick und Dünn. Sonderband 4, Köln 1984/85
Focks, P., Trück, G.: Maskerade der Weiblichkeit. Eß-Brech-Sucht. Gratwanderung zwischen Anpassung und Verweigerung, Pfaffenweiler 1987
Hommerich, U., Scheffler, S.: Weichenstellung in der Entwicklung weiblicher Identität in ihrer Beziehung zur gesellschaftlichen Notwendigkeit. In: Beiträge zur feministischen Theorie und Praxis. Neue Heimat Therapie, Heft 17, Köln 1986
Hortskotte-Höcker, E.: Eß-Brech-Sucht und weiblicher Lebenszusammenhang im Patriarchat, Pfaffenweiler 1987
Johnson, S. M.: Der narzißtische Persönlichkeitsstil, Köln 1988
Kohut, H./Wolf, E. S.: Die Störungen des Selbst und ihre Behandlung. In: Peters, U.H. (Hrsg.): Psychologie des 20. Jahrhunderts. Psychiatrie Bd. 2, Weinheim 1983
Merfert-Diete, Ch., Soltau, R.: Frauen und Sucht. Die alltägliche Verstrickung in Abhängigkeit, Hamburg 1984
Miller, A.: Das Drama des begabten Kindes, Frankfurt 1979
dies.: Depression und Grandiosität als wesensverwandte Formen der narzißtischen Störung. Psyche 33, 1979
Orbach, S.: Antidiätbuch I, München 1978
dies.: Antidiätbuch II, München 1983
Wardetzki, B.: Weiblicher Narzißmus und Bulimie. Dissertation, München 1990
Wardetzki, B.: Weiblicher Narzißmus, München 1992

Die „gesunden“ Depressionen der Frauen

Gut, Emmy: Productive and Unproductive Depression, London 1989
Crowley Jack, Dana: Immer hab' ich mich dir angepaßt. Wenn Frauen ihr Selbst zum Schweigen bringen, München 1993
Rothblum, Esther D.: Sex-Role Stereotypes and Depression in Women, in: Violet Franks, Esther D. Rothblum (Ed.), The Stereotyping of Women. Its Effects on Mental Health, New York 1983

McGrath, Ellen: When Feeling Bad is Good, New York 1992
Nuber, Ursula: Depression. Die verkannte Krankheit, Stuttgart/Zürich 1992

„Die müssen doch einsam und unglücklich sein...“

1) Zur Begriffsklärung
Einpersonen-Haushalte: Das ist der Begriff, den die Statistiker verwenden. Sie meinen damit Menschen, die alleine leben, alleine einen Haushalt führen. Eine solche Lebensweise sagt natürlich nichts über eine Partnerschaft aus, es gibt heute viele Paare, die nicht zusammenleben. Auf alle Fälle muß man davon ausgehen, daß die Zahl der Einpersonen-Haushalte höher liegt als die der Solisten – aber darüber gibt es keine Zahlen.
Single: Medien und Ratgeber sprechen von Singles und meinen damit in der Regel Menschen, die keine dauerhafte Beziehung haben. Manchmal sind damit aber auch Alleinlebende gemeint, die nicht mit ihrem Partner/ihrer Partnerin zusammenwohnen.
Solisten: Ich selbst favorisiere den Terminus ‚Solistin/Solist‘, weil er im Gegensatz zu ‚Single‘ kein negatives Vorzeichen besitzt, sondern positive Assoziationen weckt. Solisten sind Menschen, die keine als dauerhaft verstandene, emotionale und sexuelle Beziehung zu einem Gegenüber haben.

2) Als Quellen dienten:
ARD-Sendungen: Geld oder Liebe, Herzblatt, Flitterabend, Herzklopfen
RTL-Sendung: Traumhochzeit
Pro 7-Sendung: Straßenflirt
Express (Köin): 26. – 30. 4. 93
Marie Claire: 5/93 ff
Jürgen vom Scheidt/Ruth Zenhäusern: Alleinsein als Chance. Wege aus der Einsamkeit, München 1990
Wolfgang Schmidbauer: Einsame Freiheit. Therapiegespräche mit Frauen, Reinbek 1993
Dorothee Schmitz-Köster: Frauensolo. Eine selbstbewußte Lebensform, Reinbek 1993

KAPITEL 2

„Ich schaffe es allein“

Eckard Giese/Dieter Kleiber (Hrsg.): Im Labyrinth der Therapie. Wege, Chancen, Risiken. Ein „Psychologie Heute“-Buch, Heyne 1993
Diana Voigt/Hilde Jawad-Estrak (Hrsg.): Von Frau zu Frau. Feministische Ansätze in Theorie und Praxis psychotherapeutischer Schulen. Reihe Frauenforschung Band 17, Wiener Frauenverlag 1991
Ursula Nuber: Die verkannte Krankheit. Depression, Kreuz Verlag, Zürich 1991
Renate Wichers: Traumlieben. Sammlung Luchterhand, Darmstadt und Neuwied 1982

KAPITEL 3

Die Therapie – kein sicherer Ort?

1 Blaser, A.: Sexueller Mißbrauch in der Psychotherapie: Vorurteil und Konsequenzen. Vortrag in Bern 1991, Manuskript im Druck, erscheint im Verlag Huber Bern als Tagungsbeitrag
2 Holroyd, J. C. & Bouhoutsos, J. C.: Sources of bias in reporting effects of sexual contact with patients. In: Professional Psychology: Research and Practice, 16, 1985
3 Über den psychoanalytischen Aspekt des Agierens und die Schlüsselbegriffe zum Verständnis vgl. Wirtz, Ursula: Therapie als sexuelles Agierfeld. Sexueller Mißbrauch von Patientinnen durch ihre Therapeuten. Tagung Bern 1991, im Druck, erscheint im Huber Verlag Bern als Tagungsbeitrag
4 vgl. Wirtz, U.: Das Abstinenzgebot in der Psychotherapie. In: Heyne, C.: Tatort Couch. Kreuz Verlag, Zürich 1991
5 Buber, M.: Reden über die Erziehung, Heidelberg 1986
6 vgl. Wirtz, U.: Der Verrat am Eros. In: Hoffmann-Axthelm, D. (Hrsg.): Verführung in Kindheit und Psychotherapie. Transform Verlag, Oldenburg 1992
7 vgl. Stein, R.: Inzest und Liebe, Fellbach 1987

Partei ergreifen für die Frau

Benard, Cheryl, Edit Schlaffer: Sag mir, wo die Väter sind, Hamburg 1991
Bilden, Helga (Hrsg,): Das Frauentherapie-Handbuch, München 1992
Brovermann, Inge K. u. a.: Sex-role stereotypes: A current appraisal, in: Journal of Social Issues 28, 1972
Burgard, Roswitha: Mut zur Macht, Berlin 1988
Mulack, Christa: Natürlich weiblich, Stuttgart 1990
Rhode-Dachser, Christa: Expeditionen in den dunklen Kontinent, Berlin/Heidelberg 1991

Rommelspacher, Birgit: Der weibliche Masochismus – ein Mythos?, in: Roswitha Burgard, Birgit Rommelspacher: LeideUnlust, Berlin 1989
Thürmer-Rohr, Christina: Die Gewohnheit des falschen Echos, in: Neue Heimat Therapie, 1986

Die Wiederkehr des Verdrängten

Bell, Karin: Aspekte weiblicher Entwicklung. Forum Psychoanal. 7, 1991
Benjamin, Jessica: Die Fesseln der Liebe. Basel, Frankfurt a. M. 1990
Bowlby, John: Bindung. Eine Analyse der Mutter-Kind-Beziehung, München 1975
Chodorow, Nancy: Das Erbe der Mütter, München 1986
Erdheim, Mario: Die gesellschaftliche Produktion von Unbewußtheit, Frankfurt a. M. 1984
Fairbairn, W. R. D.: Psychoanalytic Studies of the Personality, London 1952
Flaake, Karin: Die Beziehung zwischen Müttern und Töchtern. Psyche 46, 1992
Freud, Sigmund: Drei Abhandlungen zur Sexualtheorie. GW. V, 1905
Freud. Sigmund: Die zukünftigen Chancen der psychoanalytischen Therapie. GW. VIII, 1910
Freud, Sigmund: Die Weiblichkeit. GW. XV, 1933
Gambaroff, Marina: Utopie der Treue, Reinbek bei Hamburg 1984
Hagemann-White, Carol: Frauenbewegung und Psychoanalyse. Basel, Frankfurt a. M. 1986
Halberstadt-Freud, Hendrika C.: Die symbiotische Illusion der Mutter-Tochter-Beziehung. In: Psychoanalytisches Seminar Zürich (Hrsg./1987): Bei Lichte betrachtet wird es finster. FrauenSichten, Frankfurt a. M. 1987
Irigaray, Luce (1987): Zur Geschlechterdifferenz, Wien 1987
Irigaray, Luce: Genealogie der Geschlechter, Freiburg i. Br. 1989
Klemann, Michael: Das Dilemma mit der „Theorie der Weiblichkeit“. Ein Scheinproblem der Psychoanalyse? Forum Psychonal. 8, 1992
Mahler, Margaret S.: Symbiose und Individuation. Band 1, Psychosen im frühen Kindesalter, Stuttgart 1979
Mertens, Wolfgang: Entwicklung der Psychosexualität und der Geschlechtsidentität. Stuttgart, Berlin, Köln 1992
Meulenbelt, Anja: Zwischen zwei Stühlen. Standortbestimmung einer kritischen Feministin, Reinbek bei Hamburg 1988
Mitchell, Juliet: Psychoanalyse und Feminismus, Frankfurt a. M. 1985
Morgenthaler, Fritz: Technik. Zur Dialektik der psychoanalytischen Praxis, Frankfurt a. M. 1986
Morgenthaler, Fritz: Homosexualität, Heterosexualität, Perversion, Frankfurt a. M. 1984
Olivier, Christiane: Filles d'Eve, Paris 1990
Waldeck, Ruth: Die Frau ohne Hände. Über Sexualität und Selbständigkeit. In: Flaake, K. & King, V. (Hrsg.): Weibliche Adoleszenz, Frankfurt a. M. 1992
Winnicott, D. W.: Reifungsprozesse und fördernde Umwelt, München 1974

Therapie ohne Ende?

Johnson, Christiane: When to say Goodbye to your Therapist, New York 1992
Giernalzyk, Thomas: Therapie ohne Ende, Lambertus Verlag 1992

BILDQUELLEN

Seiten 12, 20, 30, 42, 68, 88, 102, 112, 146, 158, 170: Psychologie Heute-Archiv; Seiten 52, 136: Superbild Archiv, Eric Bach; Seiten 78, 130: Graphico/Hans-Ulrich Osterwalder; Seite 122: Bavaria

Wo steht die Frauenbewegung heute?

Die Frauen sind auffallend still geworden. Gingen sie vor 20 Jahren noch für ihre Rechte auf die Straße, initiierten Kampagnen und kämpften sich in Männerdomänen vor, sind Frauen heute offensichtlich wenig »in Bewegung«. Ist diese Stille ein Zeichen dafür, daß die Frauenbewegung ihre Ziele erreicht hat? Die Fakten sprechen eine andere Sprache.

Die Gesellschaft tut nach wie vor wenig, um die Frauen zu entlasten, die Beruf und Familie miteinander vereinbaren wollen oder müssen.

Nach wie vor gibt es den Paragraphen 218 und damit kein Selbstbestimmungsrecht der Frauen über ihren eigenen Körper.

Frauen haben bis heute kaum Einfluß in Politik und Wirtschaft, und sie sind die ersten, die in Zeiten wirtschaftlicher Krisen ihren Arbeitsplatz verlieren.

Doch es gibt keine starke Frauenbewegung mehr, die alten und neuen Einschränkungen wirksam entgegentreten könnte. Bekannte Autorinnen ziehen eine kritische Zwischenbilanz der Frauenbewegung. Ihre Aussagen sind ein Appell an alle Frauen, sich mit dem Erreichten nicht zufriedenzugeben.